DANGDAI

ZHONGGUO

JIAZHI

JIAOYU

YANJIU

国家社会科学基金（教育学）青年项目成果
陕西师范大学优秀学术著作出版资助项目

当代中国价值教育研究
石中英/丛书主编

儿童的正义感
及其培育

胡金木 /著

Children's Sense of
Justice and Education

▶▶▶

北京师范大学出版集团
BEIJING NORMAL UNIVERSITY PUBLISHING GROUP
北京师范大学出版社

序

2022 年 10 月，党的二十大胜利召开，习近平总书记在大会上作了《高举中国特色社会主义伟大旗帜 为全面建设社会主义现代化国家而团结奋斗》的报告。报告明确提出新时代新征程中国共产党的使命任务："从现在起，中国共产党的中心任务就是团结带领全国各族人民全面建成社会主义现代化强国、实现第二个百年奋斗目标，以中国式现代化全面推进中华民族伟大复兴。"①为团结带领全国各族人民更好地朝着第二个百年奋斗目标努力，习近平总书记特别指出，要在全社会广泛践行社会主义核心价值观，"社会主义核心价值观是凝聚人心、汇聚民力的强大力量"②，并就新时代如何广泛践行社会主义核心价值观作出具体指示：要弘扬以伟大建党精神为源头的中国共产党人精神谱系，用好红色资源，深入开展社会主义核心价值观宣传教育，深化爱国主义、集体主义和社会主义教育；突出

① 习近平：《高举中国特色社会主义伟大旗帜 为全面建设社会主义现代化国家而团结奋斗》，21 页，北京，人民出版社，2022。
② 习近平：《高举中国特色社会主义伟大旗帜 为全面建设社会主义现代化国家而团结奋斗》，44 页，北京，人民出版社，2022。

理想信念教育在社会主义核心价值观教育中的首要地位，推动理想信念教育常态化制度化，持续抓好"四史"（党史、新中国史、改革开放史、社会主义发展史）教育，引导广大人民包括青少年知史爱党、知史爱国，不断坚定中国特色社会主义的共同理想；要努力用社会主义核心价值观铸魂育人，构建大中小学一体化的思想政治教育工作体系；要坚持依法治国和以德治国相统一，将社会主义核心价值观纳入法治建设、融入社会发展、融入日常生活。这些重要论述，为党的二十大之后深化社会主义核心价值观教育乃至全部的价值观教育提供了思想遵循和实践指南。有了这些重要思想的指引，未来我国的社会主义核心价值观教育必将进一步深化、具体化和生活化，成为全体人民全面建设社会主义现代化强国的精神纽带，为亿万青少年成长为堪当民族复兴大任的时代新人指明价值方向。

价值观教育是立德树人和全面发展教育的重要组成部分，也可以说是一个核心的部分。德智体美劳"五育"都肩负着价值观教育的重任，价值观教育与健康人格的培育也有内在的关联。健康和高尚的人格其实就是正确、积极和高尚的价值观的内化和主体化。也正因为这样，古今中外的教育莫不重视价值观教育。就是那些宣称不赞成学校进行价值观灌输的学者们，其实也是在以一种"不教"（不直接灌输）的方式进行某种特定的价值观教育。从这个角度来说，不存在不进行任何价值观教育的学校，学校教育永远不可能在价值观的真空中进行。至于学校进行何种价值观教育，则完全取决于学校所处的时代和社会背景。在不同的时代、不同的社会背景中，人们接受着不同的价值观教育。学校的价值观教育，往往与社会上占主导地位的价值观具有高度的一致性。这是一个显而易见的社会事实。就我国而论，古代社会的价值观教育当然不同于近代和当代社会的价值观教育，社会制度不同，学校里开展的价值观教育的目的、内容、途径和方法当然也会不同。就西方而论，古希腊时期学校所重视的核心价值观、古罗马时期所重视的核心价值观，以及后来中世纪所重视的核心价值观、文艺复兴时期学校所重视的价值观和近代资产阶级革命时期学校所重视的价值观也都存在很大的不同。社会生产力与生产关系的基础变了，占主导地位的价值观自然会发生很大的变化，学校里所开展的价值观教育也会发生相应的变化。这体现了价值观和价值观教育的历史性、社会性。那种认为从古到今、从中到外，存在一种永恒不变的、普遍合理的价值观体系和价值观教育模式的观念，是不符合历史与社会事实的。

当然，在看到价值观和价值观教育的历史性与社会性的同时，并不意味着否认不同时期价值观和价值观教育的继承性，以及不同社会背景下价值观和价值观教育的共同性。在任何一个社会中，学校里所开展的价值观教育都有着源远流长的传统，虽然很多价值观的内涵和外延随着时代变迁发生了很大的变化。不同社会背景下学校里开展的价值观教育，也常常有许多共同的地方，虽然大家对同样一种价值观的理解和行为表现方式存在差异。在价值观教育实践中，处理好古与今、中与外、抽象与具体、变与不变等的关系，是教育者的一项基本任务。

　　我国的学校非常重视价值观教育，这也是一个不争的事实。只不过，在党的十八大之前，价值观教育并没有作为教育实践的一个相对独立部分被教育者、学习者认知，往往包裹在思想政治教育、道德教育、心理健康教育、智育、美育、体育、劳动教育等丰富多彩的教育实践活动中。思想政治教育中常常进行政治价值观、经济价值观和文化价值观的教育，如"爱党""爱国""爱人民""爱劳动""爱社会主义"以及"合法经营""文化宽容"等。道德教育当然主要是开展道德价值观的教育，这里面既包括一些政治价值观（"大德"），也包括一些社会价值观（"公德"），还包括一些个体价值观（"小德"或"私德"）。在心理健康教育中，也常常开展一些诸如"尊重""换位思考""自我悦纳""宽容"的价值观教育。至于智育、美育、体育、劳动教育，则更是包含着丰富的价值观教育内容。党的十八大之后，价值观教育作为教育的一个重要组成部分被提出来，有助于我们进一步增强对价值观教育重要性的认识，并且整合各育当中的价值观教育因素，形成学校整体的价值观教育行动框架。党的十八大、十九大、二十大对社会主义核心价值观教育的重要论述和政策部署，为推动我国大中小学的价值观教育提供了重要的思想指导和政策支撑。

　　人的价值观形成是有规律的，以此为基础，学校的价值观教育也是有规律的。违背人的价值观形成和学校价值观教育的规律，价值观教育的有效性就会大打折扣。如以前教育界常常批评的"小学讲共产主义，中学讲社会主义，大学讲人生观教育"的现象，究其实质而言，就是没有能够很好地反映一个人的政治价值观和人生价值观形成的规律，出现了某种价值观教育目标、内容、途径和方法的"倒置"现象，最终难以在青少年心中形成正确的、稳定的价值观体系，并影响到他们的健康成长。又如，在价值观教育中，培育学生的价值理性，帮助学生形成在多种价值观中进行比较、分析、判断和选择的能力至关重要。但是，以往的价值观教育往往不太注重价值理性的培育，导致学生不知道如何分析不同的价值观，在各种价值观面前缺少分辨力和判断力，容易受到不良价值观的影响。再如，对青少年学生的价值观教育，有直接和间接两种途径。直接途径就是开展价值观教学，围绕某些价值主题开展学习，这是思想政治课或道德与法治课的任务。间接途径则是通过整个学校的生活方式开展潜移默化的价值观教育。从这个角度来说，学校的文化、制度等都具有价值观教育的意义，提高学校校长和教师的价值领导能力就变得至关重要。在全党全社会都非常重视青少年价值观教育的今天，加强对人的价值观形成规律和价值观教育规律的研究，探索人的价值观形成和学校价值观教育（包括某些特定价值观教育）规律的研究，就变得极其重要。

正是基于上述政策背景和实践考虑，我们组织出版了"当代中国价值教育研究丛书"。这套丛书从主题上看，都是研究价值观教育问题的，其中有研究教育中的价值判断问题的，有研究价值理性及其培育的，有研究共同价值培育的，有研究价值品质的，有研究儿童宽容价值体验的，有研究儿童正义感及其培育的，有研究学校决策中的价值准则与价值追求的，还有研究教师的价值教育意识的。这些主题都非常前沿，在理论上有较好的创新性，整体而言是对新时代我国价值观教育理论研究的贡献。在这套丛书中，我自己承担了《价值教育哲学导论》一书的撰写，该书试图系统地讨论价值（观）教育的哲学基础问题，建构价值教育哲学的基本框架，并对当前我国价值教育实践中的一些基本问题和重大问题开展哲学分析。我衷心地希望该丛书的出版能够为新时代我国大中小学的价值观教育，特别是社会主义核心价值观教育的开展提供一些可资借鉴的理论资源，能够激发更多的学者特别是青年教育学者参加到价值观教育的理论、政策和实践研究中来。丛书在充分借鉴国外价值观教育理论成果的同时，着力构建中国本土的价值观教育理论体系，更好地服务新时代社会主义核心价值观教育，以期培养和造就德智体美劳全面发展的社会主义建设者和接班人。

丛书的出版得到了北京师范大学出版社教师教育分社社长郭兴举编审和鲍红玉编辑的大力支持。在此我代表丛书作者对两位老师的策划和辛勤付出表示衷心的感谢。由于水平有限，丛书中难免存在不足，敬请各位读者批评指正！

石中英

2022 年 11 月 24 日

目　录

个人良心：培育正义感
为什么重要

> 义，人之正路也。[①]
>
> 我把良心看作是一个人心灵中的卫兵，社会为要存在下去制订出的一套礼规全靠它来监督执行。良心是我们每人心头的岗哨，它在那里值勤站岗，监视着我们别做出违法的事情来。它是安插在自我的中心堡垒中的暗探。[②]

正义品质是人的基本价值品质，正义是社会的基石，涉及的是平等而自由的人如何共同生活的问题，关涉到社会基本权利与义务如何配置的问题。若是社会缺失了基本的正义，人缺失了基本的良心，社会生活就会缺乏基本的道德意识与合作的纽带，将会陷入野蛮之中。有了这种基于正义的良心，人就能

[①] 《孟子》，杨伯峻、杨逢彬注译，124页，长沙，岳麓书社，2000。
[②] [英]毛姆：《月亮和六便士》，傅惟慈译，68~69页，北京，外国文学出版社，1981。

认识到什么是好的、什么是坏的，应该做什么、不应该做什么，进而形成一定的是非、善恶观念，逐步形成一种依照正义原则行事的正义感，无偏无私、得其应得、扬善抑恶。

第一节 作为一种道德意识的良心

在日常生活中，当人们说"做事要凭良心""做人要讲良心""凭良心说……""如此行动，良心上过意不去"之时，良心究竟指的是什么呢？在这里，良心（conscience）用来表示道德意识，一种据以进行道德评价的直觉能力。"马克思主义伦理学认为，良心并不是什么神秘的东西，而是一种道德意识现象，它是人们对自己行为的是非、善恶和道德义务的稳定的自觉意识。"[①]依据这种道德意识，人们去评判是非、善恶，并有一种积极践行的责任感，践行之后会有满足感，违背了则会有羞耻感。我们把所有这些事实归结为一句话，说人们在进行道德评价，区分正当与否，说人有一种道德意识或一颗良心。[②]

那么，这种道德意识是高层次的道德意识要求还是底线性的道德意识要求呢？有人说良心指的是"好心""善良的心""良好的道德品质""善良的道德意识"，这也说得过去，做人做事都要凭借善良的心、善良的道德意识。但仔细体会，这种理解

---

① 包连宗、朱贻庭：《伦理学概论》，94 页，郑州，河南人民出版社，1985。
② ［美］弗兰克·梯利：《伦理学概论》，何意译，18 页，北京，中国人民大学出版社，1987。

把良心提得过高了。人们说"某人没有良心"，指的是某人缺乏基本的底线性道德意识，而不是指其缺乏良好的道德意识。例如，"我每次都帮助他，当我遇到困难时，他竟然袖手旁观，还说风凉话，他是没有良心的人"，"他每次都帮我，他有困难，不帮他，我良心上过意不去"。当人们说"凭良心说……"的时候，"良心"也不是那种高标准的善良意识，而是底线性道德意识。

一般来说，良心是人们关于是非与善恶、应当或不应当做什么、什么是正当的底线性道德意识。安吉尔斯（Angeles）认为：良心是一种一个人应当做什么和不应当做什么，什么是道德上正确、正当、善、可允许的或者相反的感觉、感情和领悟。① 美国《韦伯斯特大辞典》中的定义为：良心即个人对正当与否的感知，是个人对自己行为、意图或品格的道德上好与坏的认识，连同一种要正当地行动或者做一个正当的人的责任感，这种责任感在做了坏事时常能引起自己有罪或者悔恨的感情。②《伦理学大辞典》给出的定义是：良心是人们在社会实践过程中形成的对自己行为的是非、善恶和应负的道德责任的自觉意识和自我评价，是一定的道德认识、道德情感和道德意志在个人意识中的统一。③ 何怀宏认为：良心是人们一种内在的有关正邪、善恶的理性判断与评价能力，是正当与善的知觉、

---

① ② 何怀宏：《良心论：传统良知的社会转化》，50页，北京，北京大学出版社，2017。

③ 朱贻庭：《伦理学大辞典》，37页，上海，上海辞书出版社，2011。

义务与好恶的情感、控制与抉择的意志、持久的习惯和信念在个人意识中的综合统一。[1] 一个有良心的人，会出于良心的要求，积极地做好事，做了好事，会有满足感，若是违背了内在的良心，做了坏事，则会悔恨，有内疚感。

本书把良心理解为人们共通的底线性道德意识，存而不论。良心主要是指人们参与公共生活应有的个体内心关于是非、善恶的道德意识，这种意识是社会普遍认可的行为规范和道德标准的内化。人们依据这种底线性道德意识来判断社会行为的是非、善恶、正当性、合宜与否。这种底线性道德意识在一定范围内应该具有一种共通性，人人都能接受和认同，同时要求不能太高，否则大家都做不到，也不愿意去做。

良心最基本的因素就是这种区分正邪、善恶的能力，没有这种正邪之分与善恶之辨，没有这种基本的道德判断与评价，良心也就不存在了。[2] 那么，区分是非、正邪、善恶的标准是什么呢？在皮亚杰、科尔伯格(也译作柯尔伯格)与罗尔斯等人看来，正义或正义感是良心的基本成分，或者说是区分是非、正邪、善恶的标准。良心在某种意义上可以理解为正义原则或观念的内化，坚守了正义，等于守住了良心。"如果我违反了正义的要求，我就会感到良心的不安，但如果我没有达到仁爱

---

[1][2]　何怀宏：《良心论：传统良知的社会转化》，51页，北京，北京大学出版社，2017。

的要求，我就没有必要产生这种感觉。"①正义感作为个体良心，是个体参与公共生活的基本价值意向，是判断社会行为的是非、善恶、正当性、合宜与否的底线性道德意识。

为什么说正义能够成为社会行动的基本价值规范呢？正义感为什么能成为评判是非、善恶、正当与否的基本标准和良心的基本内容呢？

第二节　人们应依据何种价值来行动

"力不若牛、走不若马而牛马为用，何也？曰：人能群，彼不能群也。"②通过一定的规则结成社群，以合作的方式进行社会生活，是人优于动物的一个重要方面。动物也会有很多令人类称赞的合作，但是动物间的合作水平整体上不太高。塞缪尔·鲍尔斯与赫伯特·金迪斯称，人类是一个"合作的物种"。这种合作以利己自爱为动机，以互惠利他为手段，最终实现一种稳定的、有效率的、持续的、互惠合作的社会行动体系。"人们之所以合作，并不仅仅是出于自利的原因，也是出于对他人福利的真正关心、试图维护社会规范的愿望，以及给合乎伦理的行为本身以正面的价值。"③可见，合作可谓人类的一种

---

① 慈继伟：《正义的两面》，223 页，北京，生活·读书·新知三联书店，2014。

② 《荀子》，(唐)杨倞注，98 页，上海，上海古籍出版社，2014。

③ [美]塞缪尔·鲍尔斯、赫伯特·金迪斯：《合作的物种：人类的互惠性及其演化》，张弘译，1 页，杭州，浙江大学出版社，2015。

存在方式。那么我们依据什么样的价值原则来合作呢？何种合作体系是稳定而有效率的呢？是权责相互性的正义原则，还是责任优先性的仁爱原则，抑或其他原则？

一、让座还是不让座

人的本质是社会关系的总和。人不能孤立存在，只能存在于一种联合的或者合作的社会生活之中。合作是人类延续至今并走向文明的基本条件，没有合作，人类将无法生存与发展。同时，社会合作离不开一定的价值指导。这种价值是"人们——个体或群体——在行动时所应该坚持和体现的正确的原则，同时也是人们评价其他人行为'好坏'、'对错'或'高尚与低俗'的重要标准"①。社会存在着诸多互竞的价值。这些价值不是并列的，而是依据领域或境遇的不同而存在着一种价值序列，一些价值相对于另外一些价值具有优先性。例如，家庭生活中的亲情之爱、朋友交往中的友爱就具有某种优先性。那么，人们在社会公共领域中应该依据怎样的价值原则来开展社会行动呢？或者说，人们开展社会行动的优先性价值原则是什么呢？再进一步问：我们能够期望他人做什么呢？我们对于他人的期待有哪些是不应当的呢？

设想"公交车上让座"这种情境。我们知道，在公交车上有为老人、病人、孕妇等需要特殊照顾的人群准备的专门座位，有为一般乘客准备的普通座位，还有若干站位。假如一般乘客

_____

① 石中英：《关于当前我国中小学价值教育几个问题的思考》，载《人民教育》，2010(8)。

A、B在某一站上车后，发现空余一个专门座位与一个普通座位，A坐在普通座位上，B坐在专门座位上。在下一站，一般乘客C、孕妇D上车，发现没有座位了。试着思考下面的问题。

问题1：A有没有义务给C让座呢？

通过生活常识或者道德直觉，大部分人可能会认为，A不需要也没有义务给C让座。公交车上的座位分配遵循的是先到先得原则，先到者A有权坐在座位上，后到者C需要站着，这是大家都能接受的。反过来，C若强行要A让座，则是不讲理的行为，是人们不能接受的，会被斥责为不道德。C无权要求A让座，A也没有义务给C让座。

问题2：B有没有义务给孕妇D让座呢？

通过生活常识或者道德直觉，B让座是应当的。孕妇D有权要求B让出专门座位，专门座位是孕妇D应得的。B不享有坐专门座位的权利，虽然他是先到者，但这个专门座位不是他应得的。若是从仁爱的角度看，B也应该给孕妇D让座，具有仁爱之心的人都应该给那些需要帮助的人让座。

问题3：A有没有义务给孕妇D让座呢？

这个问题相对于上面两个问题就复杂一些了，可能会分为两种情况。

一部分人可能会认为，A需要让座。理由可能是给需要帮助的乘客让座是一种美德，不让座的行为是不道德的。这种想法是出于人类之爱、仁慈、关怀的考虑。从上述角度出发，人们应该关心、照顾他人，特别是那些需要帮助的人。

一部分人则可能会认为，A可以让座，也可以不让座。因为有专门座位预留给孕妇D，让不让座应由A自己决定。让座，说明A具有较高的仁爱之心；不让座，也不能说A道德素质低下。这种想法主要是从个体权利的角度来考虑的。个体权利是优先的、不可被剥夺的、应该受保护的，要求人们让出自己应得的座位是"分外的道德"。

问题4：作为旁观者的你对于A、B让座或不让座有什么情绪反应呢？

对于B不给孕妇D让座，你会气愤吗？对于A给孕妇D让座，你会敬佩、赞赏吗？对于孕妇D不能主动要求B把本该是她应得的专门座位让出来，你会有什么样的感觉呢？你对让不让座都无所谓吗？对于这种感觉，你依据的价值标准是什么？这种价值标准会决定你的情绪反应，影响你的判断，指导你的行动。

在上述假设的情境中，我们发现存在两种价值取向：一种是仁爱取向，人们需要关心、帮助他人，特别是要照顾处境不利的人；一种是正义取向，人们应得的权利不可侵犯，哪怕是以仁爱的名义。当然，社会行动的价值取向还有很多，不同的社会情境、不同的个体判断行动正当性的价值原则也会有很多差异。更为复杂的是，不同的价值标准还混合在一起。价值情境不同，价值秩序也不同，人们的行动也会出现差异。价值秩序不同的研究者有不同的看法，为了分析的方便，我们简单地将人们社会行为的价值取向分为利己性、利他性以及互惠性三类。自爱属于利己性的价值取向，仁爱属于利他性的价值取向，正义属于互惠性的价值取向。

自爱能成为行动的价值原则吗？当然不能。那么，违背了仁爱原则的行为与违背了正义原则的行为，哪一种才应该是我们指责的对象呢？我们能够强制人们实施仁爱的行为吗？能够对违背了仁爱原则的行为进行批评指责吗？同样，我们能够对违背了正义原则的行为进行批评指责吗？

二、依据正义而不是仁爱原则

毫无疑问，人都有自爱倾向，自爱是人们行动的原始动机。"每个人生下来首先和主要关心自己"，更加关心那些与自己福祉相关的事情。同时，人们也认识到这样一件事情："虽然对他来说，自己的幸福可能比世界上所有其他人的幸福重要，但对其他任何一个人来说并不比别人的幸福重要。"[①]这就需要每个人不能不顾及其他人的幸福。每个人的幸福都至关重要，那种只关心自己的幸福甚至把自己的幸福凌驾于他人幸福之上的行为会招致愤恨与厌恶。可见，自爱不能成为人们行动的主导价值原则。否则，人们就有可能处于一种"自然状态"之中。每个人仅仅考虑自己的幸福，而不顾其他人的幸福，社会关系就会陷入一种每个人对其他人的战争状态。自爱是天然的，也是正当的，但它作为社会生活的价值原则却是不合适的，会造成社会的混乱。在理性而自由的公共领域，任何人都

---

① ［英］亚当·斯密：《道德情操论》，蒋自强、钦北愚、朱钟棣等译，102 页，北京，商务印书馆，1997。

不会把自己的幸福建立在他人的痛苦之上，"以牺牲别人来满足人皆有之的、使自己的幸福超过别人的天生偏爱，都不能得到公正的旁观者的赞同"①。所以，人们在自爱的过程中需要关注他人的利益，需要让渡一部分权利给他人，也需要承担一部分社会义务。

与自爱相反，仁爱是一种利他性的价值取向，表现为关心、爱护、帮助他人。人人都具有天然的仁爱之心，正所谓人人都有恻隐之心，很多人愿意关心和帮助他人。有了仁爱之心，人们能更好地一起生活，仁爱能让世界变得更美好。正因为如此，仁爱也一直被视作基本的元价值或者母德。但是，仁爱却不能作为公共领域中人们行动的首要价值依据。为什么呢？主要是因为仁爱对于人们来说是一种高阶的道德要求，以仁爱为主导原则的社会合作体系或社会交往行为不具有稳定性。若是人人都以仁爱之心对待他人，自然没问题。问题在于现实中的人很难普遍做到以仁爱之心对待他人，一部分人会"搭便车"而不承担责任，使权利与责任失衡。仁爱是单方面的道德要求，不依赖于仁爱所指向对象的付出，无论你对我怎么样，我都关心、帮助你。在资源相对匮乏和个体偏爱自己的客观事实面前，仁爱之心超出了人们的职责要求，普通人很难做到。罗尔斯说：人类之爱或仁爱表现为以远远超出我们的自然

---

① ［英］亚当·斯密：《道德情操论》，蒋自强、钦北愚、朱钟棣等译，101 页，北京，商务印书馆，1997。

义务和职责的方式，来提高人们的共同善。[①] 仁爱是一种忘我的、自制的道德，是一种不完全的道德义务。它不是普通人的道德，而是分外的道德、圣人的道德或者英雄的道德。

仁爱是非强制性、不完全的道德义务。人们缺乏仁爱，不会受到惩罚与招致愤恨。而正义却具有强制性，违背了正义就会受到惩罚与招致愤恨。"仁慈总是不受约束的，它不能以力相逼。仅仅是缺乏仁慈并不会受到惩罚；因为这并不会导致真正确实的罪恶。"[②] 对正义的"尊奉并不取决于我们自己的意愿，它可以用压力强迫人们遵守，谁违背它就会招致愤恨，从而受到惩罚"[③]。缺乏仁爱会招致人们的失望，甚至激起人们的厌恶与反对，但不会伤害他人；而违背了正义就会导致对他人的伤害，不义行为会招致自然的义愤，因为它侵蚀了社会存在的基础。相比仁爱，正义是消极性的美德，阻止了人们伤害别人，也提醒、保护了人们的自爱之心。所以它更具基础性，是一个社会正常运行的前提。

资源相对匮乏，这是社会事实；人类偏爱自己，这是心理事实。人们对于他人的利益相对冷淡，更愿意做有利于自己的事情，往往力图避免不利于自己的事情。当然，理性的人们也

---

①　[美]罗尔斯：《正义论：修订版》，何怀宏、何包钢、廖申白译，378页，北京，中国社会科学出版社，2009。

②　[英]亚当·斯密：《道德情操论》，蒋自强、钦北愚、朱钟棣等译，96页，北京，商务印书馆，1997。

③　[英]亚当·斯密：《道德情操论》，蒋自强、钦北愚、朱钟棣等译，97～98页，北京，商务印书馆，1997。

清楚，若是仅仅考虑自己的利益而不关心他人的利益，最终也会损害自己的利益。所以，偏爱自己的人们在社会活动中逐渐走向合作以实现互惠，既不会无私利他，亦不会自私损他。所以，正义不同于利己性的自爱和利他性的仁爱。它是一种居中的价值，是以对等性、相互性为条件的，是以互惠为特征的。一个正义的人能自愿地遵守正义规范，做有利于他人的事，而不做不利于他人的事。然而，这一自然态度有其条件，那就是社会其他成员也这样做。[1] 相对于仁爱，正义多了一份对他人的要求——他人也如我这般行事；相对于自爱，正义多了一份对自我的要求——我也如他人那般行事。正义是一种最低的责任要求，要求人们"得其应得""付其应付""权责一致""不偏不倚"，不侵害他人的权利，也不放弃自己的权利。如柏拉图所言："既不要得不正义之惠，也不要吃不正义之亏。"[2]西方神话中的正义女神朱斯提提亚（Justitia）之所以要蒙着眼睛，就是想能够公正地对待前来寻求裁定的双方。

基于自然的人性事实与现实的社会情况，我们发现处于公共领域的人们不能期望他人以仁爱的方式来行动，当然，自爱的方式也行不通。仁爱的要求具有理想性色彩，是英雄化的理想道德要求；而自爱的要求又太低了，是动物性的自然诉求。二者都没法成为普遍化的行动要求，互惠性的正义才是社会合作的基本价值原则。罗尔斯认为，良序社会是正义原则所支

---

[1] 慈继伟：《正义的两面》，16 页，北京，生活·读书·新知三联书店，2014。
[2] ［古希腊］柏拉图：《理想国》，郭斌和、张竹明译，46 页，北京，商务印书馆，2011。

配、调节的社会，公共的正义观构成了一个良序的人类联合体的基本宪章。[①] 抛开当事的利益双方，每一个旁观者都愿意人们以正义的方式来互相对待，都不要吃亏，也不要占便宜。当然，旁观者看到任何一方做出仁爱的行动时，内心会生出一种赞赏的心情，但不能要求任何一方做出仁爱的行动来。

亚当·斯密认为，虽然仁爱让人们愉悦，但正义才是社会秩序的基础。"与其说仁慈是社会存在的基础，还不如说正义是这种基础。虽然没有仁慈之心，社会也可以存在于一种不很令人愉快的状态之中，但是不义行为的盛行却肯定会彻底毁掉它。"[②]社会可以没有"分外"要求的仁爱，但不能没有"分内"要求的正义，即底线是人们相互平等对待。对于这一点，罗尔斯也认为正义是社会的首要德性。正义在价值秩序中优先于仁爱，仁爱需要正义的指导，否则就会出现"偏爱""溺爱"等现象。当爱的许多目标相互反对的时候，仁爱就不知所措，这时就需要正义原则来指导它。[③] 社会生活中若没有基本的、可通用的正义共识，个体若没有公共的正义感，人们之间的友谊、互信、仁爱等利他情感就很难持续，甚至相互冲突而不知所措。

通过上述分析，我们发现：虽然仁爱是个体高阶水平的道

---

① [美]罗尔斯：《正义论：修订版》，何怀宏、何包钢、廖申白译，4页，北京，中国社会科学出版社，2009。

② [英]亚当·斯密：《道德情操论》，蒋自强、钦北愚、朱钟棣等译，106页，北京，商务印书馆，1997。

③ [美]罗尔斯：《正义论：修订版》，何怀宏、何包钢、廖申白译，376页，北京，中国社会科学出版社，2009。

德表现，比正义更纯粹，但不能期望人们都具备仁爱之心，仁爱也难以成为人们在公共领域行动的价值依据。社会合作体系既不能建立在自爱之上，也不能建立在仁爱之上，而需要建立在正义原则的基础上。在公共领域，相对于其他价值，正义具有优先性，是首要价值。个体所具有的正义感是稳定的社会合作体系的主观动机。正义不仅是人类合作所应遵循的基本价值规范、社会制度所应遵循的首要价值原则，而且是个人在公共生活中的重要价值。正义是一切德性的总体，是首要的德性。

　　社会正义的实现不能仅仅依赖制度正义，还有赖于社会群体正义感的养成。具有正义感的人有那种依据正义来行动的强烈欲望，遇见不公，义愤填膺，能仗义执言，也能见义勇为。在上述公交车上让座与否的情境中，对于占用专门座位而不给孕妇 D 让座的 B，具有正义感的旁观者会感到气愤，甚至会提醒、督促 B 给孕妇 D 让座；对于 A 把自己的座位让给孕妇 D，具有正义感的旁观者会有一种发自内心的敬佩、赞赏之情。而缺乏正义感的旁观者对于让不让座、谁来让座都无所谓，假装没看见、冷漠观之，一副事不关己、高高挂起的态度。若一个社会中的群体缺乏基本的正义感，想要建立正义的制度并充分实现其目标是难以想象的，也不可能实现无惧、无偏、无私、无欺的社会正义。

第三节　正义感是依据正义来行动的欲望

正义是人们进行社会合作的价值原则，指导着社会合作中的人们。正义感作为一种道德情感，是理性的个体自觉依照正义原则进行社会行动的意识倾向与情感体验。罗尔斯认为，正义感是运用正义原则并按照正义原则（观念）去行动的有效欲望①，是一种接受并希望遵循道德观点（至少是正义原则所规定的道德观点）而行动的确定倾向②，一种通常有效的应用和实行正义原则的欲望。③ 可见，正义感与正义原则相关联，是正义原则（观念）在个体身上的体现。具有正义感的个体有如下特征：在认知上能够区分正义的行为与不义的行为，即知道善恶、是非；在情感上具有渴望正义行为与厌恶不义之举的态度，即亲善厌恶；在行动上能够自觉地遵循正义原则，维护正义与制止不义，即行善抑恶。克瑞布斯（Krebs）认为，正义感是一种关于什么是正义、什么是不义的情感态度，"包含了人们关于什么是公平的、什么是不公平的，什么是应得的、什么是应该付出的（权利和义务）等的一系列想法与感受"④。在日常

----

① ［美］罗尔斯：《正义论：修订版》，何怀宏、何包钢、廖申白译，448 页，北京，中国社会科学出版社，2009。

② ［美］罗尔斯：《正义论：修订版》，何怀宏、何包钢、廖申白译，388 页，北京，中国社会科学出版社，2009。

③ ［美］罗尔斯：《正义论：修订版》，何怀宏、何包钢、廖申白译，399 页，北京，中国社会科学出版社，2009。

④ Duntley J D & Shackelford T K, *Evolutionary Forensic Psychology*, New York, Oxford University Press, 2008, p. 229.

生活中，我们说某人富有正义感，等于说某人的日常行为及其评价标准是符合正义原则或正义精神的；说某人缺乏正义感，既可能意味着某人不能秉持正义原则行事，也可能意味着某人不能依据正义原则来评价日常行为，或者对于他人的不义行为缺乏一种愤慨的态度，又或者对于他人的正义行为缺乏一种感激的态度。总之，正义感涉及个体对于正义的认知、正义的价值情感认同以及正义行为等多个方面。

一、正义感源于社会合作的需要

人类社会是一个"合作冒险"体系。生活在其中的人们需要合作，但合作不是轻而易举的，而是有条件的。因为人们不仅有利益的一致，也有利益的冲突，有时还想着逃避一些责任，"搭便车"。由于人们的实际需要与价值观念的不同，人际冲突往往是常态。如何协调人际冲突以实现一致的利益，就成为社会合作首先要考虑的问题。罗尔斯认为，正义是社会合作成功的前提条件，是社会生活的首要价值原则，稳定的社会合作需要公平合理地分配合作双方或者多方的权利与义务，实现得其应得、权责一致。

社会合作不能离开正义。离开正义，社会合作就会因为人们之间权利与义务分配的不对等而陷入混乱，也没法进行下去。一个和尚挑水喝，是因为自己挑水自己喝，权责统一；两个和尚抬水喝，是因为要共同承担抬水的责任，共同享受喝水的权利；三个和尚合作失败而没有水喝，是因为三人都想逃避自己应该承担的挑水或者抬水的责任，"搭便车"，让其他两人承担责任。三人为众，如何合作呢？

　　社会公共生活中，往往会出现各种各样的"搭便车"行为，进而导致社会合作的瓦解，出现一种社会困境。若要实现社会合作，就必须权责对等，以正义为社会行动的价值准则。良序化的合作社会是一个由正义原则支配、调节的社会，而正义原则所支配、调节的对象是社会生活中的权责体系，要把社会制度安排成为一种合作体系。① 在一个合乎正义的社会合作体系中，人们分享着对正义原则（观念）的公共理解，相互承认自由、平等地位，以及社会合作中的权利与义务。在人类的公共合作中，正义原则优先于效率原则；而人类天性中的正义感，则是这一社会规范内部化的产物。②

　　然而，社会合作的一个前提条件就是参与合作的个体具有基本的正义感。拥有正义感，个体就能够理解、践行正义原则（观念）；缺乏正义感，社会合作体系就会不稳定。正义感是一种有助于人们构建稳定社会合作体系的道德情感，因为具有这种道德情感的个体愿意依据正义原则来行动，同时也希望他人具有类似的欲望和能力。在社会合作中，拥有正义感的个体努力维系正义的社会制度，将维护自己的权利与履行自己的义务相统一。他们自己不会想成为"搭便车"者，也会抵制他人"搭

---

　　① ［美］罗尔斯：《正义论：修订版》，何怀宏、何包钢、廖申白译，42 页，北京，中国社会科学出版社，2009。
　　② 叶航：《公共合作中的社会困境与社会正义：基于计算机仿真的经济学跨学科研究》，载《经济研究》，2012(8)。

便车"的行为。这些都有助于确保社会合作的稳定性。缺乏正义感，就等于失去了正义行动的欲望，社会就会陷入不信任的状态。因为谁也不确定别人会不会按照正义原则履行义务，都想着"搭便车"。就如罗尔斯所说的那样，一个缺乏正义感的人，也就缺乏人性之中的某些基本的道德态度和能力。[①]

二、正义感是互惠性的道德意愿

互惠是合作的核心、是正义的基础，合乎正义的社会安排应该是社会成员相互获益的合作设计。只关注自己利益的自爱与不太关注自己利益的仁爱都很难成为社会行动的主导原则，只有那种"斤斤计较"的相互有利，也即互惠性的正义原则才能成为普遍的行动原则。目标各异、相互竞争的人们清楚地知道，只有权利与责任得到恰当平衡，相互有利的社会合作才是稳定持久的。如果说对于自己利益的爱好促使人们必然相互提防，那么共同的正义感又使人们牢固的合作成为可能。[②]

在契约论者看来，订立契约（合作规则）是为了更好地合作。持续而稳定的合作需要着眼于合作各方之间的互惠有利，而不应对任何一方产生不利的结果。互惠凸显了契约的一种平等与公平性质。互惠性的理念是正义的基本内核，缺乏了对各方利益的尊重与满足，就不能激发合作的各方自觉履行义务。合作之所以可能，是因为正义原则起着支配作用，即参与合作

　　[①]　[美]罗尔斯：《正义论：修订版》，何怀宏、何包钢、廖申白译，368 页，北京，中国社会科学出版社，2009。

　　[②]　[美]罗尔斯：《正义论：修订版》，何怀宏、何包钢、廖申白译，4 页，北京，中国社会科学出版社，2009。

的人拥有基本的正义感。正义是利他主义和自我要求之间的恰当平衡，因而包含一种互惠的概念。^① 互惠的观念是一种平衡的正义观念，人们想到正义时就会想到平衡：自己的获得与自己的付出相比较要平衡，自己的获得与他人的获得相比较要平衡。人们都期望做到得其应得、不得其不应得。

相互和谐的充分正义的社会，将是一个遵循正义原则表达互惠概念的社会。^②正义感与仁爱、关心、同情、忠诚等利他性的道德情感不同，它是互惠性的道德情感，强调的是社会成员之间的互惠、权利与义务的对称。正义感要求社会成员具有一种互惠性的道德意愿，既不要求个体完全利他而不求回报，也不容忍个体完全利己而不承担责任。正义原则中已经隐含着互惠性^③，既照顾到合作各方的利益，也要求合作各方承担自己的责任。穆勒认为，所有的人都必须在人们都能接受的互惠原则的基础上考虑他人。^④

互惠是正义原则的基本特征。一味地要求个体承担义务而不给予对等的权利，只能使其形成仁爱之心，不可能形成正义感。而仁爱之心作为一种"分外的道德要求"，很难成为所有人行动的准则。由于仁爱不依赖于互惠，强调利他，相对于正义而言要求个体承担更多的责任，所以它也就更脆弱。正义感作

---

①② ［美］罗尔斯：《正义论：修订版》，何怀宏、何包钢、廖申白译，397 页，北京，中国社会科学出版社，2009。

③ ［美］罗尔斯：《正义论：修订版》，何怀宏、何包钢、廖申白译，396 页，北京，中国社会科学出版社，2009。

④ ［美］罗尔斯：《正义论：修订版》，何怀宏、何包钢、廖申白译，364 页，北京，中国社会科学出版社，2009。

为一种"斤斤计较"的互惠性道德情感，是建立在以善报善、以恶报恶的观念之上的。罗尔斯认为，正义感似乎是人们交往的一个条件，它建立在互惠的观念之上。① 正义感是依照正义行事的欲望，是一种关切他人利益与需要的互惠性的道德意愿。

三、正义感是复合性的道德情感

道德情感是人类的一种高级的社会情感体验，是个体关于社会行为道德与否的情感体验。当自己或他人的行为符合个体所认同的道德标准时，个体就会产生愉悦的情感体验或心情，也会强化继续按照道德标准行动的情感、态度与欲望。反之，当自己或他人的行为不符合个体所认同的道德标准时，个体就会产生不快的情感体验或心情，可能是内疚（自责），也可能是气愤，并在后来的社会生活中抵制这种行为。然而，什么是"道德的"即"道德标准"对不同社会、不同文化境遇中的人来说可能不一样。这样，同一道德行为所引发的道德情感可能不相同。

正义作为一种价值，也存在着不同的面孔。例如，罗尔斯从分配的角度来理解正义，霍耐特从社会承认的角度来理解正义，马克思从人的解放的角度来理解正义。任何一种正义理论都需要具象的价值来进行阐释，这种阐释具有明显的复合特征，如罗尔斯的正义理论包含了"平等自由原则""机会平等原则"以及"差别原则"等。正义感作为一种道德情感，是由正义

---

① ［美］罗尔斯：《正义论：修订版》，何怀宏、何包钢、廖申白译，391 页，北京，中国社会科学出版社，2009。

原则(观念)所引发的，必然也具有一种复合特征。在不同的正义原则(观念)下，人们会展现出不同甚至相互冲突的正义感。

正义感的复合特征还表现为多样的情感体验，敬佩(感激)、愤恨、义愤、内疚(自责)等都是正义感的具体表现形式。个体未能得其应得时会不满，得其应得时则会满意。当他人遭遇不公时，正义感会转化为对受害者的同情以及对伤害者的愤恨。当自己成为不义行为的实施者，造成他人伤害时，正义感会表现为内疚(自责)。缺乏正义感的个体是不能体会到义愤、内疚、感激等道德情感的，既不会因不义行为而愤慨或内疚，也不会因正义行为而愉悦。

正义感表现为对正义行为的渴望、对不义行为的厌恶，以及对得其应得、不得其不应得等朴素社会正义观念的认同和期待。在良序社会中，拥有正义感的个体会自觉地将正义原则(观念)作为道德行为的判断标准。

四、正义感依赖于良序的社会环境

正义感作为一种道德情感，不是先天的，而是后天生成的。这种后天生成虽然离不开正义教育，但更依赖于个体所生活的正义环境。在相互尊重、互惠互利、得其应得、权责一致、善有善报、恶有恶报的社会环境中，个体会自然而然地生发出一种正义的情感。罗尔斯认为：假如一个社会的制度是正义的，并且所有的人都知道它是正义的，那么，当一个人认识到他和他所关心的那些人都是这些社会安排的受惠者时，他就会获得相应的正义感。① 而在一个权利与义务失衡的非正义社会环境中，社会成员就会陷入一种"好人吃亏、坏人得势"的道德困境之中，看到不义行为也因司空见惯而冷漠对待，甚至会怀疑正当的道德规范与标准。

正义感不仅是良序社会形成的主观条件，也是良序社会的自然结果。良序社会是一个由正义原则所调节的社会。在良序社会中，个体正义感得以形成与发展。在不义横行的社会中，个体正义感的发展会遭到一定程度的阻滞，比在良序社会中困难一些。② 良序社会被设计来发展它的成员们的善，并由公共的正义的观念有效地调节。③ 在良序社会中，个体普遍意识到社会受制于一种正义的规则体系，自己需要按照正义的规则体系的要求行动、思考以及评价，并且知道其他人同样如此。这样一来，社会成员就会产生一种依照正义原则行动的欲望，即正义感。一旦制度是正义，那些参与这些社会安排的人就会获得一种相应的正义感和产生努力维护这种制度的欲望。④ 所以，正义的社会制度或者良序社会是有利于儿童⑤正义感形成与发

① ［美］罗尔斯：《正义论：修订版》，何怀宏、何包钢、廖申白译，388 页，北京，中国社会科学出版社，2009。

② 当然，我们也很清楚地知道，个体正义感的发展不完全受制于社会环境，在一个正义状态比较糟糕的环境中也不乏具有正义感的人。理想化的良序社会在现实中不可能存在，个体常常会遭遇不义行为，在与不义行为作斗争的过程中发展其正义感。本书在这里主要是想表明良序社会是正义感形成的最佳环境，越趋近于良序社会越好，不义横行的社会对于个体正义感的发展不利。

③④ ［美］罗尔斯：《正义论：修订版》，何怀宏、何包钢、廖申白译，358 页，北京，中国社会科学出版社，2009。

⑤ 在不同的领域，儿童有着不同的年龄范围。在联合国《儿童权利公约》中，儿童指18 岁以下的任何人。在《中国儿童发展纲要（2021—2030 年）》中，儿童包括学龄前儿童和中小学生。本书采用《中国儿童发展纲要（2021—2030 年）》的用法。

展的社会环境。

可见，儿童依据正义来行动的欲望依赖于生活在其中的正义环境。儿童经常受到正义的对待、成为正义的受惠者，就会更加渴望正义；反之，儿童身边充斥着不义行为、不能受到正义的对待，就会失去对正义的信仰、不相信正义，正义信念与情感就会减弱。

第四节　获得正义感是公民成熟的标志

正如上文所言，正义感是个体依照正义原则进行行动或评判的欲望和情感倾向。这种良好倾向一旦形成，就会成为个体稳定的社会品质，反过来促进一种良好的社会权责关系的形成，维持社会成员得其应得、付其应付、各得其所的正义关系。从这方面讲，公民的正义感是实现社会正义的一个主观性条件。

一、正义感是社会正义的实现条件

离开了正义，社会制度就会失去存在的正当性。正义是社会制度的首要价值，正像真理是思想体系的首要价值一样。一种理论无论多么精致和简洁，只要它不真实，就必须加以拒绝或修正；同样，某些法律和制度不管如何有效率和有条理，只要它们不正义，就必须加以改造或废除。[①] 每个人都享有基于

---

① ［美］罗尔斯：《正义论：修订版》，何怀宏、何包钢、廖申白译，3 页，北京，中国社会科学出版社，2009。

正义的权利、履行正义所要求的义务，这种权利与义务是对等的、平衡的。正义的社会制度否定为了一部分人的利益而剥夺另一部分人的利益。"作为人类活动的首要价值，真理和正义是决不妥协的。"在人类众多价值或者德性之中，正义是首要的、总体性的。亚当·斯密认为："虽然没有仁慈之心，社会也可以存在于一种不很令人愉快的状态之中，但是不义行为的盛行却肯定会彻底毁掉它……正义犹如支撑整个大厦的主要支柱。如果这根柱子松动的话，那么人类社会这个雄伟而巨大的建筑必然会在顷刻之间土崩瓦解。"①作为一种德性，正义可能太"斤斤计较"而显得不够温情，较多关注应得而较少关注奉献。但若是没有正义，一切美好的德性可能都没法支撑社会生活这一大厦。有一种东西对于人类的福祉要比任何其他含义的东西都更重要，那就是正义。②

正义不仅仅是社会制度的首要价值，主导着社会制度的设计与运行，更是人的第一德性，要求个体能够主动地去践行正义原则。例如，麦金太尔认为，正义规则的实现需要具有正义德性的人，正义的社会制度安排只有对那些具有正义德性的人来说才是有意义的。无论社会制度安排得多么精致，只要离开了践行主体的正义德性，都将不会被切实有效地践行。只有具

---

① ［英］亚当·斯密：《道德情操论》，蒋自强、钦北愚、朱钟棣等译，106 页，北京，商务印书馆，1997。

② 周辅成：《西方伦理学名著选辑》下卷，378 页，北京，商务印书馆，1987。

有正义德性的人，才有可能认识到如何应用规则。①只有那些具有正义德性的人才能从内心深处主动自觉地践行正义规则，而非因为惧怕惩罚而遵守正义规则。②

社会正义制度的设计、运行和维护离不开设计者、操作者和维护者的正义感。因为只有心存正义之人才能设计出正义的制度，也才能按照正义的原则来实施、遵守正义的制度。所以，正义的制度只有对那些拥有正义感的人来说才是充分有效的。正义感能使人理解、运用并在行动上遵循理性的正义原则。

正义的社会制度与个体的正义德性是相互建构、相互支撑的。正义的社会制度往往塑造着个体的正义德性，引导、规范着个体依照正义的要求行动，激励个体的正义行为，遏制个体的不义行为。所以说，正义制度（原则）是人们获取正义感的前提，正义的社会制度是个体获得正义德性的外在化条件。同时，正义制度要发生作用、被切实地执行，则需要富有正义品质的个体。正义制度只有对具有正义感的人才有价值，只有具有正义感或者正义品质的个体才能使正义制度得以维持、实施。个人行为的正义动机或者个人内在的正义品德，构成了社会正义原则和正义制度实现的主观道德条件。③

从人类社会秩序演化的过程中，我们看到正义感在维护正

---

① ［美］麦金太尔：《谁之正义？何种合理性？》，万俊人、吴海针、王今一译，2 页，北京，当代中国出版社，1996。

② ［美］麦金太尔：《谁之正义？何种合理性？》，万俊人、吴海针、王今一译，56 页，北京，当代中国出版社，1996。

③ 万俊人：《制度的美德及其局限》，载《中国人民大学学报》，2005(3)。

义的社会合作秩序方面起到了极其重要的作用。正是依靠人类在后天获得的正义感，我们才能有效抑制社会生活中可能出现的欺诈、欺凌、掠夺、侵占等不义行为，避免不劳而获、得其不应得的"搭便车"现象，也才能建立起大规模、高水平的人类合作秩序。[①] 根据思想史及最新的实证研究材料，人类所具有的正义感对于维护社会合作的稳定发挥着最基础的作用。[②] 正义感是正义的合作体系得以维持的主观条件，也是人们接受与遵循具体正义原则的主观条件。

若个体缺乏基本的正义感，正义的制度安排将不能得到有效践行。所以，既需要作为规范的正义，也需要作为德性的正义。对于个体而言，正义感的培育是首要的。获得足够强烈的正义感，愿意在内心和行动上遵行正义原则，是社会正义实现的主观条件。

二、正义感是个体道德发展的关键

对于社会发展来说，正义生活的形成与维持是社会制度发展的最优化追求；对于个体发展来说，正义感的发展与完善是个体道德发展的主线，也是道德成熟的标志。皮亚杰、科尔伯格与罗尔斯等都认为正义是个人与社会的首要美德，他们也以正义为主线构建了各自的道德发展理论。

皮亚杰认为，"一切的道德都是一个包括有许多规则的系

[①]　叶航：《人类正义感与司法制度的起源》，载《学术研究》，2010(2)。
[②]　陈江进：《正义感与社会合作的稳定性》，载《武汉大学学报（人文科学版）》，2010(3)。

统，而一切道德的实质就在于个人学会去遵守这些规则"①。儿童所要遵守的这些规则不是随意制定、杂乱无章的，而是依据正义的原则进行安排的。那些不符合正义的原则的规则，不论多么严密与精致，都不能得到人们的认可与遵守。所以，皮亚杰以正义感的发展为主线描述儿童道德发展的过程与阶段，他"通过对儿童'公正'观念发展的研究，发现儿童随着年龄的增长逐渐从他律过渡到自律的过程"②。儿童在初期不能依据正义的观念、原则来行动，主要依据成人的权威命令进行思考与行动，这是他律阶段；到儿童逐渐能够依据正义的观念来思考与行动的时候，自律的道德就形成了。儿童正义感的发展存在着三个大的时期：第一个时期一直持续到七八岁，在这个时期内，正义服从于成人的权威；第二个时期大致在八至十岁，这是平等主义逐渐发展的一个时期；从十一二岁开始，则进入第三个时期，纯粹的平等主义的正义由于考虑到公道而有所减轻。③ 到了第三个时期，儿童对于规则的理解开始走出纯粹的平等主义的阶段，不再局限于那种绝对化的平等主义，而有了公道的概念，开始考虑到个体行为情境的复杂性与特殊性，产生一种成熟的正义感。"这种公道感只不过是平等主义在其相

---

① ［瑞士］皮亚杰：《儿童的道德判断》，傅统先、陆有铨译，1 页，济南，山东教育出版社，1984。

② ［瑞士］皮亚杰：《儿童的道德判断》，傅统先、陆有铨译，中译者序 2 页，济南，山东教育出版社，1984。

③ ［瑞士］皮亚杰：《儿童的道德判断》，傅统先、陆有铨译，388 页，济南，山东教育出版社，1984。

对性方向上的发展。儿童放弃了绝对的平等。"①儿童走出对成人的权威的服从与绝对化的平等主义的阶段，获得公道的正义感，就意味着儿童的道德成熟了，能够根据具体情境来进行道德思考与行动。

在皮亚杰关于正义感与道德发展的理论的基础上，科尔伯格进一步发展了以正义为核心的道德发展阶段理论。他认为："在苏格拉底、康德和皮亚杰的解释之后，我和我的同事认为，个人、学校和社会的第一美德是公正——以一种人人平等或同等尊重所有人的民主方式来解释。"②正义是社会的基本价值追求与社会关系的固有法则，寻求正义是道德教育的最主要目标。他试图把公正理解为一种普遍的价值、人类从儿童至成人要解决的中心问题、人类历史思想和社会思想的关键以及社会变革的必然理想。③ 他和同事一起收集了大量研究证据，认为公正概念是人类经验所固有的，而不是某种特定世界观的产物。他们遵循皮亚杰的话，同强加于儿童的那种外部的规则相反，公正是社会关系中固有的法则，或者说是一种控制它们的法则。④ 正是在继承皮亚杰的道德发展理论的基础上，科尔伯

---

① [瑞士]皮亚杰：《儿童的道德判断》，傅统先、陆有铨译，390 页，济南，山东教育出版社，1984。

② [美]科尔伯格：《道德发展心理学：道德阶段的本质与确证》，郭本禹、何谨、黄小丹等译，《道德发展文集》前言 5 页，上海，华东师范大学出版社，2004。

③ [美]科尔伯格：《道德发展心理学：道德阶段的本质与确证》，郭本禹、何谨、黄小丹等译，7 页，上海，华东师范大学出版社，2004。

④ [美]科尔伯格：《道德发展心理学：道德阶段的本质与确证》，郭本禹、何谨、黄小丹等译，5 页，上海，华东师范大学出版社，2004。

格将皮亚杰对儿童道德判断发展的先驱性研究推进到青少年时期，提出了"三水平六阶段"道德发展理论和民主的公正团体教育方法。

像皮亚杰一样，科尔伯格认为儿童的积极道德建构与消极地学习成人的道德陈规不同，它侧重儿童的公正感。[①] 他根据公正判断来界定道德判断，认为儿童正义感是儿童道德建构的主线，个体道德成熟的标志是正义感的获得。儿童面对道德两难故事展现出了公正的道德推理，从简单服从规则到遵守人与人自由达成的契约、规则，最后个体在"后习俗水平"上依据人类内心深处的正义感，超越于一般的规则来处理特殊的情境，进行合乎正义的道德判断。一个人的公正感是最具特色、最为根本的道德。他可以合乎道德地行动而同时怀疑所有规则，也可以合乎道德地行动而同时怀疑高尚的美德，但是他若怀疑公正的必要性，便不能合乎道德地行动了。[②]

罗尔斯认为，正义是良序社会的主导观念，是社会的首要价值或第一美德，公共地实现正义是一个共同体的价值。[③] 作为一个道德主体，人应该具有正义感，拥有一种按照正义原则去行动的欲望，一种接受道德观点（至少是正义原则所规定的

---

① [美]科尔伯格：《道德发展心理学：道德阶段的本质与确证》，郭本禹、何谨、黄小丹等译，1页，上海，华东师范大学出版社，2004。
② [美]科尔伯格：《道德发展心理学：道德阶段的本质与确证》，郭本禹、何谨、黄小丹等译，175页，上海，华东师范大学出版社，2004。
③ [美]罗尔斯：《正义论：修订版》，何怀宏、何包钢、廖申白译，418页，北京，中国社会科学出版社，2009。

道德观点）并希望遵循其行动的确定倾向。^① 缺乏正义感，就意味着没法遵循道德观点去思考与行动，也就很难形成一个稳定互惠的社会合作体系。一个良序社会的成员们在用合理选择原则来评价他们的计划时，将会决定把他们的正义感作为调节他们相互行为的因素。^② 当所有人都按照正义原则去行动时，其作为道德人的本性就充分表现出来了，意味着个体的道德成熟。按照正义原则去行动，表现着人作为自由、平等和有理性的存在物的本性。^③

无论是皮亚杰、科尔伯格还是罗尔斯，都一致认为：正义相对于其他美德具有优先性，是道德发展的核心，是首要美德；个体从权威、他律中走出而获得那种按照正义原则去行动的正义感是道德成熟的标志，是理性、自由、平等的道德人性的充分实现。

第五节　儿童正义感发展状况令人担忧

正义是社会行动的基本价值依据，是实现社会合作体系稳定的基石；正义感是社会正义实现的主观条件；正义的规则制

---

　　① ［美］罗尔斯：《正义论：修订版》，何怀宏、何包钢、廖申白译，388 页，北京，中国社会科学出版社，2009。
　　② ［美］罗尔斯：《正义论：修订版》，何怀宏、何包钢、廖申白译，406 页，北京，中国社会科学出版社，2009。
　　③ ［美］罗尔斯：《正义论：修订版》，何怀宏、何包钢、廖申白译，377 页，北京，中国社会科学出版社，2009。

度只有在富有正义感的人面前才是有效的。对于个体来说，正义感是道德成熟的标志，是健全道德人格的核心素养。

令人遗憾的是，在现实中却频频出现正义缺失现象，儿童丧失正义感的行为屡见不鲜。关于儿童正义感的具体现状，这里将借用儿童正义信念这一相关概念来说明。

一、儿童正义信念逐渐降低

正义信念是指个体相信所处的世界是正当的、公正的、公平的，它是个体生活的重要支撑。美国心理学家勒纳首先提出正义世界信念(belief in a just world)，他认为："个体需要这样一种信念——相信他们生活在一个正义的世界里，人们得其应得、不得其不应得。这种正义世界信念可使个体相信身处的世界是良序的，从而有利于个体适应社会生活。若是缺失了正义信念，个体就很难遵循社会规范，对未来也会失去信心。人们极不情愿放弃这种信念，并且一旦遇到例证表明世界是不正义的、无秩序的，人们就会陷入忧虑和烦恼之中。"[1]正义世界信念最重要的内核是"应得"，即相信每个人都会得到他所应得的。"在这个正义世界里，人们得其所应得，所得即应得。"[2]这一点与中国人的"善有善报、恶有恶报"的处世信念是一致的。

正义信念能够促进个体很好地适应社会生活，对于良序生活有着重要价值。有正义愿望的人在遵守规范时既不想吃亏也

---

[1]　Lerner M J & Miller D T, "Just World Research and the Attribution Process: Looking Back and Ahead," *Psychological Bulletin*, 1978(5), pp. 1030-1051.

[2]　Maes J & Kals E, "Justice Belief in School: Distinguishing Ultimate and Immanent Justice," *Social Justice Research*, 2002(3), pp. 227-245.

不图占便宜①，仅仅在意应得与否。有了正义信念，人们会相信其他人也会像自己这样行动，自己也会得到应得的对待。当受到不正义对待时，个体会坚信自己的正当行为最终会得到报偿；当受到正义对待时，个体能够确认自己的行为是正当的，下次继续如此行动。

对于正义世界信念，达尔伯特将其划分为个人正义世界信念(personal belief in a just world)与一般正义世界信念(general belief in a just world)。个人正义世界信念指向个体本身，是指个体相信发生在自己身上的事情基本是正义的；一般正义世界信念指向他人，是指个体相信对其他人来说世界基本是正义的。达尔伯特等人根据这种划分编制了正义世界信念量表②，随后进行的一系列研究也证明了这一量表具有较高的信度和效度。③

本书作者在调查研究中采取整班选取的方式，从江苏省、安徽省和陕西省选取625名中小学生作为被试，有效被试548名。其中包括小学阶段五、六年级学生共170名，初中阶段初二、初三学生共179名，高中阶段高二、高三学生共199名；男生267名，女生281名；农村学生406名，城市学生142名。调查研究结果见表0-1。

---

① 慈继伟：《正义的两面》，16页，北京，生活·读书·新知三联书店，2014。

② Dalbert C，"The World is More Just for Me Than Generally: About the Personal Belief in a Just World Scale's Validity," *Social Justice Research*，1999(12)，pp.79-98.

③ Dalbert C，"Beliefs in a Just World as a Buffer Against Anger," *Social Justice Research*，2002(2)，pp.123-144.

表 0-1　中小学生正义信念的阶段性特征统计

	个人正义信念 M(SD)	一般正义信念 M(SD)	正义信念 M(SD)
小学阶段	3.89(0.86)	4.52(0.76)	4.20(0.67)
初中阶段	3.86(0.77)	4.36(0.80)	4.11(0.71)
高中阶段	3.71(0.80)	4.04(0.84)	3.88(0.73)
F	3.05*	17.68**	10.82***

注：*** $p<0.001$,** $p<0.01$,* $p<0.05$。

　　结果发现，儿童在正义信念上的得分随学段上升而逐渐下降，且差异显著。进一步检验发现，在整体的正义信念上，小学生、初中生的得分比高中生显著要高，而小学生和初中生无明显差异；在个人正义信念和一般正义信念方面，高中生的得分比小学生、初中生显著要低，而小学生和初中生无明显差异。

　　儿童正义信念随着学段的上升而呈现下降趋势（图 0-1），小学生、初中生、高中生在正义信念上的得分分别为4.20、4.11、3.88。其中，在个人正义信念上的得分分别为 3.89、3.86、

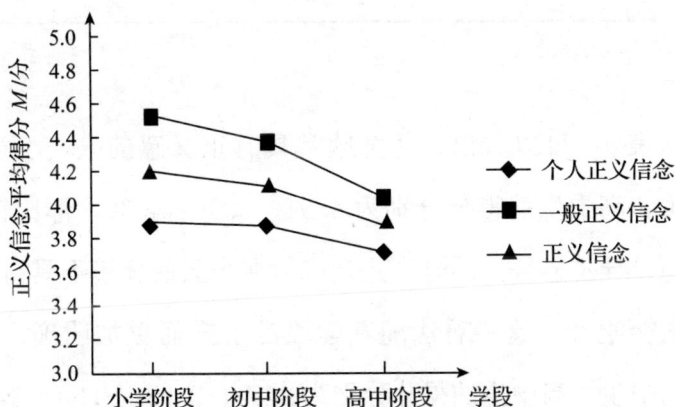

图 0-1　儿童正义信念的阶段性变化趋势

3.71，在一般正义信念上的得分分别为 4.52、4.36、4.04。

二、儿童欣赏具有正义感的人，但不愿坚决维护正义

在调查问卷中，本书作者设计了"我很欣赏具有正义感的人""在今天的环境下，我觉得具有正义感的人会吃亏""我会毫无顾忌地维护正义，哪怕是我要付出很大代价"三个题目来反映儿童正义感发展情况。结果发现，儿童欣赏具有正义感的人，但又觉得行正义之事会吃亏，也逐渐不太愿意牺牲自己的利益去维护正义（表 0-2）。

表 0-2　儿童正义感发展情况

	我很欣赏具有正义感的人 $M(SD)$	在今天的环境下，我觉得具有正义感的人会吃亏 $M(SD)$	我会毫无顾忌地维护正义，哪怕是我要付出很大代价 $M(SD)$
小学阶段	4.91(1.43)	2.64(1.65)	4.74(0.10)
初中阶段	5.06(1.24)	2.98(1.51)	4.02(0.11)
高中阶段	4.92(1.24)	3.50(1.39)	3.53(0.09)
F	0.73	15.03***	34.37***

注：*** $p < 0.001$。

从表 0-2 可以看出，儿童欣赏具有正义感的人，小学生、初中生、高中生的得分分别为 4.91、5.06、4.92，都比较高，学段间差异不显著。同时，儿童认为在今天的环境下具有正义感的人会吃亏，这一看法随着学段的上升而更加明确，小学生、初中生、高中生的得分分别为 2.64、2.98、3.50，学段间差异显著。因此，儿童对于维护正义的顾忌也随着学段的上升

而更多，不太愿意付出很大代价去维护正义，小学生、初中生、高中生的得分分别为 4.74、4.02、3.53。

三、儿童认为学校环境正义状况逐渐变差

观念是生活实践的产物，有什么样的生活实践就会有什么样的观念。正义观念也是如此，其发展依赖于个体所生活的环境。学校生活环境的正义状况直接影响着中小学生正义信念的形成与发展。正义的学校生活环境能够促进中小学生正义信念的发展，而不正义的学校生活环境则会阻碍中小学生正义信念的发展，甚至会使中小学生滋生不正义的信念，产生一种"生活充满了不正义，通过正义的方式没法达到正当目的"的错误、扭曲的认识。

本书作者在调查问卷中设计了三个题目来反映学校正义环境，分别为："我身边的老师们能够公正地处理事情"（简称为"处事公正"），"在处理班级的事情时，老师们会与我们商量后再作决定"（简称为"民主协商"），"在学校，我不经常受到歧视性对待"（简称为"非歧视性对待"）（表 0-3）。

表 0-3　儿童对学校正义环境认知的学段特征

	处事公正 M(SD)	民主协商 M(SD)	非歧视性对待 M(SD)	正义环境 M(SD)
小学阶段	4.92(1.26)	4.49(1.50)	4.48(1.55)	4.63(0.96)
初中阶段	4.40(1.43)	4.01(1.52)	4.83(1.34)	4.41(1.01)
高中阶段	4.17(1.23)	4.00(1.40)	4.76(1.26)	4.31(0.89)
F	15.83**	6.38**	3.16*	5.31*

注：** $p < 0.01$，* $p < 0.05$。

调查发现，学校在正义环境上的得分差异显著（$F=5.31$，$p<0.05$），中小学的得分随着学段的上升而降低。各学段在处事公正方面差异显著（$F=15.83$，$p<0.01$），在民主协商方面差异显著（$F=6.38$，$p<0.01$），在非歧视性对待方面差异显著（$F=3.16$，$p<0.05$），学校正义环境不容乐观。面对处事公正这一问题，大部分中小学生的回答介于有点同意与同意之间，并不完全同意。具体得分随着学段的上升而降低，小学生的得分为 4.92，初中生降到 4.40，高中生降到 4.17。面对民主协商这一问题，中小学生认为教师做得不够，小学生的得分为 4.49，初中生降到 4.01，高中生降到 4.00。

四、正义环境与儿童正义信念密切相关

儿童正义感的发展依赖于其所生活的环境。若日常教育或生活充满正义，如教师处事公正、关心爱护学生、不歧视学生，儿童就会相信正义、拥有正义信念。然而，从表 0-3 中可以看出，随着学段的上升，儿童感觉到学校正义环境越来越不好。这一点与李学良和杨小微的研究具有一致性，他们发现初中生的公正体验指数要低于小学生，且随年级上升而降低。[①]本书作者通过研究发现，学校正义环境与儿童正义信念有着高度的相关性，儿童正义信念随着学段上升而变得越来越低，具体见表 0-4。

---

① 李学良、杨小微：《义务教育阶段学生公正体验的实证研究：基于学校内部公平数据库的报告》，载《华东师范大学学报（教育科学版）》，2018(4)。

表 0-4　学校正义环境与儿童正义信念相关系数矩阵

项目	个人正义信念	一般正义信念	整体正义信念
处事公正	0.348**	0.398**	0.555**
民主协商	0.230**	0.204**	0.574**
非歧视性对待	0.101*	0.070	−0.322**
正义环境	0.329**	0.323**	0.399**

注：* 表示在 0.05 水平（双侧）上显著相关，** 表示在 0.01 水平（双侧）上显著相关。

从调查结果中发现，教师处事公正、民主协商、非歧视性对待都显著影响到中小学生正义感、正义信念的发展。营造一个良好的、合乎正义的学校生活氛围，对于儿童正义感的发展至关重要。

五、培育儿童正义感是紧迫而重要的任务

正义感是人的核心道德品质与素养，公共生活依赖于富有正义感的人。在调查中发现，儿童正义信念随着年龄增长而降低。他们虽然欣赏具有正义感的人，却不愿意坚决地去维护正义，这种情况也随着年龄增长而变得明显。儿童理智越来越成熟，也越来越会"算计"，不太相信世界的正义，而越来越多地想着"托关系""走后门"，内心的正义感也在减弱。

通过日常经验，人们也能很容易地看到这一点。儿童常常以自我为中心，越来越不关注正义，当自己因破坏正义规则而受益时，还会有一种理所当然的感觉。例如：在考试过程中靠作弊而获得了高分，还沾沾自喜，没有内疚感；当被违背正义的行为所伤害时，仅仅认为是倒霉，而没有想着去伸张正义，

如发现学校附近的商店在售卖过期、不合格的商品，自己受害了也不采取任何措施。还有一些儿童试图通过不正义的手段去获益，如在班干部选举中送礼物给同学。儿童这种不愿意遵守规则、不维护正义的行为随着年龄增长而增多，他们对于他人破坏正义的行为的愤恨、不满在逐渐减少，对于自己破坏正义的行为的内疚、不安也在逐渐减少。儿童越来越不相信所处世界的正义性，对于他人的福祉也越来越冷淡。譬如，在颇受关注的校园欺凌事件中，我们发现：处于强势的欺凌者肆无忌惮地欺凌弱小者，处于弱势的被欺凌者往往唯唯诺诺、不敢反抗，而其他学生仅仅是冷眼旁观。欺凌者缺乏正义感是显而易见的，旁观者冷漠无情、不予制止也反映了他们缺乏正义感。

鉴于正义对于公共生活的重要性、正义感对于个体道德成长的重要性以及当前儿童正义感发展的严峻现实情况，唤起儿童社会同情，拒绝不正义的学校教育，倡导尊重人、合乎正义的教育生活，培育儿童正义感显得尤其紧迫而重要。

第一章
思想遗产：儿童正义感
发展及影响因素

我们会产生一种按照正当和正义的观念去行动的欲望。①

公正原则对道德判断的发展是极为重要的，因而对他们的德育计划也是极为重要的。公正——首先是关心全人类的价值和平等以及人类关系中的互惠——是一个根本的和普遍的原则。②

亚里士多德认为："公正是一切德性的总汇。"③在这里，公正包含正义。正义不是作为社会生活中的某一种普通德性而存在的，而是社会各种德性中最核心、最基本的德性，是具有元德性性质的德性，是社会一切德性的根本。凡具备正义这种德

---

① [美]罗尔斯：《正义论：修订版》，何怀宏、何包钢、廖申白译，376页，北京，中国社会科学出版社，2009。

② [美]柯尔伯格：《道德教育的哲学》，魏贤超、柯森等译，4页，杭州，浙江教育出版社，2000。

③ [古希腊]亚里士多德：《尼各马科伦理学》，苗力田译，101页，北京，中国社会科学出版社，1999。

性，其他的所有德性就会随之而来。① 相对于其他德性而言，正义具有优先性。亚当·斯密认为："正义犹如支撑整个大厦的主要支柱。如果这根柱子松动的话，那么人类社会这个雄伟而巨大的建筑必然会在顷刻之间土崩瓦解。"②黑格尔认为："正义这一概念是全体的基础、理念，而这全体本身有着有机的分化，每一部分只是全体中的一个环节，而全体又通过部分而取得存在。"③

正义具有优先性，这一点一直影响着道德哲学与道德心理学的研究。皮亚杰、科尔伯格、罗尔斯等人都从正义概念出发，研究人的道德发展或者社会关系。皮亚杰认为，儿童道德发展主要关注两个议题：一个是社会秩序规则，另一个是儿童正义感。社会秩序规则的基本结构是一种正义化的结构；儿童道德成熟的过程是个体遵守并超越社会规则，获得正义感的过程。科尔伯格认为，正义的核心是由平等和互惠观念所调节的权利与义务的分配，社会最主要的道德价值就是正义价值观念。正义感是个人最具特色、最为根本的道德。研究者对于皮亚杰关于儿童正义感发展的理论也给予了极大的关注，并从中吸取了很多观点。罗尔斯认为，社会合作体系依赖正义来调节，正义是社会制度安排的首要德性或价值。人们依据正义原

---

① ［古希腊］亚里士多德：《政治学》，吴寿彭译，102 页，北京，商务印书馆，1997。

② ［英］亚当·斯密：《道德情操论》，蒋自强、钦北愚、朱钟棣等译，106 页，北京，商务印书馆，1997。

③ ［德］黑格尔：《哲学史讲演录（第二卷）》，贺麟、王太庆译，269 页，北京，商务印书馆，2009。

则来协调人际关系，处理权利与义务的分配，建构一种互惠式的社会规则。

第一节　正义是道德的基本概念

皮亚杰认为，道德是一种规则系统，儿童道德发展的过程就是儿童习得这些规则的过程。"儿童存在有两种道德观：一种是具有约束性的道德，一种是具有协作性的道德。约束的道德是责任的道德，是十足的他律的道德。"①处于他律道德发展水平的儿童单方面地尊重一般的社会规则或成人的权威，需要服从命令，这是对的。当儿童由单方面尊重走向相互尊重、不再受外部压力左右的时候，协作的道德也即自律的道德就产生了。"当互相尊重的情感强到足以使个人从内部感到要像自己希望受到别人对待的那样去对待别人时，才出现自律。"②自律的道德不是单方面的服从，而是倾向于平等、双向对等的。"希望他人像自己对待他人那样对待自己"与"以他人对待自己的方式来对待他人"的平等互惠、相互协作的道德观念，是协作的、自律的道德与约束的、他律的道德的不同之处。协作的、自律的道德侧重儿童公正感（正义感）。

科尔伯格在皮亚杰的基础上提出，正义是社会关系的固有

---

① ［瑞士］皮亚杰：《儿童的道德判断》，傅统先、陆有铨译，410 页，济南，山东教育出版社，1984。

② ［瑞士］皮亚杰：《儿童的道德判断》，傅统先、陆有铨译，234 页，济南，山东教育出版社，1984。

法则,"个人、学校和社会的第一美德是公正"①。他认为公平结构是最根本的道德结构。道德情境是由各种认识或利益的冲突促成的,而解决这些冲突、给各人以应得之权益的观念便是公平原则。公平之核心在于由平等互惠观念调节的权利与义务的分配。人们视公平如"均衡",或相当于皮亚杰论逻辑发展时所描述的那种结构运动平衡。②

科尔伯格试图把正义理解为人类的普遍价值:人人平等,得其应得,同等地尊重所有人。社会最主要的道德价值就是正义价值观念。③ 从儿童到成人所要解决的中心问题是传承正义价值观念,学校有责任传承作为社会发展基础的正义价值观念。④ 科尔伯格与柏拉图一样,认为美德不是多个而是一个,它的名称是正义⑤;他又与皮亚杰一样,认为正义是一种人际相互作用的结构。⑥ 正义并非一种具体的品质,而是一种社会权利与责任的关系结构、规范要求。在社会交往中,人们期望以合乎正义的方式互相对待,得其应得。"公正是各种社会活

---

① [美]科尔伯格:《道德发展心理学:道德阶段的本质与确证》,郭本禹、何谨、黄小丹等译,《道德发展文集》前言5页,上海,华东师范大学出版社,2004。
② [美]柯尔伯格:《道德教育的哲学》,魏贤超、柯森等译,111页,杭州,浙江教育出版社,2000。
③ [美]科尔伯格:《道德发展的哲学》,单文经译,45页,台北,黎明文化事业股份有限公司,1986。
④ [美]科尔伯格:《道德发展的哲学》,单文经译,46页,台北,黎明文化事业股份有限公司,1986。
⑤ [美]科尔伯格:《道德发展的哲学》,单文经译,47页,台北,黎明文化事业股份有限公司,1986。
⑥ [美]科尔伯格:《道德发展心理学:道德阶段的本质与确证》,郭本禹、何谨、黄小丹等译,290页,上海,华东师范大学出版社,2004。

动和社会关系的规范逻辑。"①对于社会而言，正义是第一美德或首要规范；对于个体而言，正义是第一美德或行动要求。正义是人际关系的基本结构，在这种结构之中，人们以平等互惠的姿态参与交往，保持社会或群体内部关系的和谐、权利与义务的平衡。"公正的核心是由平等和互惠观念所调节的权利与义务的分配。"②

科尔伯格认为，正义所面对的是各种权利与义务相互冲突的情境。在这样的情境中，存在四种道德取向。一是规范秩序取向（normative order）。这种取向的着眼点在于社会规范秩序，道德判断的标准在于是否遵守、维护了社会规范秩序。偷窃之所以不对，是因为它违背了社会对偷窃的禁令，会破坏社会秩序的和谐稳定。二是功利结果取向（utility consequence）。这种取向主要追求对自己、他人好的福利结果，彼此都能获得福利的行为是好的行为。偷窃之所以不对，是因为它造成了店主的损失，店主还有一家人需要他养活。三是正义或公平取向（justice or fairness）。这种取向主要强调人与人之间自由、平等、互惠与契约的关系，符合正义的行为是好的。偷窃之所以不对，是因为店主赚钱靠的是自己的勤劳工作，偷窃则是不劳而获的行为，这是不公平的。四是理想的自我取向（ideal-self）。这种取向主要让人想展现出一种善良的或者有良心的自

---

①②　［美］科尔伯格：《道德发展心理学：道德阶段的本质与确证》，郭本禹、何谨、黄小丹等译，175 页，上海，华东师范大学出版社，2004。

我意象，成为一个别人认可的好人。偷窃之所以不对，是因为它是不诚实的表现。不诚实的人是一钱不值的，不是理想的自我意向。①

　　这四种道德取向看似是不同的，其实有着密切的联系。"在某种意义上，公正原则是指所有的这四种取向。维护法律和秩序可以被视为正义（规范秩序），使群体获得最大限度的福利也可被看作是公正（功利结果）。"②正义原则涉及全部四种取向，或者说正义原则主导着规范秩序取向、功利结果取向与理想的自我取向。没有正义或公平取向的调节，其他三种取向都会失去价值基础与方向。规范秩序与功利结果都要建立在正义之上，一个有良好的自我意向的人也应该是具有正义感的人。

　　道德最基本的结构是正义的结构。③道德情境由各种不同的甚至是相互冲突的社会观念与利益组成，解决这些冲突以让每个人获得与承担其应有的权利与责任，这就是正义。道德义务是尊重别人的权利的义务，而道德原则是用来解决权利相互竞争的问题的原则：当你的和我的权利或你的和他的权利发生冲突时，就要诉诸道德原则即正义或平等——待人如人，公平对待每一个人而不管他是什么人。④ 正义观念——把人当作人，合乎正义地对待他人——是道德最基本的原则。正义感是一个

　　① ［美］科尔伯格：《道德发展心理学：道德阶段的本质与确证》，郭本禹、何谨、黄小丹等译，174 页，上海，华东师范大学出版社，2004。
　　②③ ［美］科尔伯格：《道德发展心理学：道德阶段的本质与确证》，郭本禹、何谨、黄小丹等译，175 页，上海，华东师范大学出版社，2004。
　　④ ［美］科尔伯格：《道德发展的哲学》，单文经译，48 页，台北，黎明文化事业股份有限公司，1986。

人最具特色、最为根本的道德。① 一个人拥有正义感，可以怀疑所有规则而依然能合乎道德地行动，也可以怀疑某种高尚的美德而依然能合乎道德地行动。但是，他若怀疑正义的话，就没法合乎道德地行动了。

罗尔斯把正义当作社会制度的首要价值，认为正义感关系到社会合作体系的稳定性问题。正义感是按照正义原则行动的欲望，是调节人们相互关系或者行为的主导因素。缺乏正义感意味着社会合作体系将失去稳定的基础，人们没法按照道德的观点去行动。按照正义原则行动体现着人作为自由平等和有理性的存在物的本性。② 每个人都拥有一种基于正义的不可侵犯性，这种不可侵犯性即使以社会整体利益之名也不能逾越。作为人类活动的首要价值，真理和正义是决不妥协的。③

第二节　皮亚杰与儿童正义感的发展

皮亚杰认为，儿童正义感的发展是与其道德判断相一致的。儿童正义感经历了一个从服从成人权威到均等式正义，再

---

① ［美］科尔伯格：《道德发展心理学：道德阶段的本质与确证》，郭本禹、何谨、黄小丹等译，175 页，上海，华东师范大学出版社，2004。

② ［美］罗尔斯：《正义论：修订版》，何怀宏、何包钢、廖申白译，377 页，北京，中国社会科学出版社，2009。

③ ［美］罗尔斯：《正义论：修订版》，何怀宏、何包钢、廖申白译，3 页，北京，中国社会科学出版社，2009。

从均等式正义到公道化正义的发展过程。[①] 在出生后的最初几年，儿童处于道德无律阶段，依据个人意愿去行动，还没有形成正义观念，其平等意识还未显现，尚不能进行正义判断。后来，其逐渐发展出了公道感也即正义感，这是一种能够考虑到个体特殊情况的正义观念。

一、儿童正义感的发展阶段

(一)阶段一：正义尚未从"与权威一致"中分化出来

皮亚杰认为，儿童早期缺乏平等与公正的概念，还没有从成人的权威与外在的规则中解放出来。正义还没有从规则的权威中区分出来，乃是由成人所掌握的那种东西。[②] 儿童会认为成人的指令要求与外在的规则是应当遵守的，不遵守是不对的，而不会考虑指令要求或者规则的正义与否。当然，也不是说这个阶段的儿童没有丝毫的平等主义观念。儿童在日常物品交换中慢慢产生了一种原始的平等主义观念，这是"在儿童之间的相互关系中一开始就可能出现的平等主义的萌芽"[③]。但是，这种处于萌芽状态的平等主义还不会真正表现出来，成人权威、外在规则还占有优势地位。例如："一个两岁或三岁的

---

① 在儿童发展早期，儿童认为正义的内涵是服从成人的权威要求，违背成人要求的行为都是不正义的。随着对社会交往认识的深入，儿童会出现一种均等化、平等主义的正义观念，主要指那种以绝对均等、平等对称、一致对待为内容的正义观念，即正义就是不考虑特殊情况的绝对均等，不均等就是不正义。当儿童能够考虑到不同的人应该有不同的对待而不强求均等化的时候，其正义发展就进入了公道化阶段，正义的内涵就超越了纯粹的平等主义而走向了相对性，能够具体情况具体对待。

②③ ［瑞士］皮亚杰：《儿童的道德判断》，傅统先、陆有铨译，348页，济南，山东教育出版社，1984。

儿童认为，将一块蛋糕平分给他和另一个儿童，或他和他的伙伴相互借玩具等都是非常正当的。然而，如果有人对他说，他必须将蛋糕多给些，或少给些另一个孩子，他将很快地将这变成一种责任或一种公正。相反，一个正常的十岁或十二岁的儿童将不会继续保留这样的一种态度。"[①]儿童虽然产生了朴素的平等主义，但若是自身的平等观念与成人的指令要求发生冲突，他将服从成人的指令要求。此时，权威优先于平等，服从优先于正义。

儿童依据成人的指令要求与外在的规则去行动，正义与成人权威是一体的，服从权威、遵守规则就是正义。正义还没有从"与权威一致"中分化出来，从属于权威和规则。平等与权威不冲突，即使二者相对立，权威依然是公正的，因为它是成人发出的。公正乃是符合法律的东西。[②]儿童把成人的指令要求当作正义，成人的指令要求都是正当的，都是需要执行的，而不论平等与否。儿童与成人建立了一种片面的尊重关系。儿童认为服从成人的指令要求是好的行为、是正义的行为，不服从的人是不正义的人，是要受惩罚的。虽然有一部分儿童能够区分服从与正义，认识到成人的指令要求可能是不正义的，但是他们还是认为服从成人的指令要求与外在的规则要高于正义的要求。

---

① ［瑞士］皮亚杰：《儿童的道德判断》，傅统先、陆有铨译，348 页，济南，山东教育出版社，1984。

② ［瑞士］皮亚杰：《儿童的道德判断》，傅统先、陆有铨译，341 页，济南，山东教育出版社，1984。

(二)阶段二：平等优先于权威

在这个阶段，儿童开始有独立的道德判断，不再盲目服从、被动接受成人的指令要求与外在的规则，要求平等地对待。皮亚杰"把这个时期定义为自律逐渐发展和平等优先于权威的时期"①。在这个时期，儿童的"平等主义逐渐增强，并达到认为平等比任何其它的考虑都重要的地步"②。当成人的指令要求与外在的规则同儿童自身已经形成的平等主义观念发生冲突的时候，儿童不再像前一个阶段一样选择服从，而是进行自主选择，会问"为什么要这样"，"平等的公正总是对抗服从、对抗惩罚"③。儿童之所以不再完全听命于成人的指令要求与外在的规则，是因为他们形成了一种由自我决定、自我做主的自治感。例如，对于儿童在商店里是否应该等待成人买过东西之后再买东西的问题，他们会认为应该按照购物的先后次序，谁先来谁先买，而不应该成人优先，让成人优先购买是不正义的。"在平等的公正方面，平等的规则居于至高无上的地位。在惩罚和平等发生冲突的情况下，平等重于任何其它的考虑。如果权威与平等发生冲突，情况也是如此。最后，在儿童之间的关系方面，随着儿童年龄的增长，平等主义也逐渐得到

---

① [瑞士]皮亚杰：《儿童的道德判断》，傅统先、陆有铨译，390页，济南，山东教育出版社，1984。
②③ [瑞士]皮亚杰：《儿童的道德判断》，傅统先、陆有铨译，348页，济南，山东教育出版社，1984。

了发展。"①

儿童的道德判断从权威至上中走出来，就意味着平等主义向前发展了一步。"平等感基本上是随着年龄的增长而增强，而成人禁止的重要性也有着同等程度的减少。"②过多不合理的成人的指令要求是儿童正义感发展的障碍，"公正感的基础是一种高于他所接受的任何命令的自治感"③。只有充分让儿童自主选择、自我决定所要进行的事情，儿童正义感才能健全发展。

(三)阶段三：纯粹的平等主义让位于公道感

在前一个阶段，儿童发展出了平等主义观念，但这种平等主义观念是绝对化的，没有考虑到具体情况差异，皮亚杰称之为"纯粹的平等主义"。而在这个阶段，纯粹的平等主义让位于"公道感"这个比较微妙的正义概念。"公道感只不过是平等主义在其相对性方向上的发展。儿童放弃了绝对的平等，除非在某一特殊的情况下，他们也不再考虑个人同等的权利。同样地在惩罚公正的领域里，他们认为，不要对所有的人都处以同样的惩罚，而是要考虑到某些微妙的情况。"④公道感不是那种绝对的平等观念，而是考虑每一个人的境遇。这时的儿童已经不

---

① ［瑞士］皮亚杰：《儿童的道德判断》，傅统先、陆有铨译，390页，济南，山东教育出版社，1984。

② ［瑞士］皮亚杰：《儿童的道德判断》，傅统先、陆有铨译，352页，济南，山东教育出版社，1984。

③ ［瑞士］皮亚杰：《儿童的道德判断》，傅统先、陆有铨译，348页，济南，山东教育出版社，1984。

④ ［瑞士］皮亚杰：《儿童的道德判断》，傅统先、陆有铨译，390～391页，济南，山东教育出版社，1984。

再绝对地理解平等、正义，而是把正义与具体情境结合起来，使之变得相对，能够考虑到具体情况了。例如，在惩罚公正的领域里，儿童开始考虑到年龄的不同，认为应根据惩罚对象先前的帮助、贡献等进行补偿。

"公正不再意味着所有的人都完全服从于同一个规则，而是要考虑到每一个人的情况（如照顾年幼者等）。这样的一种态度远没有造成特权，而是倾向于使平等比以前的情况更具有道德的效力。"[①] 例如，一大一小两个儿童去野餐，都很饿，结果发现所带的食物不够两个人吃，应该怎么办？处于公道感阶段的儿童会有这样的看法：给小一些的儿童多一些是公正的，因为我们要照顾小一些的儿童；大一些的儿童多留一些也是公正的，因为大一些的儿童的饭量可能更大。这样，正义的判断就出现了相对性，如何进行价值判断就要看所依据的原则是什么。

二、影响儿童正义感发展的因素

(一)榜样的影响：合乎正义的成人示范

成人日常处世是否正义，对于儿童来说至关重要。在儿童正义感发展的过程中，成人的言谈举止是一个重要影响因素，儿童正义感能够由于成人的戒律和实际的榜样而自然地得到加

---

① ［瑞士］皮亚杰：《儿童的道德判断》，傅统先、陆有铨译，391 页，济南，山东教育出版社，1984。

强。① 在儿童正义感的初步萌芽时期，正义还没有从成人权威中分化出来，"公正与不公正的概念还没有从责任和服从的概念中分化出来：任何与成人权威的命令一致便是公正"②。儿童认为正义就是服从成人的指令要求与外在的规则的行为，不服从就是不正义。"公正的东西总是混同于规则所强加的东西，而且，规则完全是他律的，是由成人所强加的。"③若成人的指令要求与外在的规则和儿童的平等主义萌芽不一致、发生冲突，后者就会屈服于前者，这就不利于儿童正义感的形成与发展。若成人的指令要求与外在的规则符合正义的要求，儿童正义感的形成与发展就会比较顺利。

虽然到了平等主义阶段，平等的观念已经压过权威的观念，但是权威还是会影响儿童正义感的发展。若教师的言谈举止长期处于不正义的状态，儿童慢慢地就会认为不正义是常态。若成人以单方面强制或者获益的姿态参与到师生交往中，儿童将慢慢形成一种服从的心态，或者等有了权力之后再对弱小者进行强制。所以说，成人与儿童（师生）之间互惠的关系是正义感发展的一个条件。"只要成人和儿童在实际的活动中保持互惠的关系，并通过榜样而不是言语进行教诲，就象在其它

① ［瑞士］皮亚杰：《儿童的道德判断》，傅统先、陆有铨译，236 页，济南，山东教育出版社，1984。

② ［瑞士］皮亚杰：《儿童的道德判断》，傅统先、陆有铨译，389 页，济南，山东教育出版社，1984。

③ ［瑞士］皮亚杰：《儿童的道德判断》，傅统先、陆有铨译，390 页，济南，山东教育出版社，1984。

的方面一样，成人对公正感的发展是可以发挥巨大的影响的。"①在成人与儿童、儿童与儿童的交往中，彼此互惠、相互理解、相互顾及对方的权利、以平等互惠的方式进行互动，对于儿童正义感的发展是重要的。

虽然成人权威不能直接让儿童产生正义感，但它是儿童道德发展的一个重要因素。我们可以利用儿童尊重权威的心理，通过成人正义的言谈举止给儿童塑造正义的榜样。家长或教师具有正义感的榜样行为，对于儿童正义感的发展具有重要作用。教师要努力做到权威要求与正义要求一致，使成人的权威、指令、安排、设计的规则符合正义的原则、合乎正义的精神，创造一个正义的环境。只有这样，才能促进儿童正义感的发展，使萌芽状态的平等主义发展到纯粹的平等主义，再发展出一种相对的公道感。

(二)与儿童平等：互相尊重的情感氛围

儿童道德发展早期的特征主要表现为儿童对成人(成人所制定的规则与权威要求)的服从，正义就是按照成人的指令要求行事，这是一种单方面的尊重。"这个期间始终都是单方面尊重的情感强于互相尊重的情感。"②单方面尊重是一种他律状态，儿童依赖于成人，服从外在的指令。这种指令要求不是儿

---

① [瑞士]皮亚杰：《儿童的道德判断》，傅统先、陆有铨译，393 页，济南，山东教育出版社，1984。
② [瑞士]皮亚杰：《儿童的道德判断》，傅统先、陆有铨译，390 页，济南，山东教育出版社，1984。

童正义感发展的基础。儿童正义感的发展是建立在自治或自律的基础之上的，儿童在他律的情境下是没法形成健全的正义感的。"平等主义的公正是以牺牲对于成人权威的服从为代价，并随着年龄的增长和儿童之间团结的增强而发展的。平等主义似乎来自于互相尊重的情感所特有的互惠的习惯，而不是来自于以单方面尊重为基础的责任。"①

单方面尊重会发展出一种服从权威的道德，以责任与服从为特征；相互尊重会发展出一种互惠合作的道德，以互惠与自主为特征。皮亚杰认为："只有在协作本身开始不受强制影响的条件下，公正概念才能得到发展。"②"只有在平等和互惠的基础上通过无约束的协商所达成的一致意见，才能产生正义感。"③相互尊重对于正义感的形成与发展非常重要，甚至是决定性的。没有相互尊重，就不会产生正义感。相互尊重使儿童从外在的规则中解放出来，开始考虑规则不是单方面强制的结果，而是人们相互尊重的结果，不是成人外加于自己、不可改变的，而是内在的。"权威本身不能是公正的源泉，因为公正感的发展要以自律为先决条件。"④

自律是道德成熟的标志，更是正义感发展的先决条件。仅仅依靠他律，人们是无法按照正义规则行事的。所以，成人

---

① ［瑞士］皮亚杰：《儿童的道德判断》，傅统先、陆有铨译，361页，济南，山东教育出版社，1984。

② ［瑞士］皮亚杰：《儿童的道德判断》，傅统先、陆有铨译，390页，济南，山东教育出版社，1984。

③④ ［瑞士］皮亚杰：《儿童的道德判断》，傅统先、陆有铨译，393页，济南，山东教育出版社，1984。

(教师)要平等地对待儿童、尊重儿童，而不是一味地去要求儿童如何做、不给儿童提供自由与自主选择的机会。

（三）团结的生活：儿童之间的团结合作

儿童正义感能够由于成人的戒律和实际的榜样而自然地得到加强，同时，成人对儿童的尊重也非常重要，能够唤起一种平等的观念。但是，儿童之间的尊重、合作、互惠与团结更为重要。"公正感发展所需要的只是儿童之间的相互尊重和团结。"①

儿童正义感的发展离不开同伴之间的交往，剥夺或减少儿童的同伴交往会阻碍儿童的道德发展。儿童正义感的发展"要以儿童之间长期的互相教育为前提条件"②，"儿童社会以及成人社会中平等主义的发展同'有机的'团结（即协作的结果）的发展齐头并进。"③在日常生活中，儿童逐渐摆脱了以自我为中心的观念，相互合作代替了个体化活动，以群体的"法律规章制度"来协调自己的行为；群体意识逐渐增强，以相互讨论代替了相互模仿与对成人的服从，最终实现平等与团结。"同等者之间的团结是作为理性思想特征的整套补充的和连贯的概念的

---

① ［瑞士］皮亚杰：《儿童的道德判断》，傅统先、陆有铨译，236 页，济南，山东教育出版社，1984。

② ［瑞士］皮亚杰：《儿童的道德判断》，傅统先、陆有铨译，393 页，济南，山东教育出版社，1984。

③ ［瑞士］皮亚杰：《儿童的道德判断》，傅统先、陆有铨译，394 页，济南，山东教育出版社，1984。

源泉。"①

团结合作是儿童正义感发展的条件。"公正感的发展必须
要通过不断发展的协作和互相尊重——开始是儿童之间的协
作，接着是接近青春期的儿童和成人之间的协作。"②儿童在合
作中逐渐地认识到自己与其他儿童、成人是平等的，可以相互
讨论、交换想法、共享成果。所以，成人（教师）要以平等的姿
态参与到儿童的活动中来，不要以权威（虽然其事实上代表着
权威）的姿态对儿童的活动指手画脚，要避免那种支配性的行
为模式。

团结合作非常强调儿童之间回报的重要性——你给我多
少，我就给你多少；我做了多少，就应该得到多少。在正义的
领域，对等的回报能够促进儿童平等观念的发展，对等、应
得、回报都是正义感所包含的基本概念。"'你要别人如何对待
你，你就应该如何对待别人'这句格言就代替了原始的平等概
念。"③逐渐地，儿童就愿意主动地多付出了。因为富有正义感
的儿童会发现获得回报的前提是必须先付出，只有付出了，才
会获得相应的回报。

对等的回报意味着人与人之间的相互尊重，意味着付出与

---

① ［瑞士］皮亚杰：《儿童的道德判断》，傅统先、陆有铨译，399 页，济南，山东教育出版社，1984。

② ［瑞士］皮亚杰：《儿童的道德判断》，傅统先、陆有铨译，394 页，济南，山东教育出版社，1984。

③ ［瑞士］皮亚杰：《儿童的道德判断》，傅统先、陆有铨译，398～399 页，济南，山东教育出版社，1984。

得到的平衡，预示着人们以互惠、平等、合作的姿态加入团结的公共生活。"单方面尊重总是倾向于发展为相互尊重，并达到构成道德平衡的协作状态。"①在现代社会，调节人与人相互关系的道德是平等、合作、互惠的道德。对于儿童来说，成人或者年长儿童的平等、合作、互惠的榜样将加速正义感的发展。这样一来，道德已经不是一种单纯的社会强制了，而变成了一种自治的要求。"如果人类社会是从他律向自律，从所有形式的老人统治、神权政治向平等主义的民主演进的话"②，对于儿童来说也大概如此——从对权威的服从逐渐走向自由、自治的状态。民主的社会需要具有正义感的个体，也为个体正义感的发展提供了条件。

第三节　科尔伯格与儿童正义感的发展

科尔伯格继承了皮亚杰关于儿童道德认知发展的研究思路与理论遗产，将正义作为道德发展的基本范畴，运用两难故事法来研究儿童道德判断的发展，并把皮亚杰从他律到自律的道德发展阶段拓展为了前习俗水平、习俗水平、后习俗水平三个水平六个阶段。在道德发展阶段与年龄的关系上，科尔伯格没有确定哪个年龄段处于哪个水平之上。他发现，9 岁以下的大多数儿童处于前习俗水平，大多数青年或成年人处于习俗水

---

①②　[瑞士]皮亚杰：《儿童的道德判断》，傅统先、陆有铨译，400 页，济南，山东教育出版社，1984。

平，只有少数人在 20 岁以后达到后习俗水平。

一、儿童正义判断水平的阶段发展

个体的道德判断是与社会人际的基本关系结构一致的，科尔伯格把平等、互惠范畴也就是正义范畴视为个体道德判断与人际关系的最基本的范畴。[①] 个体依据自己对平等、互惠、正义观念的理解来评判"什么是对的、什么是错的，应该做什么、不应该做什么"。他根据个体在两难故事中对平等、互惠的不同推理，把个体道德发展分为前习俗水平、习俗水平、后习俗水平三个水平六个阶段，每一个阶段都体现出正义感发展的不同特点。

（一）前习俗水平：以自我为中心，不理解社会规则

前习俗水平的个体以自我为中心，没有清晰的社会规则概念，不能理解与坚持规则、期望和习俗，更多的是想避免惩罚与关注功利结果，规则、期望和习俗还是外在于自我的东西。之所以不偷窃，是因为那是违法行为，是要受惩罚的。

儿童道德发展的第一个阶段为惩罚与服从取向阶段（punishment-and-obedience orientation）。儿童依据具体行为的直接后果来判断个体行为的好坏，好的行为是服从外在权威与规则、避免惩罚的行为。儿童还不能认识到规则的意义与价值，规则外在于儿童。儿童服从权威或规则并不是因为认同权威或

---

① ［美］科尔伯格：《道德发展心理学：道德阶段的本质与确证》，郭本禹、何谨、黄小丹等译，175 页，上海，华东师范大学出版社，2004。

规则，而是为了避免惩罚。此时的儿童不能把正义理解为不同个体之间的对等交易，平等、互惠的基本形式来自权力和惩罚的互惠，即服从和避免惩罚的互惠，做了坏事的人应该受到惩罚。他们以自我为中心，还考虑不到他人的利益与需求。正义仅表现为对不服从权威或规则行为的报应，是一种惩罚正义、对等报应，而不是依据平等、互惠的原则。

儿童道德发展的第二个阶段为享乐主义取向阶段（hedonism orientation）。儿童认为这样是正确的：满足自己或他人的需要，并以具体的交换为公平交易的依据。判断个体行为好坏的标准主要是自己的利益能否得到满足。此时的儿童开始跳出自我中心观念，认识到实现自己的利益与需求还需要懂得其他人也有各自的利益与需求，关注人与人之间的平等交换，通过公平的交易以实现、满足自身的需求。儿童以彼此都会获得益处为目的进行交易或合作，视正义为人与人之间的对等交易和平均分配。儿童逐渐有了一种公平感，平等交换、互惠行为开始出现。

（二）习俗水平：遵守社会规则，做一个好孩子

处于习俗水平的个体遵守和坚持社会规则、期望和习俗，仅仅因为它们是社会规则、期望和习俗。社会规则、期望和习俗已经内在化，与个体具有了一致性。个体已经认识到自己是社会的成员，已经开始确立社会成员的观念，能够从社会关系的角度认识社会规则。维护良好的人际关系和社会秩序是重要

的，它们是社会生活的前提条件。之所以不偷窃，是因为法律禁止，服从法律是我们的义务。法律是用来保护每一个人、保护财产的准则，我们的社会需要这种准则。如果没有法律，那么人们便会去偷盗而不必为生活而工作，整个社会便会陷入困境。

儿童道德发展的第三个阶段为人际关系和谐阶段(the interpersonal concordance orientation)，或者称为"好孩子"取向阶段(good boy or good girl orientation)。这个阶段的儿童认识到积极的社会关系是一种社会合作性的互惠系统，努力承担自己的角色。这样，个体正义概念就和美好(积极而且稳定)的人际关系联系起来了，做一个好孩子、好伴侣、好朋友等是和谐人际关系的表现。儿童已经能够把自我与社会分离开来，追求人际关系和谐，开始认识到社会对好孩子的期望，并按照社会对好孩子的要求进行行动，以获得成人的认可与称赞。儿童希望像周围的人所期望的那样行动，维护各种公认的关于良好行为的准则，扮演好自己的角色。良好行为是能够获得称赞的行为。儿童开始采纳社会的观点，按照社会的习俗、期待等进行道德判断，并且注意他人的利益与需求。

儿童道德发展的第四个阶段为维持社会秩序取向阶段(social order maintenance orientation)。这一阶段，儿童不再将正义局限于具体的人际和谐关系，而是视良好的社会秩序为正义的表现。人们尽自己的责任维护社会秩序，正义和社会的基本规则即结构是十分相似的。[①]　处于第三个阶段的儿童，他们的和谐人际关系还是具体的现实生活中的人与人之间的关系；而处于第四个阶段的儿童已经在关注整个社会所共享的期望、规则及角色要求。儿童不再仅仅要求做一个好孩子，开始认识到法律、规范和准则可以维护社会秩序。他们服从法律、规范的权威，愿意履行法律、规范所规定的各种义务。此时，互惠不再局限于具体的人与人之间的平等交换行为，而是发展成一种社会秩序观念，维护社会秩序是一种正义。正义主要表现为法律、规范的一致性、平等性，对所有人都一样。正义的平等成分主要是以法律的齐一和有规则的执行来表现的。[②]

(三)后习俗水平：诉诸普遍人权，超越社会规则

处于后习俗水平的个体遵守规则、期望和习俗并能超越它们，已经把自我同各种规则、期望和习俗分离开来，会考虑人类普遍的正义原则。这些原则是人权平等、尊重平等的人的尊严，"公正意指'把每一个人视为目的而不是当作一种工具'"。[③]海因茨为了救自己的妻子而偷窃药品，"从法律上是不对的，但在道德上讲又是对的"。规则、法律必须符合普遍的正义原则，"法律制度只有在反映理智者公认的道德法则时，才是正确的。人们必须考虑个人公正这一社会契约的基础。社会赖以产生的基础，在于人人公正——同等对待各种情况下的个人要

①② ［美］科尔伯格：《道德发展的哲学》，单文经译，179页，台北，黎明文化事业股份有限公司，1986。

③ ［美］科尔伯格：《道德发展心理学：道德阶段的本质与确证》，郭本禹、何谨、黄小丹等译，173页，上海，华东师范大学出版社，2004。

求这一人皆有之的权利。"①

儿童道德发展的第五个阶段为社会契约取向阶段（the so-cial-contract legalistic orientation）。儿童在第四个阶段主要是遵守规则、法律、习俗等，维持社会秩序。而在这个阶段，社会秩序的观念发展成一种平等、自由的个体之间的社会契约观念。对法律、规则的认识，这个阶段比第四个阶段要更加灵活，不再那么绝对。儿童认识到人们有各种各样的价值标准，法律、规则是人们共同商议而达成的一种社会契约。所有的社会规则都是相对的，并不需要墨守成规。只有当社会规则合乎正义精神时，人们才会遵守。这个阶段的正义概念的核心乃是自由或公民权利、机会均等以及契约，这三个概念由尊重别人的自由联结起来，就如自由包含在民法和民权内一样。② 社会契约观念是指在创制规则的阶段，个体基于平等、自由观念，通过多方面参与充分表达意见，参与规则的制定。社会契约概念乃是一套程序性的立法原则。③ 程序正义是公正、无偏私的，分配正义的概念乃是一种机会均等的概念，或者说获取实质性的形式上的自由的机会乃是均等的。④

① ［美］科尔伯格：《道德发展心理学：道德阶段的本质与确证》，郭本禹、何谨、黄小丹等译，173页，上海，华东师范大学出版社，2004。
② ［美］科尔伯格：《道德发展的哲学》，单文经译，197页，台北，黎明文化事业股份有限公司，1986。
③ ［美］科尔伯格：《道德发展的哲学》，单文经译，182页，台北，黎明文化事业股份有限公司，1986。
④ ［美］科尔伯格：《道德发展的哲学》，单文经译，183页，台北，黎明文化事业股份有限公司，1986。

儿童道德发展的第六个阶段为道德普遍原则取向阶段（the universal ethical principle orientation）。在这个阶段，道德原则被阐述为互惠性角色承担的普遍原则，关注到普遍的人性、尊重人权。在理想的状态下，人们都应该作为平等、自由的人相互对待。正义附加在把人当作目的而不是手段这一观念之上，人的尊严与价值是最重要的道德原则。正义不再局限于某一具体的规则、法律，而是普遍关注到人的尊严与价值，把人当作人成为正义观念的核心。尊重个体作为人的尊严与价值，是最重要的正义原则。这个阶段的正义观念集中表现在人类基本权利之中。[①] 人是目的，应普遍受尊重。所有的人作为平等、自由的人，具有均等的机会。契约关系并不仅仅是协议，还是一种由信任所联结的正义关系结构。

二、从道德讨论法到正义团体法

(一)道德讨论法：道德冲突、民主氛围与相互倾听

针对美德教育与价值相对论的弊端，科尔伯格认为，儿童道德发展既不是习得某些主要的美德，也不是澄清彼此的价值观念，而主要是促进道德判断、推理能力的发展，并使道德判断与道德行为具有一致性，知行合一。因此，他在早期提出了道德讨论法，试图通过对道德两难故事的讨论引发儿童的道德认知冲突、认知失衡与不确定性，激发儿童积极的道德思考，

---

① ［美］科尔伯格：《道德发展心理学：道德阶段的本质与确证》，郭本禹、何谨、黄小丹等译，173 页，上海，华东师范大学出版社，2004。

以促进儿童道德判断能力的发展。科尔伯格与布拉特认为，道德讨论法首先要引起儿童对真正的问题情境产生真正的道德冲突、不确定性和意见分歧（相反，传统的道德教育强调成人的"正确答案"，以及美德总会得到奖赏的信念）。然后要向儿童提供高于其自身发展一个阶段的思维方式（相反，传统的道德教育倾向于在两者之间来回变化，或者求助于远远高于儿童水平的成人抽象说理，又或者诉诸低于儿童水平从而易被儿童拒绝的惩罚和谨慎措施）。① 总体来说，就是通过呈现类似真实情境的道德两难故事来引发儿童道德认知的不平衡。教师还要引导儿童向高一阶段的道德推理方式发展，其任务是在呈现道德两难故事时询问一些苏格拉底式的问题，以激发学生思考和推理，并促使学生聆听其他学生的推理过程。② 道德讨论法的主要程序有：①依照能力对儿童进行分组，组内异质，分属两到三个认知水平，人数在 10 人左右。这样就能保证充分表达，听到不同的观点。②选择和准备两难故事，可以根据假设情境、教科书中的内容以及身边的真实事件来编写故事。这三种不同的故事利于呈现不同的观点。③形成讨论的正确........就是向儿童明确解释讨论的基本问题、基本要求等，做好......的准备。④引导儿童进行讨论，鼓励儿童思考、表达意见......引导讨论的方向以及提供必要的帮助等。

---

① 转引自郭本禹：《道德认知发展与道德教育：科尔伯格的理论与实践》，188～189 页，福州，福建教育出版社，1999。
② ［美］科尔伯格：《道德发展的哲学》，单文经译，33 页，台北，黎明文化事业股份有限公司，1986。

⑤当讨论完所有问题、引发儿童道德冲突之后，既可以终止讨论，也可以进入下一个讨论。

理想的道德讨论一定是儿童充分参与、充分表达的能够引发道德冲突的讨论。本书认为，若要趋近于这种理想的状态，在具体的实施过程中须注意以下几个方面。

第一，创设支持性的班级氛围。班级讨论需要一种支持性的氛围，平等、自由、互信、开放与民主的氛围有利于讨论活动的深入展开。缺乏这种氛围意味着讨论将依赖于一部分优势群体，讨论过程也将浮于表面。在物理环境方面，要为讨论创设一个有利的空间，如儿童在宽敞明亮的教室中围坐在一起，而不是分前后排坐。在组织环境方面，要把儿童划分为若干个小组，有利于持有不同观点的儿童合作、讨论、交流。在心理环境方面，建立一种亲密的师生关系，要鼓励所有儿童发言、积极确认其观点，而不是漠视与否认。

第二，提供近似真实的两难情境。在道德讨论中，需要提供多个不同的近似真实的两难情境。虚假的或者脱离学生现实生活的两难问题很难引起学生的兴趣。只有在近似真实的两难问题中，儿童才会感觉到这种情境是身边经常发生的，才能更好地参与讨论、愿意去主动思考。

第三，引导儿童的道德认知冲突。面对近似真实的两难情境，儿童很乐意参与讨论，会提出很多不同的观点。这些观点有可能是零散的，分属于不同的问题领域。教师要在儿童讨论过程中及时明确要讨论的问题，撇开无关的问题，引导儿童聚焦关键性问题。在这里，教师要提供一种高一阶段的道德推理方式来引导儿童，而不能停留于儿童已有的道德判断水平。

第四，引导儿童调整已有的道德认知。面对道德认知冲突，不同的儿童会提出不同的意见，而且有些意见很有道理。但是讨论的目的不是展示不同的意见，而是让儿童能够站在他人的立场上去看问题，进而促进道德认知能力的发展。儿童要倾听他人的意见，了解他人的推理方式，如具体意见是什么，理由、根据是什么，与自己的看法和理由有什么不一样，还要接纳他人的观点来丰富、完善、改变自己的观点，但这种接纳不是一定要放弃自己的观点。

(二)正义团体法：正义生活、民主氛围与参与民主

科尔伯格及其团队通过科学测量发现，道德讨论法对于提高儿童的道德判断水平、道德推理能力有着积极的意义。[①] 但道德讨论法也存在一些局限。科尔伯格认为这种方法是心理学研究成果在教育实践中的直接应用，缺乏与教育实践之间的多次反馈，属于单通道模式。同时，儿童道德判断、推理能力能否运用到自身实际的道德情境中也是一个问题，理性较强的道德判断能力与现实生活中合适的道德行为不是一回事。道德讨论法虽然近似真实，但更多的是讨论身边其他人的道德情境，是一种想象的情境，不是自己正在真实经历的情境。正是基于这样的考虑，科尔伯格认为更为完备的方法应该是让学生全面

---

① 郭本禹：《道德认知发展与道德教育：科尔伯格的理论与实践》，195～198 页，福州，福建教育出版社，1999。

参与一种正义的生活方式。① 在吸收以色列集体农庄教育经验的基础上，他分别在剑桥市剑桥中学附属学校（The Cambridge Cluster School）、纽约市布鲁克莱恩中学校中校（The Brookline's School-Within-A-School）、波士顿市斯卡斯戴尔中学（The Scarsdale Alternative School）三所学校进行了正义团体法实践应用，取得了不错的效果。

科尔伯格认为，在宪法上合乎法理的唯一道德教育形式是在学校教授正义观念。若要在学校教授正义观念，则必须有正义的学校。② 在正义的环境氛围中，才能培养具有正义感的人。儿童在参与学校正义生活的过程中发展自己的道德判断、推理能力。学校的核心道德价值观念和社会的核心道德价值观念一样，都是正义观念。正义观念所涉及的是平等和普遍的人权问题。③ 在正义观念指导下，每一个儿童自由、平等的人权都会得到最大限度的保障。正义团体法主要是通过师生自由、平等、民主地参与学校日常活动为儿童发展营造一种民主的道德氛围，促进儿童的道德成长。

正义团体由 60～100 名儿童和 5 名教师组成，人数不宜过多，否则就没法保证所有儿童充分参与讨论。在这个团体中，

---

① ［美］科尔伯格：《道德发展的哲学》，单文经译，58 页，台北，黎明文化事业股份有限公司，1986。
② ［美］科尔伯格：《道德发展的哲学》，单文经译，45 页，台北，黎明文化事业股份有限公司，1986。
③ ［美］科尔伯格：《道德发展的哲学》，单文经译，47 页，台北，黎明文化事业股份有限公司，1986。

需要相关的组织承担相应的任务。例如：议事委员会（8～12名儿童和2～3名教师）主要负责议题与议程的提出；顾问小组（10～15名儿童和1名教师）主要负责为儿童讨论提供帮助，如帮助确定讨论议题与议程、鼓励儿童发言、协调矛盾等；纪律委员会（6～8名儿童和2名教师）主要负责维持讨论的秩序、监督讨论中的违规行为并防止其发生。团体大会一般一周一次，围绕议事委员会之前确定的问题进行讨论，时间为1～2小时。依据一定的程序，所有儿童都要充分发表意见。在讨论的过程中，民主参与最为重要。教师要引导儿童展开主题讨论，最后是一人一票共同作决定。

在正义团体法中，教师不会不顾及儿童的意见去孤立、专断地作决定，而是通过团体大会来讨论，使儿童拥有了自己决定自己生活的权利。这样一来，儿童就能够了解为什么作出这样的决定（决定理由）以及如何去做（决定所带来的责任），也就不会消极地服从、阳奉阴违了。儿童开始克服对权威（教师）的依赖，学会自主地作决定，并分担决定所产生的责任。与此同时，儿童自然而然地获得了自由、平等、合作、互惠、信任、团结等良好的社会生活品质，学会了如何在社会冲突情境中作出有利于维护人的尊严的决定。

第四节　罗尔斯与儿童正义感的发展

罗尔斯与科尔伯格生活在同一时代，在正义感发展理论上互相产生过影响。但罗尔斯并没有依赖对偶故事、两难故事的方法，而是立足于无知之幕推导出他的正义原则，从儿童社会生活场域的扩展提出了儿童正义感发展的三个阶段。

一、儿童正义感发展阶段

（一）权威道德阶段：爱与信任、敬重权威和自我价值感

儿童正义感发展的第一阶段是权威道德阶段（morality of authority）。在权威道德阶段，儿童生活在家庭中，主要遵从成人（一般指父母）的道德指令去行动。儿童由于缺乏必要的知识而不能对成人的权威指令进行批判、反省，不可能向其发起挑战。我们不能一听见"权威道德"就认为这一阶段的儿童是被动的、服从的，进而认为这一阶段没有意义，亟须抛弃、摆脱。其实，作为儿童正义感发展过程中的第一个阶段，权威道德阶段有着重要的价值与意义，它为儿童后面的道德发展奠定了基础。

在权威道德阶段，影响儿童正义感发展与最重要的因素是爱和信任。儿童的爱不是先天就有的，而是在父母爱他们的过程中形成并发展起来的。当感受到父母明显的爱与信任之后，儿童就自然而然地产生一种对父母的爱与信任。父母爱与信任孩子，而慢慢地孩子也爱与信任父母。① 在良好的家庭生活中，父母爱着孩子，孩子也爱着父母。在相互关爱中，儿童发展出

---

① ［美］罗尔斯：《正义论：修订版》，何怀宏、何包钢、廖申白译，366 页，北京，中国社会科学出版社，2009。

健全的权威道德。父母对儿童的爱不仅仅表现为照顾儿童的日常生活，满足其物质需要与各种欲望，更重要的是肯定儿童的自我价值感，尊重、信任、肯定儿童及其自主性，培养儿童的自尊心。父母鼓励儿童去驾驭自己的发展任务，欢迎儿童选取自己的角色位置。一般来说，爱一个人意味着不仅要关心他的要求与需要，而且要肯定他对自己的人格价值感。[①]这种爱与信任是道德感（正义感）产生的源头。

父母对儿童的爱不能直接转化为儿童对父母的爱，如何才能实现这种转化呢？罗尔斯认为转化的大致过程是这样的：儿童首先要感知到父母明显的爱，这样能够肯定自己作为人的价值。当父母的爱被儿童感知到之时，父母就促使儿童确信自己作为一个人的自我价值感，令儿童确认自己是由于自身的原因而受到所在的世界上最重要、最强有力的人的赞赏的。在完成上述过程之后，儿童会逐渐信任父母，而且对周围环境变得有信心。在父母的信任、关心、鼓励、支持下，儿童逐渐获得各种技能并产生能力感。这种能力感肯定了儿童的自尊，强化了自我肯定。在这整个过程中，儿童对父母的感情慢慢地发展起来。儿童感受到父母的关心与鼓励，进而把父母的爱与信任和自我价值感联系在一起，最终产生了对父母的爱。[②]

儿童还没有形成自主的道德判断标准，如果儿童爱并信任自己的父母，就倾向于接受他们的命令，也将努力成为他们那

---

①② ［美］罗尔斯：《正义论：修订版》，何怀宏、何包钢、廖申白译，367页，北京，中国社会科学出版社，2009。

样的人，认为他们的确值得尊重，并且坚持他们所嘱咐的那些准则。① 当然，儿童听从父母的道德指令是有条件的：父母要值得尊重，且身体力行地遵守他们要求儿童遵守的指令。儿童违背父母的道德指令时如果产生内疚感、负罪感，就倾向于按照父母的态度来责备自己，坦白越轨举动并寻求谅解。② 反过来，如果儿童不存在这些感觉，也就表明其缺乏爱与信任。③

如果儿童产生了遵守道德指令的欲望，那么其服从道德指令就不是因为担心受到惩罚，而仅仅是因为把这些指令看作权威人物告诉自己的东西。这些权威人物是儿童所爱与信任的，而且在按照这些指令行动。因此，儿童得出这样的结论：这些指令表现着自己想成为的那种人特有的行为方式。④ 儿童在没有奖惩时也倾向于遵守某些这样的准则。⑤ 在这里，父母作为权威人物要表现出对儿童的爱与信任，做出值得尊重的行为，身体力行地遵守规则。在没有情感、榜样和指导的情况下，这些不可能发生；在被惩罚性的恐吓和报复破坏的没有爱的关系之中，当然就更不可能发生。⑥ 对于要求儿童遵守的道德指令，父母应当以身作则，并慢慢地说清这些指令所依据的根本原则。这样做不仅是为了唤起儿童以后按照这些原则去做的倾向，而且是为了让儿童懂得在具体的例子中应当怎样解释这些

---

① ［美］罗尔斯：《正义论：修订版》，何怀宏、何包钢、廖申白译，367 页，北京，中国社会科学出版社，2009。

②③ ［美］罗尔斯：《正义论：修订版》，何怀宏、何包钢、廖申白译，368 页，北京，中国社会科学出版社，2009。

④⑤⑥ ［美］罗尔斯：《正义论：修订版》，何怀宏、何包钢、廖申白译，369 页，北京，中国社会科学出版社，2009。

原则。如果不具备这些条件，尤其是如果父母的命令不仅粗暴、没有道理，而且通过惩罚甚至体罚来强制，道德的发展可能就不会发生。[①] 因此，在权威道德阶段，影响儿童道德成长的不是奖惩，而是爱与信任。

首先，父母必须爱着儿童，自身也值得儿童敬重。父母爱孩子，是值得孩子崇拜的对象。这样，父母就在儿童心中唤起一种自我价值感和要成为父母那样的人的欲望。[②] 父母爱着、信任着儿童，同时是正义的楷模，才能使儿童愿意成为父母那样的人。父母没有爱与信任、自身经常处事不公，是不能唤醒儿童的道德感的。

其次，道德规则应该是儿童清楚的、可理解的。道德规则不能是抽象的概念，必须是按照儿童的理解水平说出的、清楚的、可理解的并且可被证明为正当的规则。[③] 父母对儿童的指令要求不能超过儿童的理解水平，也不能超出儿童的能力范围。

最后，父母应说明道德规则被遵守的理由，自身也应该遵守这些规则。罗尔斯认为：父母应当说出这些命令的理由，而且这些理由能被理解；同时，他们自己也必须遵守这些准则。[④] 父母身体力行的示范是重要的，当父母的行为能够受到儿童的敬重时，儿童就能更好地行动。正是对权威的这种特殊

---

① ［美］罗尔斯：《正义论：修订版》，何怀宏、何包钢、廖申白译，369 页，北京，中国社会科学出版社，2009。

②③④ ［美］罗尔斯：《正义论：修订版》，何怀宏、何包钢、廖申白译，368 页，北京，中国社会科学出版社，2009。

敬重而不是担心受到惩罚，成为儿童以遵守道德戒律的方式来行动的首要动机。[①]

（二）社团道德阶段：友谊与互信、社团榜样和社团依恋感

随着年龄的增长，儿童的生活圈不断扩大。他们开始走出家庭、进入社团生活，家庭仅是众多社团中的一个。逐渐地，儿童从权威道德阶段向社团（合作）道德阶段（morality of association）转变。在这个阶段，儿童开始了相对独立的生活，能够从不同的角度看待问题，能够认识到不同的人有着不同的观点，能够尊重、理解、体谅他人，而不仅仅像权威道德阶段那样听从于父母之类权威人物的指令。社会成员互相看作平等的人，互相看作朋友和交往伙伴，互相看作一起加入了一个他们知道是为着所有人的利益并由一个共同的正义观念调节的合作体系。[②]

每一个人在合作体系中都扮演和承担着不同的角色和职责，这就要求儿童从多样的视角来看待问题、对待他人。首先，儿童必须认识到他人的观点与自己的可能不同，他人也有不同的需求、目的、计划。其次，儿童需要评估自己的观点与他人的观点，这样才能站在主体间的立场上思考问题。最后，儿童在了解自己、他人与社团的情境之后应当调整自己的行为。这样一来，儿童就能很好地认识和体会到自己在不同社团

---

① ［美］萨缪尔·弗雷曼：《罗尔斯》，张国清译，260 页，北京，华夏出版社，2013。

② ［美］罗尔斯：《正义论：修订版》，何怀宏、何包钢、廖申白译，373 页，北京，中国社会科学出版社，2009。

中的不同角色、权利与职责，会努力成为一个好的社团成员，如好学生、好同学、好朋友、好公民等。

在社团道德阶段，友情与互信是儿童道德成长的关键。有了良好的友情与互信，社团生活就能良性可持续发展。在人际交往中，人们是如何通过友情与互信的纽带而联系起来的呢？

在社团交往中，当儿童看见年长成员不断地展现着、实践着社团的理想时，他们就会获得对社团的依恋感。如果那些在社会合作体系之中的人带着明显的意图去坚持公正的或公平的规则，友情与互信的联系就会在他们中间发展，从而把他们牢固地同这个体系联系在一起。[1]这种联系建立之后，一个人在没有履行自己的职责时就会体验到负罪感，在看见其他人没有履行职责时就会感到不快和义愤。罗尔斯认为，缺乏这些情感倾向就说明缺乏友情与互信。[2]当一个人的伙伴带着明显的意图实践着他们的义务和责任时，这个人就会产生对他们的友好情感以及信任感与信心。[3]因此，儿童会在友情与互信中逐渐学会适合自己承担的角色的行为标准。

如果一种交往被公认为是正义的，所有人都从这种交往中受益，所有人也都了解他们从中受益，他人的尽职行为就会被看作是对每个人都有利的。[4]如果一个人尽责对所有人都有利，

---

①②③　［美］罗尔斯：《正义论：修订版》，何怀宏、何包钢、廖申白译，372 页，北京，中国社会科学出版社，2009。

④　［美］罗尔斯：《正义论：修订版》，何怀宏、何包钢、廖申白译，373 页，北京，中国社会科学出版社，2009。

不仅对他人有利，还对自己有利，是一种互利，尽责就会被认为是一种善意。这种善意能唤起所有成员之间的友情与互信的情感，要求大家都尽其职责。重视自己的责任与义务的意图就会被儿童看作是善良意志的一种形式。每个人的尽责行为的互惠效果逐步加强着人们的相互联系，直到达成一种平衡。① 人人都想着尽责，也反过来强化了儿童之间的友情与互信。

在这个阶段，榜样依旧是非常重要的。在社团交往中，那些受人尊敬的、实践着社会理想的年长成员能够激发、唤起年轻成员的"仿效欲望"。这些人表现了技艺和能力、品质和气质的德性，激发我们的想象，在我们身上唤起一种我们应当成为他们那样的人、应当能够做同样的事的欲望。② 榜样表现出合乎正义的做事的品质和方式，这些品质和方式吸引着儿童，并唤起儿童的像榜样那样行动的欲望。

良好的师生关系、同学关系、邻里关系、伙伴关系能够很好地培养儿童的正义和公平、忠诚与信任、正直和无偏袒等合作的德性，减少贪婪和不公平、虚伪和欺骗、成见与偏袒等社会恶行。在良好的合作关系中，儿童若偏离善而滑向恶，会产生两方面结果：一方面自己会产生（交往）负罪感，另一方面团体内会产生不满和义愤。

（三）原则道德阶段：置换位置、普遍正义与正义感

社团道德阶段进一步发展，就是原则道德阶段（morality of

---

①② ［美］罗尔斯：《正义论：修订版》，何怀宏、何包钢、廖申白译，373 页，北京，中国社会科学出版社，2009。

principles)。在原则道德阶段，儿童不再局限于某一具体生活情境与角色关系，也不再局限于承担某一具体角色的义务和责任即成为好孩子、好学生、好朋友、好搭档，而是把生活情境拓展到整个社会关系之中，关注如何成为好公民。此时，儿童将在社团道德阶段获得的对社团成员（熟悉的人）的友情与互信深化为对所有社会成员（陌生的人）的人类之爱，把正义的适用范围从具体的社团拓展到了整个社会，把对社团及社团成员的依恋、友情、信任转化为对社会正义原则的喜爱、忠诚、践行。原则道德是一种普遍化的道德要求，其一旦为人们接受，道德态度就不再仅仅与具体的个人及团体的幸福和赞许相联系，而是由独立于这些偶然性而被选择的一种正当的观念塑成。① 人类之爱和自我约束是原则道德的主要特点。

儿童是如何形成原则道德的呢？

在一个很大的范围内，人与人特别是陌生人几乎不可能通过人们之间的友情而联系起来。友情作为联结纽带是局限在社团内部的，不能扩展到更大的范围之中。虽然每一个人都会有朋友，但没有任何一个人是所有人的朋友。若要把相互陌生的人联系在一起，就需要正义感，通过人们对于公共的正义原则的接受来实现。正义感能引导我们接受适用于我们的，我们和我们的交往伙伴们已经从中得益的正义制度。② 正义感产生出一种为了建立或至少是不反对正义的制度。③ 人们会产生一种

①②③　[美]罗尔斯：《正义论：修订版》，何怀宏、何包钢、廖申白译，375页，北京，中国社会科学出版社，2009。

按照正义观念去行动的欲望，会根据正义原则来仲裁分歧，也愿意维护正义安排。有人没有尽责、没有行正义之事时，则会产生负罪感。

在社团道德中，儿童经常需要站在他人的立场上看问题，听取他人的观点，并能在相互冲突的要求之间达到一种合理的平衡，愿意为了社团利益尽自己的职责。这样一来，儿童不仅形成了一种友情与互信的情感，还形成了一种对正义标准的认识，认识到正义原则是社会合作的基本原则。在一个良序社会里，儿童慢慢掌握了正义原则，理解了它们所维护的价值以及它们给每个人带来利益的方式。[1] 一旦人们意识到和正义原则相适应的社会安排提高了他们和他们所关心的人的善，人们就将产生一种运用和实行正义原则的欲望。[2] 儿童也就变得欣赏人类正义的合作理想，并且有了去实践正义原则的欲望。

伴随着儿童生活圈的不断扩大，儿童正义感经历了从权威道德阶段到社团道德阶段再到原则道德阶段的过程。每一个阶段都至关重要，后一个阶段是前一个阶段发展的结果，也有着前面阶段的影子。儿童没有对父母的爱与信任，就很难发展出和社团成员的友情与互信，更别说对陌生人的人类之爱了。正所谓一旦产生了相应的爱与信任、友情与互信的态度，人们和人们所关心的人都是牢固而持久的正义制度的受益者这样一种

---

① ［美］罗尔斯：《正义论：修订版》，何怀宏、何包钢、廖申白译，375页，北京，中国社会科学出版社，2009。

② ［美］罗尔斯：《正义论：修订版》，何怀宏、何包钢、廖申白译，376页，北京，中国社会科学出版社，2009。

认识就会使人们身上产生相应的正义感。①

二、儿童正义感形成法则

（一）让儿童感受到爱与关心

在早期的家庭生活中，儿童缺乏自主道德判断能力，主要是服从于成人（一般是父母）的权威，听从成人的安排，依照成人的指令行事，也即前面所分析的权威道德阶段。在这个阶段，成人的爱与关心对儿童的道德发展有着重要的价值。

罗尔斯认为，儿童正义感形成的第一条法则是：让儿童感受到成人的爱与关心，而不是让儿童简单地服从和听命于冰冷的指令。假如家庭生活是正当的，家庭中的成人通过关心儿童的善表现出他们对儿童的爱，那么，儿童一旦认识到对自己明显的爱，就会逐渐地爱成人。② 在正义的家庭生活中，成人往往能够表现出对儿童利益的关心，尊重儿童的兴趣、需要、想法、价值，关心儿童成长过程中的方方面面，包括感受儿童成功的喜悦和挫败的伤感。在这个过程中，儿童就会辨认出成人对自己的爱与关心，并反过来热爱成人。

慢慢地，儿童感受到这种爱和关心，并在自己身上表现出一种对成人的爱与信任。进而，儿童愿意成为成人那样的人，接受成人的要求与评价，把成人的指令、要求与成人的爱和关

---

① ［美］罗尔斯：《正义论：修订版》，何怀宏、何包钢、廖申白译，375 页，北京，中国社会科学出版社，2009。

② ［美］罗尔斯：《正义论：修订版》，何怀宏、何包钢、廖申白译，388 页，北京，中国社会科学出版社，2009。

心联系在一起，使它们成为同一个东西。儿童违背了成人的指令、要求时，会产生一种对权威的负罪感，感觉辜负了成人的爱和关心。处于负罪感中的儿童就会渴望得到成人的谅解，以修复两者之间的关系。如果儿童缺乏这种对权威的负罪感，就表明儿童缺乏相应的爱与信任。有了这种爱与信任，儿童就能对成人产生依恋关系，敬重成人，愿意像成人那般行事。

当成人的权威要求、成人对儿童的爱与信任、儿童对成人的爱与信任等几个方面具有一致性的时候，儿童就会发展出初步的正义感，相信生活是正义、美好的，而不是压迫、支配的。

(二)在履行职责中产生友谊与互信

随着儿童的成长，他们生活的范围逐渐扩大，从家庭生活走向了社团生活。儿童开始与年龄相似的同伴交往，努力做一个好伙伴、好学生。儿童开始有了合作系统的概念，开始从他人的观点出发来看问题，愿意与他人一道服务于所在的社团。在共同生活中，儿童将他人视为同伴、同样的人，大家都在尽自己的本分。儿童在感受到正义原则、带着明显的意图去践行正义时，就会产生友谊与互信。儿童此时也会受到友谊与互信这一情感纽带的约束。

罗尔斯认为，儿童正义感形成的第二条法则是：儿童在社团交往中履行自己的义务和职责时产生友谊与信任关系，从而相信日常生活是正义的。假如一个人以与第一条法则相符合的方式获得了依恋关系，从而实现了其友好情感能力，同时一种社会安排是正义的，并且所有的人都知道它是正义的，那么，当他人带着显明的意图去履行他们的义务和职责并实践他们的职位的理想时，这个人就会在交往中发展同他人的友好情感和信任的联系。[①] 当儿童在第一阶段获得了良好的依恋关系时，就会在社团生活中尝试依恋同伴、信任同伴。在社团交往中，儿童发现同伴带着明显的意图去履行义务和职责时，就会对同伴产生友好的情感。当发现人们都在积极地践行自身所肩负的社团义务和职责时，儿童就会产生普遍的友谊与信任，并相信社会的合作体系是正义的。儿童不仅自己知道这一点，而且了解到其他人也知道。

当儿童没有尽自己的本分、没有履行自身的义务和职责时，就会产生一种社团负罪感，感到内疚，想要修复与同伴的关系，改变这种内疚的心理状况。若一个儿童缺失了这种倾向，就说明友情和互信的缺失，因而，这个儿童不会因为自己的行为给他人造成损失而感到不安，也不会因为自己破坏原则使他人受损而感到苦恼。

(三)受惠于社会制度安排之后形成正义感

儿童在家庭、社团生活交往中产生了对家庭、社团的依恋关系，形成了爱、关心、信任与友谊的积极情感。当儿童走向一个更大的社会生活领域之后，也会把这种依恋关系与积极情

---

① [美]罗尔斯：《正义论：修订版》，何怀宏、何包钢、廖申白译，388页，北京，中国社会科学出版社，2009。

感扩展到社会交往之中。这种自然性情感扩展是不稳定的，当儿童自己以及其所关心的人在社会生活中常常遭遇不公正对待时，这种依恋关系与积极情感就不会持续发展下去，正义感也不会生成。

罗尔斯认为，儿童正义感形成的第三条法则是：要有让人们普遍受惠的社会制度安排。人人都觉得自己是这个制度的受惠者的时候，就会努力去维护这种制度安排。假如一个人以与第一、二条法则相符合的方式形成了依恋关系，从而实现了他的友好情感能力，同时一个社会的制度是正义的，并且所有的人都知道它是正义的，那么，当这个人认识到他和他所关心的那些人都是这些社会安排的受惠者时，他就会获得相应的正义感。[①] 正义感作为一种积极情感，与前两个阶段的爱、关心、信任等积极情感不同。前两个阶段所生发的情感是针对现实中具体的熟人，如父母、教师、同学、朋友等；正义感是针对普遍化的社会安排，所涉及的人往往是个体不认识的人，或者说是抽象的人。

个体行不合乎正义之事所伤害的不一定是他所认识的人，可能是陌生人，更可能是人们所遵守的社会制度。正义感会引导儿童自己和同伴接受正义的制度安排，若有人违反了制度安排，会引发负罪、义愤、愤慨等情感。正义感还促发了为建立正义制度安排而努力践行的倾向和愿望，意味着接受正义原

---

① ［美］罗尔斯：《正义论：修订版》，何怀宏、何包钢、廖申白译，388 页，北京，中国社会科学出版社，2009。

则。如果每个人都具有正义感且都知道他人同样具有这种正义感，那么，社会的合作体系就会获得内在稳定性。

第五节　儿童正义感发展的思想遗产

综上所述，皮亚杰、科尔伯格与罗尔斯几乎一致认为平等互惠是儿童道德推理的基本范畴，正义是社会的首要德性，儿童正义感发展是儿童道德发展的重要内容。在这些方面，他们给我们留下了很多非常具有启示性的思想遗产。

一、人是目的与自由而平等的理性存在

根据什么样的原则去行动是道德问题的核心，也最能体现社会合作中人们所秉持的人性观念。有什么样的人性观念，就会有什么样的正义观念。如果把基于身份的依附性看成主导性的人性观念，那么，对他人的奴役、对奴隶的人格否定也就是再正常不过的事情了。例如：封建社会中男性对女性的压制被认为是正义的，违背"三从四德"的行为则被认为是不正义、不合乎道德的，是要受到道德指责的；女童不能接受正规的教育，近代以来的男女同校是多次斗争的结果。相反，如果人们被看作是自由而平等的理性存在，那么，对于人身自由、人格平等、个人财富、政治权利等基本权利的尊重也就顺理成章了，对这些权利的否定就是一种不正义的事情。那种不尊重人、不尊重女性的行为是一种显而易见的不正义。在马克思看

来，自由自觉的社会实践活动主体的自我实现才是最基本的社会正义。

人是目的，是社会行动首先要考虑的。没有规则就没法生活，同样，没有对人性的充分尊重、没有对规则的批判性思考，道德水平也不会高到哪里去。在皮亚杰、科尔伯格与罗尔斯看来，处于自律水平、后习俗水平以及原则道德阶段的人不再把成人的权威与外在规则当作首要的东西，认识到人是目的而非手段，更加尊重人的价值与尊严、尊重人作为自由而平等的理性存在，相信人具有自我管理能力。皮亚杰认为：第一个阶段，正义服从于成人权威或规则，成人权威优先于正义；第二个阶段，平等主义逐渐发展起来，平等优先于权威；第三个阶段，平等主义朝着相对性发展，纯粹平等主义有所减弱，开始形成一种公道的正义感。科尔伯格认为：在前习俗水平上，个体以自我为中心，还没有清晰的社会规则概念，从行为的后果来看正义；在习俗水平上，个体遵守社会规则，能够从社会关系的角度认识并维护社会规则，正义主要是遵守法律、社会规则；在后习俗水平上，个体遵守规则、期望和习俗并能超越它们，会考虑人类普遍的正义原则，如人权平等、人的尊严。罗尔斯认为：儿童正义感的第一个阶段是权威道德阶段，儿童主要遵从成人的道德指令去行动，违背成人的道德指令时会产生内疚感、负罪感；第二个阶段是社团（合作）道德阶段，儿童互相看作平等的人；第三个阶段是原则道德阶段，儿童不再局限某一具体生活情境与角色关系，也不再局限于承担某一具体角色的义务和责任，而关注如何成为社会的好公民。

我们所依据的这种正义原则，不是抽象的外在规则，而是基于自由而平等的理性存在的价值实现。儿童正义感的发展不是简单地服从外在规则，而是要基于自由而平等的人性观念，着眼于自由自觉的实践主体的发展来理解、运用正义并依照正义去行动。有了规则意识，儿童才能确立基本的道德感。然而，若是局限于社会规则，坚守纯粹的平等主义，不能关注到普遍的理性而自由的人性观念，那么儿童的正义感也没法发展。

二、关心儿童与权威榜样的正义言行

服从权威是儿童正义感发展的最初阶段，此时的儿童认为服从即正义。随着成长，儿童对权威与规则的盲目服从会逐渐减弱，渴望与代表着权威与规则的成人进行平等对话。最初的权威榜样对儿童的成长有着重要价值，儿童从对成人的单向尊重到渴望相互尊重是其正义感发展的一个特征。在儿童正义感发展的过程中，成人的言行示范是一个重要因素。一个合乎正义精神的体现出对儿童尊重、信任与关心的权威榜样，能够极大地唤醒儿童的榜样学习行为，使其愿意遵循榜样所遵守、信奉的正义规则，想像榜样那么去做。

皮亚杰认为，儿童的正义感由于成人的规则和实际的榜样作用而自然地得到加强。我们可以利用儿童尊重权威的心理，通过成人正义的言行给儿童塑造正义的榜样来维护正义。成人要努力做到权威要求与正义要求一致而不分裂，只有这样才能

促进儿童正义感的发展。罗尔斯认为，权威道德阶段最重要的因素是爱与关心。当感受到父母明显的爱与关心之后，儿童就自然而然地产生对父母的爱与信任。在相互关爱中，儿童发展出健全的权威道德。父母必须爱儿童，必须变成值得儿童崇拜的对象，让儿童想成为父母所是的那种人。因此，父母应当以身作则，并慢慢地说清规则所依据的根本原则，而不是以粗暴的命令、强制性惩罚来要求儿童。那样的话，儿童正义感就不可能得到发展。这个时期儿童正义行为的动机是对权威的敬重，而不是担心惩罚。在交往中，那些受人尊敬的、实践着社会理想的年长成员能够激发、唤起年轻成员的"仿效欲望"。

正义的榜样及其行为为儿童正义感的发展提供了坦诚而不虚伪、公道而不偏私的心理环境，这时，心理环境是正义感形成的主观条件。在这种氛围中，儿童会追随榜样，逐渐学会像正义的榜样展现出来的那样来看待社会，从而按照榜样的行为来塑造自己的行为。

三、相互尊重与同伴间的互惠合作

正义内含一种相互性机制，相互尊重是正义感发展的关系基础。尊重他人作为一个人，与自己一样，同是自由而平等的理性存在。尊重意指尊敬或重视，不仅表现为对人格尊严的尊敬或重视，更为重要的是要尊敬或重视人格尊严所依赖的社会基础与自然基础，相互尊重人格、尊严、价值、信仰、财产等各种权利。简单地说，尊重需要人们在日常交往中平等相待、互利互惠、合作共赢。

日常生活中的平等、互惠、合作是儿童正义感发展的条件。不平等的对待、单向的尊重是不能生发出正义感的。例如，皮亚杰认为，儿童正义感能够依据成人的权威和实际的榜样而自然地得到加强，成人或者年长儿童的平等、互惠、合作的榜样将加速儿童正义感的发展。儿童之间的尊重、合作、互惠与团结更为重要，正义感的发展所需要的是儿童之间的相互尊重和团结。儿童正义感的发展离不开同伴之间的交往，剥夺或减少儿童的同伴交往会阻碍儿童的道德发展。科尔伯格认为，正义的核心是由平等和互惠观念所调节的权利与义务的分配。若要在学校教授正义观念，则必须有正义的学校。在正义的环境氛围中，才能培养具有正义感的人。正义团体法主要通过师生自由、平等、民主地参与学校日常活动，为学生发展营造一种民主的道德氛围，促进学生的道德成长。在平等、互惠、合作的生活中，学生自然而然地就能获得自由、平等、合作、互惠、信任、团结等良好的社会生活品质。罗尔斯强调，友情与互信是儿童正义感的关键，这两者也是基于相互尊重的。没有尊重，友情与互信就无从谈起。每个人的尽责行为的互惠效果逐步加强着人们的相互联系，直到达到一种平衡。在友情与互信中，儿童会逐渐学会适合其所承担角色的行为标准。有了友情与互信，社团生活就能良性可持续发展。

四、良序善治与学校良善的制度安排

社会生活是儿童正义感生成的现实土壤，生于斯、长于斯

的生活世界是儿童价值成长的背景性框架。这种背景性框架是人们无法选择的，是"无可逃避的框架"。人一生下来就被"抛入"某种背景性框架之中，被一系列表面上的制度框架及其背后的价值框架所塑造，它们塑造了人们的文化价值和行为模式。虽然对于整个社会来说，一个时代、一个民族有着稳定而难以改变的背景性框架，但对于学校生活来说，这种背景性框架则是可以通过教育者来建构与布置的。

在学校教育中构建一种富含理性、自由、民主、尊重与承认的制度，对于儿童正义感的发展非常重要。正义的制度是儿童正义感发展的制度框架。皮亚杰认为，儿童有遵循规则行事的意向，平等的规则居于至高无上的地位，相互尊重是正义感发展的基础。若是规则制度不合乎正义精神，就不能形成友情、互信、合作的关系，儿童正义感的发展就会受到伤害。科尔伯格认为，社会契约的基础是正义，即同等地对待个体所享有的普遍权利，不歧视任何人。离开了正义的制度都是不值得尊重的，制度只有在反映理性者所公认的正义法则时才是正确的。对于制度的正义性，罗尔斯强调它是社会的首要德性。当人们发现他们以及他们亲近的人都是一种正义制度的受益者的时候，就会产生努力维护这种制度、践行正义的欲望以及相应的正义感。

培育儿童正义感，就必须建构合乎正义的良序制度，积极践行以人为目的的理性、自由、民主、尊重与承认的良序善治理念。离开了这种制度与良序善治的价值框架，何谈培育儿童正义感？

第二章

正义观念：儿童正义感发展的认知前提

必须发展一种对社会世界的，对什么是正义的和不正义的事情的观念。[①]

正义有着一张普洛透斯似的脸（a Protean face），变幻无常、随时可呈不同形状并具有极不相同的面貌。当我们仔细查看这张脸并试图解开隐藏其表面背后的秘密时，我们往往会深感迷惑。[②]

正义感是个体依照正义原则行事的情感态度与意识倾向，取决于个体对于正义观念的认知与理解水平。也就是说，个体正义感的发展水平是与其正义观念相一致的，人们对于正义有什么样的认知与理解，就会有什么样的正义感。例如，如果儿童认为正义就是服从成人指令或者规则规范的行为，不服从就

---

① ［美］罗尔斯：《正义论：修订版》，何怀宏、何包钢、廖申白译，392页，北京，中国社会科学出版社，2009。

② ［美］博登海默：《法理学：法律哲学与法律方法》，邓正来译，266页，北京，中国政法大学出版社，2004。

是不正义的，那么，儿童正义感就表现为一种服从成人指令或者规则规范的情感态度，儿童会依据这一情感态度来判断自己或他人的行为正当与否。

教育的每一个阶段都尽可能地通过教导和解释来揭示它所指向的正当和正义观念，借助于这些观念，我们以后将会认识到哪些道德标准是可以被证明的。[①] 在这里，"所指向的正当和正义观念"大概是指得其应得、不偏不倚、正直无私、公平公道等基本观念。

在古希腊，正义(justice)的意思是"应得"，"不偏不倚"地分配善物。柏拉图认为，正义的目的是井然的社会秩序，内容是安伦尽分、各司其职、各尽所能。他把正义看作一种秩序的善、一种灵魂的和谐状态，并把正义区分为城邦正义和个人正义。城邦正义是城邦的和谐状态，每个人必须在国家里执行一种最适合其天性的职务。[②] 人们不应该超出自己的德性、知识、能力的范围而做不应该由自己做的事，否则会成为一种干扰。在国家里各做各的事而不相互干扰时，便有了正义。正义就是各司其职，只做自己的事而不兼做他人的事。[③] 在有秩序的城邦里，每个人都有其应尽的职责。[④] 与城邦正义相似，个人正义是指个人灵魂的和谐状态，即"正义的人不许可自己灵魂里的各个部分

---

① ［美］罗尔斯：《正义论：修订版》，何怀宏、何包钢、廖申白译，408 页，北京，中国社会科学出版社，2009。

②③ ［古希腊］柏拉图：《理想国》，郭斌和、张竹明译，154 页，北京，商务印书馆，1986。

④ ［古希腊］柏拉图：《理想国》，郭斌和、张竹明译，115 页，北京，商务印书馆，1986。

相互干涉……应当安排好真正自己的事情，首先达到自己主宰自己，自身内秩序井然"①。人们往往把能保持这种和谐状态的人称为正义的人，而把破坏这种和谐状态的人称为不正义的人。

亚里士多德认为："每一公民尽多少义务就取得多少权利。财富、出身、才德和集体多数四者并存于城邦之中，各自按其对于城邦的贡献而争取作为享受政治权利的标准。"②贡献多的人获得的应该也多。正义是某些事物的"平等"（均等）观念，包括两个因素——事物和应该接受事物的人，大家认为相等的人就该配给到相等的事物。③ 在这里，相等或不相等得依据比例——正义就是比例④，按照比例关系进行分配，平等的情况应当平等对待，不平等的情况应当不平等对待。"公正就是比例，不公正就是违反了比例，出现了多或少"，是取"自己应得"与给"他人应得"的统一，具体表现为分配的公正、矫正的公正、回报的公正三个方面。分配的公正是比例的公正，贡献大就分得多，贡献小就分得少，不是平均；矫正的公正是等价交换的公正，要求对违反意愿的交易结果加以纠正，将因不义而多得的部分归还受损的一方；回报的公正是自愿交易的公正，公正地交换各自的产品。正义（合法）的分配是以应该付出恰当价值的事物授予相应的收受的人〔按照这个要旨，合乎正

---

① ［古希腊］柏拉图：《理想国》，郭斌和、张竹明译，172 页，北京，商务印书馆，1986。

② ［古希腊］亚里士多德：《政治学》，吴寿彭译，443 页，北京，商务印书馆，1997。

③④ ［古希腊］亚里士多德：《尼各马科伦理学》，苗力田译，101 页，北京，中国社会科学出版社，1999。

义的职司分配（"政治权利"）应该考虑到每个受任的人的才德和功绩（"公民义务"）]。①

　　得其应得、不得其不应得已经成为正义的最基本规定。一个社会正义与否主要看能否坚持"比例平等"，在同等的情况下给予同样对待，平等地对待平等，不平等地对待不平等。施特劳斯曾经指出，城邦正义就在于依据"各尽所能，按绩分配"的原则行事。一个社会只有在其生活的原则是"机会平等"，亦即从属于这个社会的每个人都有机会尽其所能为全体作贡献并取得自己理所应得之物时，才是公正的。② 在启蒙运动以后，得其应得的正义理念逐渐被自由主义的平等观念所取代。亚当·斯密认为，每个人始终如一地、持续地、不受干涉地改善自身状况的努力是公共的、国家的，同样也是私人的赋予所产生的原则，不断强有力地支持朝向事物改善的进步。休谟认为，正义是使每个人各得其应有物的一种恒常和永久的意志。③ 人们从平等而自由的理性主体出发，关注财产权、生命权、政治权等，并更加关注自由，而平等问题则不被重视。例如，古典自由主义者认为：只要是通过合法途径获得的财富都是"应得"的；贫穷的现状是贫穷的人自由选择的结果，也是这些人"应得"的。这样一来，富者越富，穷者越穷，造成社会的不平等，

---

① ［古希腊］亚里士多德：《尼各马科伦理学》，苗力田译，136 页，北京，中国社会科学出版社，1999。

② ［美］施特劳斯：《自然权利与历史》，彭刚译，150 页，北京，生活·读书·新知三联书店，2003。

③ ［英］休谟：《人性论》，关文运译，567 页，北京，商务印书馆，1980。

政治、经济、文化等各个领域都会出现强者对弱者的支配。

第一节　分配正义理论：如何分配社会善的家族性讨论

启蒙运动以来，自由与平等一直是社会的两个重要价值主题。自由问题在霍布斯、洛克、穆勒等的努力下基本得到了理论上的解决，自由成为人们生活的主导性理念。然而，平等问题却一直没有得到很好的解决。直至 20 世纪 70 年代罗尔斯发表了《正义论》，平等问题或者说正义问题又一次凸显，成为当代政治哲学的中心问题。一时间，很多学者围绕正义展开了多方面的思考与讨论。

一、罗尔斯：平等自由与差别原则

罗尔斯认为正义是社会制度的首要德性，每一个人都拥有基于正义的不可侵犯性。[①] 正如真理之于思想体系一样，正义是社会制度的第一要求。一种制度无论多么精致有序、多么有效率，只要它不正义，就必须加以修正或废除。在正义的社会里，人们享有平等的自由权，依据特定的原则来划分基本的权利与义务。这种特定的原则，罗尔斯主要是通过"无知之幕"这一思想假设推导出来的。在原初状态下，人们相对冷淡、无知，不了解对方的身份、背景、特征，就会选择特定的原则作

---

①　[美]罗尔斯：《正义论：修订版》，何怀宏、何包钢、廖申白译，3 页，北京，中国社会科学出版社，2009。

为社会合作的基本原则。罗尔斯多次修正正义原则的陈述，最终的陈述如下。

第一个原则是每个人都拥有与其他所有人同样的最广泛平等的和基本自由体系相容的类似自由体系的平等权利。

第二个原则是社会和经济的不平等应这样安排：①在与正义的存储原则一致的情况下，适合最小受惠者的最大利益；②在机会平等的条件下，地位和职务向所有人开放。①

人们一般把第一个原则称为"平等自由原则"，主要是确认所有人都平等享有的基本自由，适用于社会基本自由的分配。对于基本自由，人人都是一样的。第二个原则的第二部分被称为"机会平等原则"，适用于社会各种机会与权利的分配，主要确保人们都拥有相同的机会来参与到社会生活中，公平地争取社会地位和职务。人与人之间会有差异，但机会是一样的。第二个原则的第一部分被称为"差别原则"，适用于收入和财富的分配，阐明了"何种不平等是可以接受的"。社会和经济的不平等只有在有利于最小受惠者的最大利益时，才是被允许的，才是正义的。两个正义原则不是并列的，而是按照词典式顺序排列的。第一个原则优先于第二个原则，体现了"自由的优先性"；第二个原则中的"机会平等原则"优先于"差别原则"，体现了正义之于效率和福利的优先性。例如，对第一个原则所保护的基本平等自由的侵犯不可能因较大的社会经济利益而得到

① ［美］罗尔斯：《正义论：修订版》，何怀宏、何包钢、廖申白译，237页，北京，中国社会科学出版社，2009。

辩护或补偿，自由是第一位的，只能因为自由的缘故而被限制，所有人的自由都是一样的。人人是自由的不等于人人都应该一样，但这种差异要符合"机会平等原则"，要能照顾到那些处于不利境遇的人。涉及第二个原则的收入和财富的分配、权威和责任的地位，必须符合基本自由和机会平等的要求。所有的社会价值——自由和机会、收入和财富、自尊的社会基础——都要平等地分配，除非对其中一种价值或所有价值的不平等分配合乎每一个人的利益。①

罗尔斯称他的正义是作为公平的正义，回应的是社会基本结构中权益和义务如何合理分配，理论基础是自由主义，理论核心是公平，理论特色在于差别原则。即他特别关注社会中那些处于不利境遇的人，试图通过再分配来补偿社会中的最小受惠者，实现他们利益的最大化，最终实现一种平等的自由主义诉求。这种通过制度安排来实现最小受惠者的最大利益的再分配方案，带有一种结果正义的色彩，立即招来了同时代很多研究者的批评。但无论他们如何批评罗尔斯的正义理论，他们都高度认同罗尔斯对正义理论的贡献。例如，沃尔泽说，研究正义问题的人，谁也不能否认、不尊重罗尔斯的正义理论，如果没有《正义论》，他的《正义诸领域：为多元主义与平等一辩》甚至可能根本不会成形。②

---

① ［美］罗尔斯：《正义论：修订版》，何怀宏、何包钢、廖申白译，48 页，北京，中国社会科学出版社，2009。

② ［美］沃尔泽：《正义诸领域：为多元主义与平等一辩》，褚松燕译，致谢 2 页，南京，译林出版社，2002。

二、诺齐克：自由至上与持有正义

在《正义论》出版后的第三年(1974年)，诺齐克出版了《无政府、国家与乌托邦》，提出了基于公民个人的权利，倡导"最弱意义上的国家"，政府没有权力过多地干涉公民的生活。公民权利至上，公民所拥有的权利是任何团体或个人都不能侵犯的，没有任何人可以因为他人而被牺牲。[①] 正义是对个人权利的尊重和守护，作为"守夜人"的政府不能通过再分配来把一部分人的财产转移给另一部分人。再分配是一种对个人权利的侵犯，是不正义的。任何群体或任何人都没有权利、没有资格控制全部资源，同样也没有权利、没有资格决定将它们转让出去。个人有权持有合法获得的财产。诺齐克秉持一种权力至上的持有正义理论，只要持有过程、转让过程和矫正过程是正义的，个人对于社会善的持有权就是正当而不可被剥夺的。

持有正义理论的一般纲领是：如果一个人按照获取和转让的正义原则，或者按矫正不正义(这种不正义是由前面两个原则确认的)的原则对其持有是有权利的，那么他的持有就是正义的。如果每个人的持有都是正义的，那么持有的总体(分配)就是正义的。[②]

个人在获得社会物品的时候没有违背获取正义原则，他就有权持有这种物品；个人在转让物品时不违背自愿原则，不是

---

① ［美］诺齐克：《无政府、国家与乌托邦》，何怀宏等译，42页，北京，中国社会科学出版社，1991。
② ［美］诺齐克：《无政府、国家与乌托邦》，何怀宏等译，159页，北京，中国社会科学出版社，1991。

强迫他人进行交换，就符合转让正义原则，他就有权持有所交换的物品；面对部分持有者对于前面两个原则的违反，就需要矫正不正义的原则。矫正不正义的经验规则也许是这样的：如此组织社会，以便最大限度地提高这一社会中最终处在最不利状况的那个群体的地位。① 经过了矫正正义原则的检验，个人对持有物品是具有权利的，其他人是不可剥夺的。为了其他人的利益，哪怕是为了处于社会不利境遇的人，剥夺其物品也是不正义的。

对于个人因天赋、后天努力所获的财产，诺齐克认为这是道德上应得的，应该受保护，不应该因为一部分人处境不利而被转移给这部分人。我们没有发现任何有说服力的论证能证明，由天资方面的差异所形成的持有方面的差别应该被加以消除或降到最低程度。

面对自由主义市场经济中社会成员之间越来越大的经济差距，罗尔斯倡导用平等取向的正义理论来减小这种差距。而自由至上的自由主义理论坚持政府要较少干预，否则就是侵权，只能导致社会成员之间的不平等加剧，造成社会的分裂与对立。后来，诺齐克反思道，他曾经提出的极端自由主义的立场是非常不当的，没有充分地把两个方面编织进正义的结构之中：一个方面是人道的考虑，另一个方面是为更加紧密的关系

---

① ［美］诺齐克：《无政府、国家与乌托邦》，何怀宏等译，234 页，北京，中国社会科学出版社，1991。

留有空间的共同合作行动。①

三、德沃金：钝于禀赋而敏于志向

面对罗尔斯与诺齐克之间的分歧，德沃金一方面强调权利，出版了《认真对待权利》一书，认为个人的权利必须得到承认；另一方面又强调平等，出版了《至上的美德：平等的理论与实践》一书，认为平等是至上的美德。他通过"重要性平等的原则"来说明平等，认为政府应该给予公民同等的关切；通过"具体责任原则"来说明差异，认为个体应该对自己的选择负责。在这两个伦理原则的基础上，他提出了资源平等的分配方式。

第一项原则意味着从客观的角度讲，人生取得成功而不被虚度是重要的，而且从主观的角度讲，这对每个人的人生同等重要。② 这个原则要求政府必须给予民众同等关切和尊重，将民众作为同等重要的人对待，要求对权利、机会的分配遵照同等的原则和尺度。作为平等的人受到对待的权利必须被当作自由主义平等概念的根本要素。③ 个体作为平等的人受到同等关切和尊重并不意味着平均分配，这不是平等分配利益和机会的权利，而是在有关利益和机会应当如何分配的政治决定中受到

---

① ［美］诺奇克：《被检验的人生》，姚大志译，327 页，上海，上海译文出版社，2015。

② ［美］德沃金：《至上的美德：平等的理论与实践》，冯克利译，导言 6 页，南京，江苏人民出版社，2003。

③ ［美］德沃金：《认真对待权利》，信春鹰、吴玉章译，358 页，北京，中国大百科全书出版社，1998。

平等关心和尊重的权利。[①] 第二项原则指的是在第一项原则下，个人对自己的成功负有具体的和最终的责任。[②] 个人必须为自己作出的自由选择负责任，如对未来的抱负大小、选择过什么样的生活以及努力的程度等。这些都是影响未来生活的因素，个体不能逃避这种责任。

第一项原则要求政府采用力所能及的法律或政策，保证个人的命运不受他们自身的经济前景、性别、种族、特殊技能或其他条件的影响。第二项原则要求政府使其人民的命运同他们自己作出的选择密切相关。[③] 通过"拍卖方案"，人人都获得社会发展的起始性资源，人人都平等。在实际的发展过程中，不同的人由于志向选择、努力程度不同，会呈现出不同的发展结果，人们需要为自己的选择负责任。当然，在此过程中，政府还通过"保险方案"来帮助一部分人摆脱因运气、残障等不可控因素造成的困境。用威尔·金里卡的话说，德沃金的分配正义方案体现了一种政府行为要钝于禀赋而敏于志向的特点。[④]

四、沃尔泽：消除越界支配与复合平等

沃尔泽认为，罗尔斯等人的正义理论脱离实际社会背景，具有普遍主义的色彩，忽视了个体的社会生活情境，没有考虑

---

① ［美］德沃金：《认真对待权利》，信春鹰、吴玉章译，358 页，北京，中国大百科全书出版社，1998。

②③ ［美］德沃金：《至上的美德：平等的理论与实践》，冯克利译，导论：平等重要吗，6 页，南京，江苏人民出版社，2003。

④ ［加拿大］金里卡：《当代政治哲学（上）》，刘莘译，145 页，北京，生活·读书·新知三联书店，2004。

到不同的社会善在不同的领域对于不同的人来说是不同的。他认为，不能依照某一种统一规则进行简单的分配。在现实中，那不仅不可能，也不应该，它是一种"简单平等"。无论是亚里士多德，还是罗尔斯、诺齐克、德沃金，都期望用单一的、抽象的分配原则来分配多样化的社会善。从柏拉图开始，绝大多数就正义著书立说的哲学家就有着这样一个最深层的假设：哲学能够正确地成就一种并且是唯一一种分配系统。① 以前的哲学家总是企图寻求一种具有一致性的分配标准，用以分配社会善。而沃尔泽认为，从来不存在一个适用于所有分配的单一标准或一套相互联系的标准。②

社会善是多种多样的，人们对于社会善的需求是有差异的。哲学家不应该试图构建一种具有唯一性的分配标准与原则，要认识到社会善的社会意义。人们生活的不同领域应存在着不同的分配标准与原则，社会分配正义与否和待分配物品的社会意义有关。世上的物品有着人们共享的含义，因为构想和创造都是社会过程。出于同一个原因，物品在不同的社会里有着不同的含义。同一个东西因不同的原因而被重视，或者在此处被珍爱而在别处则一文不值。③

沃尔泽说，分配正义的每一种实质解释都是一种地方性的

①　［美］沃尔泽：《正义诸领域：为多元主义与平等一辩》，褚松燕译，3 页，南京，译林出版社，2002。
②　［美］沃尔泽：《正义诸领域：为多元主义与平等一辩》，褚松燕译，2 页，南京，译林出版社，2002。
③　［美］沃尔泽：《正义诸领域：为多元主义与平等一辩》，褚松燕译，7 页，南京，译林出版社，2002。

解释。① 但这并不意味着分配正义是随意的，而是说正义兼具相对性与绝对性两种特征。一方面，正义扎根于人们对地位、荣誉、工作以及在每个领域内部构成一种共享生活方式的所有东西的不同理解。从这个意义上说，正义是相对的。面对不同的领域、不同的社会善，正义的方案是不同的。另一方面，人们对于某一个领域中所共享的生活方式的共同理解却是绝对的，践踏这些理解的（常常）就是不公正的行动。②

　　沃尔泽反对社会善分配中的"简单平等"，倡导多元主义下的"复合平等"。任何社会善都有其历史文化的特殊性，分配正义不应超越人们生活的历史文化背景。下面这种情形是一种简单化的、支配性的分配正义方案："理性的男人们和女人们，被不同形式限制着，将会选择一种，并且是惟一一种分配系统。"③在罗尔斯等人那里，社会善是人们都想要的，并且最好平等分配，即使不能平等分配，也要有利于最小受惠者。然而，实际生活中的每个人对于社会善的需要是不同的，而"简单平等"要求最好每个人对每一种社会善都占有相等的份额。用直观的话说就是：如果我有十四顶帽子，你也有十四顶帽子，那么我们就是平等的。④ 这种简单的分配仅仅着眼于数量，

---

　　①② ［美］沃尔泽：《正义诸领域：为多元主义与平等一辩》，褚松燕译，419页，南京，译林出版社，2002。

　　③ ［美］沃尔泽：《正义诸领域：为多元主义与平等一辩》，褚松燕译，4页，南京，译林出版社，2002。

　　④ ［美］沃尔泽：《正义诸领域：为多元主义与平等一辩》，褚松燕译，20页，南京，译林出版社，2002。

而忽视了社会善的性质及其差异、个体的需要及其差异。

正义原则本身在形式上就是多元的。"社会不同善应当基于不同的理由、依据不同的程序、通过不同的机构来分配。"① 沃尔泽认为："我们不需要所有人都一个样子或者拥有同样数量的同一种东西。"②一个平等的社会必须承认许多独特的善，如金钱、权力、公职、教育等，它们必须按照自己恰当的标准分配。这样一来，个人就享有了不同数量的社会善。③ 正义不是数量上的相同，也不应该追求所有社会善在分配上都遵守同一种规则。沃尔泽提出这一思想无疑是很重要的，促使人们认识到社会不同善的分配原则是不一样的。

虽然"复合平等"没有放弃要减小社会善的分配方面的差距的想法，也在减少机会不均等、收入差别等方面作出了一些努力，但是其首先要解决的是越界支配的问题，防止某一领域分配中的优势者"赢家通吃"。例如，一个有能力且勤劳、精明的人，也许运气还很好，在经济领域通过合法经营获得了大量的财富，可以购买很多奢侈品来享用，这都是无可非议的。但要防止他购买政治领域的官职、教育领域的学位等，因为这些领域分配的原则与标准是不同的。

沃尔泽反对某一种社会善的占有者越界支配，决定其他社

---

① [美]沃尔泽：《正义诸领域：为多元主义与平等一辩》，褚松燕译，4 页，南京，译林出版社，2002。

② [美]沃尔泽：《正义诸领域：为多元主义与平等一辩》，褚松燕译，序言 4 页，南京，译林出版社，2002。

③ 姚大志：《何谓正义：当代西方政治哲学研究》，297 页，北京，人民出版社，2007。

会善的分配。每一种社会善都有自己的分配领域、原则、标准与方式，都应该守住自身边界，不能侵犯其他社会善的分配。这种侵犯就是一种不正义。他认为不公正的根源不是垄断，而是支配。"真正的平等主义的目标是不受任何支配的社会"，"复合平等"社会就是没有任何一种社会善能够充当支配手段的社会。只要不越界支配，就不算不正义。例如：X 而不是 Y 当选某一政治职务，于是，这两个人在政治领域就是不平等的。但只要 X 的职务没有在任何领域给他带来超越 Y 的利益如优越的医疗照顾、将自己的子女送到更好的学校、享有更好的事业机会等，那么，一般而言他们并不是不平等的。①

　　沃尔泽构想了这样一个社会图景：每一种社会善都构成了一个相对独立的分配领域，对于不同领域的社会善，依据已达成共识的社会意义确定其在人们之间进行自主分配的方式。同时，没有任何一种社会善，如金钱、权力、地位成为或能够成为支配其他社会善的手段，因为这是一个"复合平等"社会。②平等主义所要实现的是"不受支配的社会"，人人享有充分的尊严，"不再需要打躬作揖、谄媚奉承；不再有恐惧的哆嗦；不再有盛气凌人者；不再有主人，不再有奴隶。这不是一种消除所有差别的愿望，我们不需要所有人都一个样子或者拥有同样数量的同一种东西。当没有人占有或控制支配的手段时，男人

---

① ［美］沃尔泽：《正义诸领域：为多元主义与平等一辩》，褚松燕译，23～24 页，南京，译林出版社，2002。
② 孙岩：《论沃尔泽的复合平等观》，载《哲学研究》，2012(6)。

们和女人们是彼此平等的。"①因为没有支配的统治不会对我们的尊严造成公开侮辱，不会否定我们的道德或政治能力。相互尊重和达成共识的自尊是"复合平等"的深层力量，而它们二者合在一起则是平等可能的耐久性的源泉。②

　　罗尔斯及其批评者诺齐克、德沃金、沃尔泽等人在如何分配社会善上存在着巨大的差异。但是，无论他们之间有多么大的不同，他们都在分配范式下讨论问题，从分配的角度来讨论正义，试图通过一种合理的分配来改变社会的不正义。他们之间的区别仅仅在于对什么是合理的分配存在异议：罗尔斯强调差异补偿；诺齐克关注权利至上；德沃金试图调和二者，提出钝于禀赋而敏于志向；沃尔泽倡导多元主义下的"复合平等"。因此，可以说他们在分配范式下具有家族相似性。

第二节　承认正义理论：从分配范式转向承认范式

　　面对分配范式下正义理论只关注到社会善的分配而没有关注到人际交往中的自我实现与相互承认的问题，霍耐特从"人的完整性"入手，关注到人们交往中的自我实践关系，提出了承认是正义理论的基础，期望以承认范式的正义理论来代替分

---

① ［美］沃尔泽：《正义诸领域：为多元主义与平等一辩》，褚松燕译，序言4页，南京，译林出版社，2002。
② ［美］沃尔泽：《正义诸领域：为多元主义与平等一辩》，褚松燕译，428页，南京，译林出版社，2002。

配范式的正义理论。他认为，对人类尊严的承认构成了社会正义的中心原则①，正义理论的核心原则是保护人的尊严，避免那些破坏人的完整性的蔑视与羞辱行为。之所以说蔑视与羞辱行为是不正义的，主要是因为这些行为不利于人的自我实现——促进自我实现是社会发展与个体发展的重要价值诉求。

一、霍耐特：承认正义与为承认而斗争

正义理论不仅需要消除经济的不平等、关注社会资源的公平分配，还需要重视人的尊严、价值、荣誉等方面的价值承认。在霍耐特看来，承认比再分配更为根本，经济领域的再分配仅仅是社会承认的一个方面，"将分配冲突解释成为为承认斗争的特殊种类更为可行"②。他把分配规约为承认的一个方面，认为正义"不是消除不平等，而是避免羞辱或蔑视代表着规范目标；不是分配平等或物品平等，而是尊严或尊敬构成了核心范畴"③。

分配范式的正义主要是通过社会善的分配或再分配使社会成员的社会权益得到承认，或者说社会善的正义分配是个体获得社会承认的一种形式。反向来说，社会分配的不公是一种错误的承认。个体没有受到本应该有的承认，付出了劳动、作出了贡献而没有获得相应的报酬，即被视为一种错误的承认。"分配不公可以被理解为错误的承认关系的制度性表达。一个社会的正义程度，与它保护人们实现相互承认的条件和能力成

---

① ② ③ ［德］霍耐特：《承认与正义：多元正义理论纲要》，胡大平、陈良斌译，载《学海》，2009(3)。

正比。"①一个正义的社会是一个主体间相互承认的社会，它应普遍建立一种相互承认的关系结构。

有研究者认为，霍耐特的承认关系结构为："以爱与关怀（需要原则）为主导观念的私密关系；以平等的权利义务（平等原则）为规范的法权关系；以个人成就（贡献原则）为社会等级规范标准的社会尊重关系。"②爱、平等、价值（社会尊重）共同决定了当前社会正义的理念。③ 这三个原则分别适用于私密关系、法权关系、社会尊重关系三个领域，个体获得了与这三个原则相适应的承认关系时，就会获得自信、自尊、自豪等积极的体验。

（一）爱与关怀：承认的第一种形式

爱作为第一种承认形式，以情感需要为原则，积极的自我实践形式是自信的体验。爱的承认形式发生在亲密关系之中，是以家庭为基础的，逐渐扩大范围，拓展到朋友之间的友谊。爱的关系是一种本体论意义上的本源关系。少数人之间的强烈情感依恋以朋友之间的友谊关系、父母子女之间的关爱关系和情侣之间的爱欲关系模式构成爱的关系时，就出现了这种本源关系。④ 在这三种爱的关系中，主体了解到彼此的需要、感受

---

① 贾可卿：《作为正义的承认：霍耐特承认理论述评》，载《浙江社会科学》，2013(10)。

② 王凤才：《论霍耐特的承认关系结构说》，载《哲学研究》，2008(3)。

③ ［德］霍耐特：《承认与正义：多元正义理论纲要》，胡大平、陈良斌译，载《学海》，2009(3)。

④ ［德］霍耐特：《为承认而斗争》，胡继华译，103页，上海，上海人民出版社，2005。

到对方的爱与关心的时候，就能形成自信这种积极的体验。主体认识到自己为一个独立的个人所爱，而那个人也感受到爱时，就可能发展一种自我关系。① 在以自信为体验的亲密性关系中，人们都感受到爱和关怀，两个主体都认识到自己在他们的主体间的相互需要和相互依赖中相依为命。② 爱的承认关系优先于法权、团结等的承认关系，令人信服地把爱描述为承认的一种特殊形式。③

(二)法权或者法律承认：承认的第二种形式

在亲密的关系中，个体遵从情感需要原则，以爱与关心来处理人际关系。人们相互依恋、信赖时，就发展、呈现一种相互承认的关系，获得一种自信的体验。人们进入社会生活当中之后，相互之间就需要一种法权意义上的法律承认。法权作为第二种承认形式，秉持平等原则，获得自尊的主体间体验是主体积极的自我实践形式。法律承认形式发生在平等的社会主体之间，不局限于有亲密关系的人们之中。法律上的承认促进个体从等级制的社会结构中解放出来，个体的权利被承认，个体能够认识到他或者她被尊为一个有着像社会所有其他成员一样

① ［德］霍耐特：《为承认而斗争》，胡继华译，111 页，上海，上海人民出版社，2005。

② ［德］霍耐特：《为承认而斗争》，胡继华译，103 页，上海，上海人民出版社，2005。

③ ［德］霍耐特：《为承认而斗争》，胡继华译，105 页，上海，上海人民出版社，2005。

的权利的法律个体。① 个体开始把对方视为平等的法权主体，在社会交往中共同分享权利与承担义务。当个体意识到自己与其他个体都应是平等的法权主体时，或当个体所拥有的法权被其他个体所承认，同时也有机会去实现法权所规定的权利与义务时，个体就能够获得自尊这种积极的自我实践关系。

(三)社会尊重：承认的第三种形式

个体获得法律上的承认之后，就会像其他社会成员一样受到平等对待，自身所具有的普遍人性也得到尊重，并尊重其他社会成员所具有的普遍人性。这种尊重打破了等级化，对所有人都一致，是基于普遍人性的，在法权意义上是平等的。但是每一个个体在社会生活中都是一种差异性的存在，扮演着不同的角色，对美好生活的期望与对社会的贡献各不相同。该如何尊重不同的人呢？

面对这一问题，霍耐特把尊重分为法权意义上的承认与成就意义上的重视。每一个个体作为法权主体必须得到普遍的承认与尊重，这与普遍人性相联系；同时，个体依据自身的能力、成就而获得社会重视与尊重，这与个体差异相联系。社会重视与尊重就成了主体间的第三种承认形式。为了能获得一种未歪曲的自我实践关系，人类主体除了情感关怀和法律承认的经验之外，还需要一种允许他们积极地与其具体特征和能力相

---

① ［美］弗雷泽、［德］霍耐特：《再分配，还是承认？：一个政治哲学对话》，周穗明译，107页，上海，上海人民出版社，2009。

关联的社会重视形式。① 作为共同体成员的个体依据自己的社会角色、个性需求、独特能力为共同体作出各自的贡献，依据自身的社会成就而获得其他社会成员的认可，进而获得一种自豪的自我实践体验，或者称为自我价值感。这种主体间的自我实践关系表现为"主体相互对等尊重而又相互参与不同生活方式的互动关系"②。个体认识到自己与其他社会成员一起为社会作出了自己独特的贡献时，就会感到自豪，个体自身的价值就获得了其他社会成员的承认。

二、弗雷泽：参与平等与三维正义理论

霍耐特试图用承认来代替分配、统整正义理论，把经济领域的再分配问题当作承认的一种形式。而弗雷泽认为，承认与分配是不可相互替代的，同为正义的维度。他认为，所有遭受不正义伤害的人既有经济上的分配不公问题，也有文化上的错误承认问题。这些不正义伤害既根植于社会经济结构，又根植于社会身份秩序。分配正义对应的是分配不公，关注的是社会经济结构中的不正义；而承认正义对应的是错误承认，关注的是社会交往过程中的不正义，如强暴、权利剥夺、文化统治、不尊重、蔑视等。这两种范式的正义的区分仅仅存在于理论之上，它们在具体的现实中是交织在一起的，区分不开，也不能简单地相互替代、归约。文化与经济深深相连、相互构成，"所

---

① ［德］霍耐特：《为承认而斗争》，胡继华译，127 页，上海，上海人民出版社，2005。

② 王凤才：《论霍耐特的承认关系结构说》，载《哲学研究》，2008(3)。

以它们根本不可能被有意义的区分开来……因此，把对承认的诉求与再分配的诉求相区别，是割裂的和达不到预期目的的"①。

弗雷泽不是反对承认的意义，而是反对用承认代替分配的文化简化主义。当然，她也反对罗尔斯的忽略文化上的承认的经济简化主义。任何社会的经济制度安排都深受文化的影响，同样，任何社会的文化秩序结构也都深受社会经济结构的影响。经济不正义和文化不正义并不是各自占据两个绝对分离的领域，而是经常相互重叠，辩证地相互强化。面对社会不正义，"分配不公和错误承认两者都是基础性的"②。离开了经济领域的公正分配，文化上的承认是不可能实现的；同样，离开了文化领域的充分承认，经济上的再分配是很难做到公正的。"单一的再分配政治和单一的承认政治都将是不充分的。二维的服从群体需要这两种政治。"③只有经济上公正的再分配和文化上的充分承认相互作用，才能使边缘化群体所遭受的不正义状况得到矫正。"人们应当完全拒绝将再分配和承认解释为互相排斥的替代选择。该目标应当是，发展一种能包容并协调社会正义的两方面的整合方式。"④正是基于这样的考虑，弗雷泽提出了"经济上再分配—文化上承认"的二维正义理论，分配和

① ［美］弗雷泽、［德］霍耐特：《再分配，还是承认？：一个政治哲学对话》，周穗明译，48页，上海，上海人民出版社，2009。
② ［美］弗雷泽、［德］霍耐特：《再分配，还是承认？：一个政治哲学对话》，周穗明译，17页，上海，上海人民出版社，2009。
③ ［美］弗雷泽、［德］霍耐特：《再分配，还是承认？：一个政治哲学对话》，周穗明译，15页，上海，上海人民出版社，2009。
④ ［美］弗雷泽、［德］霍耐特：《再分配，还是承认？：一个政治哲学对话》，周穗明译，20页，上海，上海人民出版社，2009。

承认与社会秩序的两个模式相并列，"不是将它设想为单独的领域，而是设想为千差万别的和相互渗透的"①。

弗雷泽在 2005 年发表的文章中又提出了正义的政治维度，即代表权问题。没有代表权，就没有再分配或承认。②"应该将代表权的政治维度整合到分配的经济维度和承认的文化维度之中。"③这样就正式形成了包含经济上再分配、文化上承认和政治上代表权的三维正义理论框架。

政治上的代表权是一种元正义，思考的是"谁"应该享有正义、"谁"是正义的适用范围、"谁"有资格进入正义分配与互相承认的圈子，它是分配与承认的前提性问题。弗雷泽认为："无论问题是再分配还是承认，过去习惯于将注意力额外地放在针对共同体成员的正义问题到底欠缺什么的争论，目前已快速地转为有关谁应该作为成员算作在内以及哪些是相关共同体的争论。"④在社会生活中，错误地把一部分人排斥在共同体之外，或者错误地剥夺了那些处于边缘性位置的成员平等参与社会互动的机会时，个人的政治权利就面临着侵害，产生一种政治不正义。政治不正义主要包含一般错误代表权与错误架构两种。前者是指，在决策层面，一些社会决策规则错误地剥夺了共同体内部成员作为平等主体参与社会互动的机会；后者是

---

① ［美］弗雷泽、［德］霍耐特：《再分配，还是承认？：一个政治哲学对话》，周穗明译，52 页，上海，上海人民出版社，2009。

② ［美］弗雷泽：《正义的尺度：全球化世界中政治空间的再认识》，欧阳英译，18～21 页，上海，上海人民出版社，2009。

③④ ［美］弗雷泽：《正义的尺度：全球化世界中政治空间的再认识》，欧阳英译，15 页，上海，上海人民出版社，2009。

指，在划定政治边界时错误地将一些作为共同体成员参与正义的讨论的人排除在外，进而使这些成员不能获得共同体内部的正义分配与承认。

任何正义诉求都不可能回避预设某种代表权观念（无论是内在的还是外在的），所以，代表权通常是所有有关再分配和承认的诉求固有的。[①] 政治上代表权是经济上再分配与文化上承认的内涵的要求，没有代表权，再分配与承认都难以实现。所以，弗雷泽提出了"参与平等"这一概念，用来统整再分配与承认。她认为，正义最一般的含义是参与平等。正义需要允许社会所有成员平等地参与到社会生活的安排中来，消除不正义就是取消阻止某些成员作为平等的、完全的主体参与社会互动的制度性障碍。要实现参与平等，必须具备两个条件：一是经济上公正分配，它保障了社会成员的经济独立，排除了资源匮乏而导致的依赖性，这为参与平等提供了客观条件；二是文化上相互承认，它保障了社会成员的相互尊重，排除了文化价值贬低而导致的文化蔑视，这为参与平等提供了主观条件，也即主体间条件。可见，参与平等能够把正义的三个维度统整起来。参与平等不仅是实现代表权的直接途径，还是获得公正分配与相互承认的途径，让社会成员可以充分参与社会决策、表达自己的经济诉求与文化诉求，是弗雷泽对正义的基本要求。

---

① ［美］弗雷泽：《正义的尺度：全球化世界中政治空间的再认识》，欧阳英译，18～21 页，上海，上海人民出版社，2009。

三、艾丽斯·杨：差异正义与压迫的五副面孔

艾丽斯·杨在《难以驾驭的范畴：对南茜·弗雷泽二元体系理论的批判》一文中认为，将人们所遭受的不正义区分为经济上的不公正分配与文化上的拒绝相互承认是不太符合实际的。人们所遭受的不正义的形式是多样的，不能简单地区分为经济不正义与文化不正义。如果再分配与承认这两个对立的范畴与现实不相符，只是理论上的，那么我们怎么知道这种矛盾不仅仅是人造的理论二元对立呢?[①] 她进而在《正义与差异政治》一书中将消除宰制与压迫作为正义的主题。她认为，在讨论正义概念时，将"宰制或支配"（domination）与"压迫"（oppression）作为出发点比"分配"更合适。[②] 正义不仅关系到分配，还涉及个体发展与实现其潜能、开展集体交流与合作所必需的制度条件。[③]

在艾丽斯·杨看来，不正义主要指受到"宰制或支配"与"压迫"，人们发展和运用自身潜能以表达自身需求、想法和情感的能力受到了约束。"压迫"比"宰制或支配"更为根本，它是一种结构性概念，指的是人们所遭受的不利和不正义并非由暴权带来，而是来自一个善意的自由主义社会中的日常实践。压

[①] ［美］奥尔森：《伤害＋侮辱：争论中的再分配、承认和代表权》，高静宇译，95页，上海，上海人民出版社，2009。

[②] ［美］艾丽斯·M. 杨：《正义与差异政治》，李诚予、刘靖子译，1页，北京，中国政法大学出版社，2017。

[③] ［美］艾丽斯·M. 杨：《正义与差异政治》，李诚予、刘靖子译，46页，北京，中国政法大学出版社，2017。

迫的根源深植于我们从未质疑的那些规范、习惯和象征，隐藏在制度规则的前提假设以及遵守这些制度规则所带来的集体后果当中。[①] 在艾丽斯·杨这里，压迫不是一个阶级或一群人对另一个阶级或另一群人的控制和约束，而是一种日常实践的结构性特征。消除压迫所针对的是社会约束、限制表达需求、自我决定等阻碍人的发展的制度性条件。

压迫的实践形式是多种多样的，像一个概念丛。艾丽斯·杨认为它主要有五副面孔：剥削、边缘化、无权状态、文化帝国主义和暴力。这几种形式不是单独的、不相关联的，一个人遭受不正义时可能同时遭受其中的几种压迫形式。或者说，这五副面孔其实源于一副面孔：压制与支配。

压迫的第一种形式是剥削（exploitation），指的是将一个社会群体的劳动成果转移到其他群体手中。[②] 剥削的不正义不是那种表面上利用权力实现的直接剥夺，而是通过一种隐性的经济生产方式来实现的。社会工作中，人们看似都是平等的，可以自由地签订劳动契约，而实际上处于弱势的人们无从选择。若要消灭剥削，不能仅仅着眼于再分配，必须重新组织决策的制度和行为，改变劳动分工以及进行制度性、结构性、文化性的变革。[③] 只要社会的结构性关系不变，社会经济领域的不平

① ［美］艾丽斯·M. 杨：《正义与差异政治》，李诚予、刘靖子译，48页，北京，中国政法大学出版社，2017。
② ［美］艾丽斯·M. 杨：《正义与差异政治》，李诚予、刘靖子译，59页，北京，中国政法大学出版社，2017。
③ ［美］艾丽斯·M. 杨：《正义与差异政治》，李诚予、刘靖子译，63页，北京，中国政法大学出版社，2017。

等就会被不断地再生产出来。

压迫的第二种形式是边缘化（marginalization），指的是那些被劳动系统排斥的人被排除在社会生活的有效参与之外，并由此遭受着严重的物质短缺甚至灭绝的威胁，阻碍了人们以社会规定和认可的方式实现其权利的可能性。[①] 边缘化的人常常被排除在社会决策之外，不能表达自己的需要与权利，往往缺乏自信、尊严与价值感，被认为是无用的。

压迫的第三种形式是无权状态（powerlessness）。在这种状态下，人们毫无工作自主性，很少运用创造力或判断，没有专业技术和权威，自我表达极为笨拙，也不敢要求尊重。[②] 权力被褫夺的人缺乏参与那些关乎自身利益的决策的机会，也缺乏自主性与自我意识，以及必要的发展和运用自己能力的机会。这种压迫形式阻碍个人潜力的发展，其在工作中缺乏决策权，基于自身的地位遭到他人的轻视。[③]

压迫的第四种形式是文化帝国主义（cultural imperialism）。社会支配性群体常常不自觉地将自身的经验当成人类的代表，其经验、文化得以普遍化、标准化，而弱势群体所代表的经验、文化遭到排斥，被视为需要改变的异类。

压迫的第五种形式是暴力（violence），指的是通过破坏、

---

① ［美］艾丽斯·M. 杨：《正义与差异政治》，李诚予、刘靖子译，64 页，北京，中国政法大学出版社，2017。

② ［美］艾丽斯·M. 杨：《正义与差异政治》，李诚予、刘靖子译，68 页，北京，中国政法大学出版社，2017。

③ ［美］艾丽斯·M. 杨：《正义与差异政治》，李诚予、刘靖子译，69 页，北京，中国政法大学出版社，2017。

侮辱、骚扰等手段来侵犯弱势群体人身和财产的行为。作为一种社会不正义，暴力不是个体性的品德问题（如某一个体对另一个体发生侵犯行为），而是一种社会性行为。它是社会为了维护统治所产生的侵犯行为，是系统地存在于日常实践之中的。暴力的系统性主要体现在它针对的是群体，指向的是这一群体的成员。遭受压迫的弱势群体往往易于受到暴力的侵犯，不仅是身体上的伤害，还有自信与自尊上的伤害。

总之，压迫是社会的一种结构性问题。只要人们遭受了上述压迫形式中的一种，就可以说是被压迫的。

第三节　教育正义：多个领域叠加的特殊正义理论

教育领域是一个复杂的场域，社会的政治、经济、文化都会影响到学校教育，甚至从某种意义上说，教育既可能是关乎政治的活动，也可能是关乎经济的活动，还可能是关乎文化的活动。同时，教育还是一种培养人的活动，促进学生自由而全面发展是教育最根本的使命所在。我们不能简单地以单一的正义理论来解释教育领域的正义问题，借用沃尔泽的话说，教育领域是一个复合领域，不同的正义理论都能找到自己适用的领域，同时仅仅有其适用的某一两个方面。

一、资源分配的正义：有机会坐在相同的教室里

教育资源的正义配置是教育正义的第一个方面，与社会其

他领域的资源配置大致相当，主要涉及教育资源的外部分配。人人都有机会坐在相同的教室里，这表达了两层意思：一是机会的自由平等，人人都有公平的机会接受教育，在教育机会面前需要遵从形式平等、程序正义原则，每一个人都是平等的，不因家庭、性别、民族、种族、肤色、相貌等被歧视；二是机会公平在教育的不同阶段存在一定的差异，义务教育强调的是实质性平等，教室及教师是大致相同的，非义务教育强调的是形式性平等，对于最好的教室及教师要有相同的竞争机会。

第一，政府要切实负担起教育发展的重任。虽然增加教育资源的供给不是教育正义，却是教育正义实现的条件。在教育不充分发展的情况下，实现教育正义是有困难的。教育活动是一种具有很强公益性的社会事业（不同教育阶段的公益性不同），政府要充分承担起教育发展特别是义务教育发展的主体责任，不能把责任推卸给市场、个人，更不能对"公有"的教育资源进行"民办"化办学。

第二，政府提供的教育机会向所有人开放，遵循机会公平原则。例如，无论是义务教育阶段的学校，还是非义务教育阶段的学校，都向所有国民开放。政府要保障教育机会平等，严厉治理各种违反程序正义的教育现象，防止沃尔泽所说的越界支配。

第三，在义务教育阶段，除了机会平等外，还倾向于实质公平。换句话说，所有适龄儿童都应该受到水平大致相同的教育。义务教育阶段遵循的是实质公平，要保障每一个儿童都享有平等的受教育权。所以，政府要大力普及九年义务教育，做好"控辍保学"，并促进义务教育均衡发展，鼓励师资在区域间流动，切实缩小城乡、区域、校际差距，推进义务教育学校标准化建设，均衡配置教师、设备、图书、校舍等资源。

第四，非义务教育阶段遵循的是形式公平与能力匹配原则。在保障机会公平之后，倾向于自由选择权利，学生凭借学业成绩与综合表现来获取进一步的教育机会。例如，高考制度就是依据学生的学业成绩与综合表现来进行选拔的，这表现了一种差异性公平。同时需要指出，属于非义务教育阶段的学前教育与高中教育也要兼顾实质公平与形式公平，体现普惠性。

第五，无论是上述哪个阶段的教育，都要给予处于不利境遇的学生一定的照顾。教育资源向弱势群体倾斜，政府对于处境不利人群进行补偿，通过差别补偿原则来矫正过大差距，遵循社会的不平等分配要适合最小受惠者的最大利益的原则。例如，采取在财政拨款、学校建设、教师配置等方面向农村倾斜，加大对革命老区、民族地区、边疆地区、贫困地区义务教育的转移支付力度，新增招生计划向中西部高等教育资源短缺地区倾斜等措施。

上面所陈述的原则体系显示出，教育资源的分配是多种分配原则的叠加。首先，保障教育机会的平等，人人都有基于人性或人权的受教育机会，不可被剥夺。其次，在义务教育阶段遵从实质性平等，而在非义务教育阶段强调形式性平等，充分尊重学生自主选择、后天努力与先天禀赋。最后，对于处境不

利的学生给予特别的照顾，体现了不平等的分配要有利于最小
受惠者的最大利益的原则。

二、文化承认的正义：教室中师生相互理解和尊重

分配正义理论主要适用于外部教育资源配置问题，它在矫
正教育资源配置不平等导致的教育不公时具有极强的适切性，
矫正作用很明显。然而，外部资源层面上的分配问题不是教育
正义所要解决的所有问题，教育正义还要处理社会关系层面的
不公平问题。例如，生活在同一所学校、坐在同一个教室里的
学生享受着等额的教育资源，而这些学生在与教师、同学的人
际交往过程中处于不同的位置，有各不相同的境遇。有的学生
获得了承认，有尊严，很自豪；有的学生深陷无助感之中，情
绪低落，消极应付。这些社会关系层面的不公平是人们亟须重
视的，是分配正义理论的盲区。在处理教育活动内部的人际交
往中出现的歧视、蔑视与排斥等不公时，分配正义就表现出一
种无力感。

针对分配范式的正义理论，霍耐特提出承认正义理论，对
于解决教育活动内部的人际交往中的正义问题有着很强的针对
性。弗雷泽、艾丽斯·杨等人虽对霍耐特的理论有不同看法，
但都认为社会正义不应仅仅涉及分配领域，还应涉及承认领
域，正义理论应该关注人际互动层面的社会正义问题。要想获
得合乎正义的教育生活，不仅要获得等额的教育资源，还要在
教育生活的人际交往中获得承认，实现自我的价值。霍耐特从

承认的角度探讨了在人际关系中的边缘化、排斥、文化歧视、文化不适应、暴力、羞辱、贬低等正义问题，希望通过人际关系中的认同、承认和活动中的平等参与，使处于边缘地位的人避免各种形式的社会歧视与排斥，都能受到公正的对待。

第一，教师爱学生并让学生感受到这种关心。这一点的重要性无须多言，人所共知。陶行知曾经说，爱是一种伟大的力量，没有爱就没有教育。顾明远也曾重申，没有爱就没有教育。中国的教师一定是最有爱心的一批人，中国的学生永远不缺爱，缺的是正确的爱。当前这种爱与关心存在一种错位。一方面，教师为学生付出了很多，一心想着学生有一个美好的未来，关心学生成绩、班级秩序、学生安全等，这些都是爱的表现；另一方面，学生却抱怨教师很严厉、不可爱、要求太多、不给他们自由，等等。为什么教师付出了爱，学生却没有感受到呢？原因可能在于教师的爱太"沉重"，没有照顾到学生想要的那种"轻松"，也没有理解作为"人""儿童"存在的学生想要的那种尊重。若是爱学生，教师就要先从学生的角度看问题，那样学生才能感受到爱，而不是压迫与支配。

第二，尊重学生的权利。前述学生对教师抱怨的根源，不在于教师没有付出、不关心学生，而在于教师没有顾及学生的感受，侵犯了学生的很多权利。尊重学生权利，承认学生法权地位，不仅要让学生在教育活动中自主决策、自主管理，而且要给学生自由的空间。避免肢体暴力与语言暴力，不能体罚与侮辱学生、贬低学生价值等。

第三，鼓励学生参与。对学生权利最大的尊重就是让学生参与到教育生活中来，自由地发表意见，共同作出决定。不仅学业成绩和综合表现好的学生能够参与到教学过程和班级管理活动中来，而且后进学生也能正常地参与，不游离于教育教学过程之外。然而现实教育中，"另类""不听话"和家庭经济条件不好的学生很容易被边缘化。被边缘化的学生可能会遭受不平等对待，受到排斥，失去被承认的机会，没法感受到自我的价值。

第四，保护学生间的差异性。正义生活要对处境不利群体的差异性保持一种尊重的态度。处境较好的群体往往很容易获得应有的价值承认，自我感觉良好。所以，我们不能让处境不利的学生感觉自己就像"局外人"一样被排斥在校园文化之外，很难融入学校生活，从而缺乏安全感和归属感。此外，学生之间也存在着差异。这种差异决定了教师不能采用单一化的方式来对待他们，而要采用适合的方式。单一化的对待是一种不义，因为它违反了人的多样性这一基本原理。也许可以提出一个有点武断的观点：尊重学生差异就是正义教育生活的一个指标，或者改变不正义教育的一种方式。

三、个性发展的正义：每名学生自由而全面发展

教育是专门培养人的活动，具有育人特征。所以，教育正义就不仅仅是资源平等分配、文化上相互承认，更重要的是促进学生自由而全面发展。关于自由而全面发展的内涵、外延、

价值等无须多言，这已经是教育领域中的共识。促进学生自由
而全面发展早已被列为教育的目的，那么，为什么这是一种教
育正义呢？下面仅从人的发展与正义理论、教育的本质之间的
关系出发来简单阐述。

首先，从人的发展形态来看，自由而全面发展是正义的最
高要求，正义为人的自由而全面发展创造制度条件。马克思认
为，人的类特性就是自由的自觉的活动。[①] 人的这种自由本性
的实现过程经历了从"人的依赖关系"到"物的依赖性"再到"自
由个性"三个阶段。前两个阶段，人依附各种社会关系而不得
自由；只有到了"自由个性"阶段，人才成为自身发展的真正主
人、成为自己的主宰者。每个人的自由发展是一切人的自由发
展的条件。[②] 当人人都能真正自由发展时，也就实现了最终的
正义诉求。真正的自由和真正的平等只有在共产主义制度下才
可能实现，而这样的制度是正义所要求的。[③]

罗尔斯等人提出正义理论的最终目的是形成一种合乎正义
的良序社会，为人的自由而全面发展创造条件。政治专制、经
济剥削、文化霸权等之所以不正义，是因为它们违背了人的自
由而平等的意志，阻碍了人的全面发展。"真正正义的制度就
是能够引导和促进所有人的自我实现和全面发展的制度，所有
妨碍这一目标实现的制度都有着实质的非正义性或者还缺乏正

① 马克思：《1844 年经济学哲学手稿》，57 页，北京，人民出版社，2000。
② 《马克思恩格斯选集：第一卷》2 版，294 页，北京，人民出版社，1995。
③ 《马克思恩格斯全集：第一卷》，582 页，北京，人民出版社，1956。

义性。"①促进人的自我实现与自由而全面发展，才是正义在教育领域的真正目标。消除不公的资源分配、改变错误的文化承认、减少制度性的压迫与支配都是手段性的，人的发展才是目的。

其次，从教育的本质来看，培养人是教育与其他社会活动的最大区别。教育是促进学生自由而全面发展的途径，促进人的发展是教育的一种善的观念。反过来说，当教育不能促进学生自由而全面发展之时，它就会失去应有的善的观念，成为自身的对立面，异化为一种反教育。反教育不是教育，因为它已经丧失促进人自由而全面发展的功能，沦落为一种不正义的行为。例如，灌输式的教育之所以被批判，主要是因为它违背了人的自由意志，忽视了人作为自由自觉的存在。同时，它所灌输的单一化的自以为无比正确的价值观念也会束缚人，像"脑中之轮"一样阻碍人的全面思考，致使人丧失批判性反思的能力，很有可能导致一种阿伦特意义上的"平庸之恶"。

最后，结合上述两点，教育要促进学生自由而全面发展，不仅是正义的内在要求，而且是教育的本质要求。正义在概念上必须包含使人获得能力的意涵，它不仅关系到分配，还涉及个体发展与实现其潜能。不正义指的主要是两类对能力的限

---

① 詹世友、施文辉：《马克思主义正义观的辩证结构》，载《华中科技大学学报（社会科学版）》，2014(1)。

制：压迫与宰制。① 教育正义需要消除制度化的压迫与宰制，让所有的学生充分、自由地发展其自身潜力，在被承认、认可的环境中发展以及运用其自身理性能力，以实现自己的理想。教育正义的内核是学生能够自由而全面发展，学生自由而全面发展是正义在教育领域的最高追求。

所以，我们对于教育正义的判断要关注到经济平等、政治民主、文化承认等多个方面。正义是多元的，具有不同的脸谱。每一种脸谱都代表着正义的一个方面，它们之间是不可替代的，不能以承认范式的正义理论来取代分配范式的正义理论，反之亦然。教育正义是一种特殊的正义理论，是多种正义理论重叠的理论视域，在外部资源分配上倾向于分配正义理论提出的方案组合，在内部人际关系上倾向于承认正义理论的解释，而促进学生自由而全面发展则是教育正义区别于其他正义理论最具有特殊性的地方。

在学校生活中，教育正义集中于促进学生自由而全面发展这一主题上。凡是与学生自由而全面发展相悖逆的各项活动、制度安排都是不正义的。经济上的不平等导致困难家庭的儿童不能进入学校，即使进入学校也有可能遭受其他儿童的歧视。毫无疑问这是不正义的，因为这种制度安排或生活方式阻碍了一部分人自由而全面发展。同样，当学校实行规训化的管理

①　[美]艾丽斯·M.杨：《正义与差异政治》，李诚予、刘靖子译，46页，北京，中国政法大学出版社，2017。

时，学生不能自由地思考，被严格限制在某一时间、地点进行活动，丧失了自主性。对于这样强制性地给学生灌输某一种价值观念，我们也可以说它是不正义的，因为这种管理方式阻碍了学生自由而全面发展。在一般意义上，正义与不正义的区别就在于能否发展学生的主体性、能否促进学生自由而全面发展，以及是否为学生自由而全面发展消除障碍、提供支持条件。

第四节 复合正义：教育正义的多维理解

教育正义与社会其他领域的正义有着相似的方面，也有着自己的独特性。"真正的教育指向学生独特的、可持续的和有价值的成长，这样的教育当然需要充裕的资源保障，但是资源保障是必要的，却不是充分的。"[①]"一个在教育中被歧视、羞辱而丧失人格尊严的人，不可能有自我价值的实现。对于教育来说，我们需要教给学生知识，发展学生能力，但更需要培育学生健全的人格、健全的自我。健全的人格和健全的自我来自于教育主体间的承认。"[②]所以，我们不能离开正义所适用的独特领域而泛泛地讨论正义，把正义理论简单地应用于教育领域。我们要关注到教育正义的独特之处。教育领域与社会其他领域的最大不同在于教育活动的育人特征。教育是专门培养人的活

---

① 石中英：《教育公平政策终极价值指向反思》，载《探索与争鸣》，2015(5)。
② 冯建军：《后均衡化时代的教育正义：从关注"分配"到关注"承认"》，载《教育研究》，2016(4)。

动，因此教育正义不仅涉及资源合理分配、文化上相互承认，更重要的是促进学生自由而全面发展。

自由而全面发展是社会或教育活动的基本追求。在以每个人自由而全面发展为基本原则的社会中，人们摆脱了"人的依赖关系"与"物的依赖性"，进入自由而全面发展的"自由个性"阶段。人终于成为自己的社会结合的主人，从而也就成为自然界的主人，成为自身的主人——自由的人。[①] 自由而全面发展不仅是正义的内在要求，而且是教育的本质要求。

我们可以自然而然地得出这样一个结论：教育正义具有不同的方面，是一种以学生自由而全面发展为目标，包含外部教育资源的公平配置与内部主体间交往中相互承认的复合性正义理论。我们不能简单地以单一的正义理论来解释教育领域的正义问题。不同的正义理论都能在教育领域找到自己适用的方面，它们不是相互替代的关系，不同时期的教育正义理论的关注点不同。

---

① 《马克思恩格斯选集：第三卷》2 版，760 页，北京，人民出版社，1995。

第三章

社会同情：儿童正义感
发展的情感之基

只有这种同情才是一切自发的公正和一切真诚的仁爱之真正基础。只有发自于同情的行为才有其道德价值。[①]

今人乍见孺子将入于井，皆有怵惕恻隐之心——非所以内交于孺子之父母也，非所以要誉于乡党朋友也，非恶其声而然也。由是观之，无恻隐之心，非人也……恻隐之心，仁之端也。[②]

正义感作为一种按照正当和正义观念去行动的欲望[③]，具体表现为对正义行为的赞赏与感激、对不义行为的义愤与愤慨等情绪。当儿童缺少义愤、愤慨、愤恨、负罪感等情绪情感体

---

① ［德］叔本华：《伦理学的两个基本问题》，任立、孟庆时译，234页，北京，商务印书馆，1996。
② 《孟子》，杨伯峻、杨逢彬注译，56页，长沙，岳麓书社，2000。
③ ［美］罗尔斯：《正义论：修订版》，何怀宏、何包钢、廖申白译，376页，北京，中国社会科学出版社，2009。

验时，正义感将无法生成与显现，就会表现出"遇不义之事而不义愤，冷漠观之；行不义之事而无负罪感，泰然处之"。儿童正义感的培育离不开对正义的理性认知，同样离不开感性的移情体验，儿童需要设身处地体会他人遭受不义时的情感状态。社会同情能够使个体置身于他人的境遇来感受、体验、思考，了解并理解他人，形成一种感同身受的同情共感，从"公正旁观者"的立场来看待别人的行为，也想象从他人视角来看待自己的行为，这是儿童正义感培育的情感基础。下面将从社会同情的角度来讨论如何促进儿童正义感的培育，加强正义感培育的情感基础建设。

第一节　社会同情的内涵及其正义意蕴

一、社会同情的内涵

在第七版《辞海》中，"同情"词条内容是："①犹同心、同气。《史记·吴王濞列传》：'同恶相助，同好相留，同情相成，同欲相趋，同利相死。'②对于他人的遭遇或行为在感情上发生共鸣。"在第七版《现代汉语词典》中，同情是"对于别人的遭遇在感情上发生共鸣""对于别人的行动表示赞成"。在英语中，同情一般指的是"sympathy"，它由"sym"和"pathy"组成，"sym"是"with，together"的意思，"pathy"是"feeling"的意思，合在一起就是"与……有同样、相同的感觉"的意思，是一种因他人遭受痛苦或不幸而理解、关心、支持他人的情感。

与"sympathy"近似的词语有"compassion""pity""empathy""fellow-feeling"。"compassion"可以译为"同情"或"怜悯"，是指意识到他人遭受不应该有的痛苦或不幸而产生的一种痛苦情感。"pity"与"compassion"的意思相似，后来慢慢地带有了一种"优越者"对于"不幸者"的怜悯的意思。"empathy"有"移情""同感""共鸣""同理心"等意思，指个体对他人经历产生同感、共鸣，不论他人的感觉是高兴还是悲伤、是愉悦还是痛苦。"empathy"是一种全盘移情的心理状态，与"compassion"强调对他人的痛苦或不幸经历的感同身受不同。"fellow-feeling"可以理解为"伙伴感"，也可翻译为"共感"。① 西方著作中对于这几个词的使用是比较混乱的，这些词的中文翻译也同样混乱，这就造成了我们在理解、表达"同情"时有一些模糊不清。例如，亚当·斯密在《道德情操论》中使用"sympathy"来表达同情，其他几个词也在交叉使用。"'怜悯'和'体恤'是我们用来对别人的悲伤表示同感的词。'同情'，虽然原意也许与前两者相同，然而现在用来表示我们对任何一种激情的同感也未尝不可。"②③

---

① 具体概念之间的区别与联系可参见：黄璇：《"同情"的政治哲学诠释：定义、性质与类型》，载《学海》，2016(2)；颜志强、苏金龙、苏彦捷：《共情与同情：词源、概念和测量》，载《心理与行为研究》，2018(4)。

② [英]亚当·斯密：《道德情操论》，蒋自强、钦北愚、朱钟棣等译，7页，北京，商务印书馆，1997。

③ 这句话的原文为："Pity" and "compassion" are labels for our fellow-feeling with the sorrow of others. "Sympathy", though its meaning may originally have been the same, can now fairly properly be used to denote our fellow-feeling with any passion whatever.

本书采用"sympathy"来表示同情，指个体通过想象去体验他人所经历的痛苦、愉悦或者其他类型的情感，从而在情感上产生共鸣，感同身受，同喜同悲。"无论当事人对对象产生的激情是什么，每一个留意的旁观者一想到他的处境，就会在心中产生类似的激情。"①社会同情是指在人际交往中，个体因感知到对方某种情绪而把自己置于对方位置上体验到与对方同样的情绪的能力，即所谓将心比心。它不仅能使个体把自己设身处地地设想成他人，识别并体验到他人的情绪，而且对社会知觉、人际交往有重要意义。②

二、社会同情的特征

首先，区别于怜悯，同情指的是平等主体之间的情感共通。虽然同情可能是对他人的痛苦或不幸产生悲伤、痛苦的情绪，但是这种悲伤的共通之感并不带有地位上、人格上的不平等色彩。正如阿伦特所言：同情是因别人的痛苦而痛苦，似乎痛苦是会传染的；怜悯则是毫无切肤之痛下的悲痛。③

其次，同情含有旁观者对于当事人经历的一种价值判断。同情虽然是原初性的自然情感，但带有道德关怀，不是简单复制当事人的情感体验。当不当行为实施者遭遇痛苦时，人们会感到愉悦；而当不当行为实施者产生愉悦情感时，人们会厌

---

① ［英］亚当·斯密：《道德情操论》，蒋自强、钦北愚、朱钟棣等译，7 页，北京，商务印书馆，1997。

② 林崇德、杨治良、黄希庭：《心理学大辞典》下，1535 页，上海，上海教育出版社，2003。

③ ［美］汉娜·阿伦特：《论革命》，陈周旺译，72 页，南京，译林出版社，2007。

恶、难过。这一点涉及旁观者对于当事人平常行为的正当性的价值判断，就如同亚里士多德认为的那样：同情是因为相信不应受害之人遭受了毁灭性的或令人苦痛的不幸，并想到自己或所爱之人亦有可能面临同样遭遇而感到痛苦的一种情感。[①]

再次，当事人的不幸遭遇与痛苦体验易引发同情。虽然当事人的愉悦体验能引发旁观者的同情——他人快乐，我也快乐，但是当事人的不幸遭遇或痛苦体验更能引发旁观者的同情——他人痛苦，我也痛苦。也就是说，人们的同情更加侧重于不幸遭遇或痛苦体验。例如，亚当·斯密认为同情"就是当我们看到或逼真地想象到他人的不幸遭遇时所产生的感情"[②]。"我们常为他人的悲哀而伤感，这是显而易见的事实，不需要用什么实例来证明。"[③] 卢梭认为，同情是我们在看见有知觉的生物尤其是我们的同类死亡或遭受痛苦时产生的一种天然的厌恶之心。[④] 在日常生活中，当他人遭遇重大伤害时，某人若是无动于衷，没有表示出一种关心、悲伤的同情，就会被斥责。

最后，同情应是一种道德化的社会同情。依据内含的道德动机程度的不同，同情可以分为前道德化的同情与道德化的同情。前道德化的同情主要是一种原初性的自然情感，仅仅带有

---

　　① ［古希腊］亚里斯多德：《修辞学》，罗念生译，89 页，北京，生活·读书·新知三联书店，1991。

　　②③ ［英］亚当·斯密：《道德情操论》，蒋自强、钦北愚、朱钟棣等译，5 页，北京，商务印书馆，1997。

　　④ ［法］卢梭：《论人与人之间不平等的起因与基础》，李平沤译，72 页，北京，商务印书馆，2007。

一种"弱"意义上的利他倾向，是能够感受他人之所感，而不是一种"强"意义上的帮助他人，还远远没有达到道德化的同情的水平。道德化的同情具有强烈利他性的实践倾向，对于个体道德行为有着强烈的驱动倾向性，把同情他人当作一种必需的行为，具有了一种义务感。人们在说同情是一种道德品质的时候，往往说的是道德化的同情，也即同情心。石中英认为同情心即"同情之心"，指个体所具有的易于、愿意并能够产生同情现象、引导自己行为方向的心理状态或态度倾向。社会应促进个体同情发展，使个人化的同情发展到普遍化的（人类）社会同情，令个人产生与他人同喜同悲的情感，对他人的处境感同身受，进而促进儿童正义感的发展。

三、社会同情与正义感

在有序的社会合作系统中，正义是基本原则，借助于同情发展起来的正义感则是社会成员的基本情感特征。人的倾向和其必然需要使人们联合在一起。理智和经验告诉人们，如果每个人都不受任何规则的限制，各行其是且毫不顾及他人的财产权，那么这种联合便是不可能的。由于这些联合在一起的感情和想法，一旦我们在其他人身上也看到了同样的感情和想法，那种贯穿所有时代的正义感就已经不容置疑地在这样或那样的程度上存在于人类的每个成员心中了。① 反过来说，若是社会成员没有那种"同样的感情和想法"，那种贯穿所有时代的正义

———————————

① ［英］休谟：《道德原理探究》，王淑芹译，122 页，北京，中国社会科学出版社，1999。

感也就不会存在于人们的心中了，冷漠的情感将会如同霉菌一样附着在人们的人格之上。

正义感属于情感范畴，是按照正义原则去行动的道德情感，它的生成离不开人的情绪情感体验。这种情绪情感体验不能以自我为中心，而应该设身处地地去想象、感受他人的情绪体验，因而具有主体间性质。同情是一种主体间的共情，主体间借助想象来体验、理解对方感受，包含悲伤、义愤、内疚、愉悦等。个体作为旁观者对于他人行不义之事而伤害其他人的义愤、对于他人行不义之事而使自己受到伤害的愤恨、对于自己违背正义而伤害他人的负罪感等，都离不开同情。休谟认为，同情是人性中的基本情感，人们借助于同情去了解、关心他人的愉快与不幸，"借着同情作用，我们才能体会富人与贫人的情绪，而分享他们的快乐与不快"①。正义感作为一种交互性的情感，是人与人的对等交往中表现出来的一种主体间共通的情感，离不开对他人情感状态的设身处地理解、体悟与共鸣。我们很少见到一个没有同情心的人能够发展出健全的正义感。

借助于同情，人们开始走出自我、关心他人、关注公共福祉。"我们对社会所以发生那样广泛的关切，只是由于同情；因而正是那个同情原则才使我们脱出了自我的圈子，使我们对他人的性格感到一种快乐或不快，正如那些性格倾向于我们的

---

① ［英］休谟：《人性论》，关文运译，400 页，北京，商务印书馆，1980。

利益或损害一样。"①同情作为一种向他性的情感，对于唤醒个体的正义感有着重要作用。个体看见有人无辜受伤害，就会感到悲伤并同情受害者，而对于加害者则表示愤慨并强烈谴责；若是个体自己致使他人遭受无妄之灾，那么个体会感到内疚不安，希望得到受害者的谅解；个体看见有人开心愉悦，同时了解到其开心愉悦是正当的，往往也跟着开心愉悦，并赞赏带来开心愉悦的行为及行为人。个体之所以产生与他人同喜同悲的情感体验，是因为作为正义感的情感基础的同情使个体对于他人的处境感同身受，接着依照正义原则、通过同情共情机制对不义行为予以谴责，对正义行为则予以赞赏。

第二节　社会同情何以促进儿童正义感发展

每一个正常的人都会倾向于偏好那些能够促进社会秩序、公共福祉的原则和规范。"我们不止重视自己的幸福和福利，同样必须赞扬正义和人道的习俗，那是因为惟有它们才能够维持社会的联盟，每个人才能收获互相保护、互相协助之果。"②"正义只是起源于人的自私和有限的慷慨，以及自然为满足人类需要所准备的稀少的供应。"③自私也称作自利，是正义规则

---

①　[英]休谟：《人性论》，关文运译，621页，北京，商务印书馆，1980。

②　[英]休谟：《道德原理探究》，王淑芹译，40页，北京，中国社会科学出版社，1999。

③　[英]休谟：《人性论》，关文运译，536页，北京，商务印书馆，1980。

建立的原始动机。这种原始动机促使人们开始关心他人的福祉，因为如果不关心他人的福祉，自己的福祉也将落空。只有主体间形成一种共通的相互善意与情感共鸣，正义的社会安排才有可能实现。

一、相互善意、情感共鸣与正义感的发展

正义的社会安排源自人们由自利而引发的相互善意。主体间的相互善意促使人们关心他人利益、关注公共福祉，期望他人依照正义原则行事，自己也愿意如此行事。人虽然自利，但也是理性的存在者，能够清楚地认识到每一个人都有自己的福祉。若想更好地实现、保障自己的福祉，最好的也是唯一的办法就是保持相互善意、相互合作、互惠互助。正如杜威所认为的那样，参与社会公共生活的人们"必须使自己的行动参照别人的行动，必须考虑别人的行动"，这样才能"打破阶级、种族和国家之间的屏障，这些屏障过去使人们看不到他们活动的全部意义"。① 如此一来，个体认识到他人福祉的实现是自己福祉实现的条件与结果，就会把不侵犯、保护他人或公共福祉当作一种要求，对于促进他人或公共福祉的行为给予赞赏。

相互善意是一种原初的正义要求，并没有成为一种强烈意义上的义务感。正义感则是主体间相互善意在规范意义上的进一步发展，按照正义原则行事演化成为人们日常行为的道德要求或者道德义务。具有正义感的人有强烈的按照正义原则去行

---

① ［美］杜威：《民主主义与教育》，王承绪译，92 页，北京，人民教育出版社，1990。

动的欲望，当他人或自己违反了正义原则时，则会产生气愤、愤慨或内疚等情感。罗尔斯认为，若是个体没有这些情感，即自己做错事情不会内疚、看见欺凌行为不会愤慨、自己受到不义对待也不气愤，那就意味着个体缺乏正义感、缺乏人性之中的基本情感。没有那种设身处地、感同身受的情感，正义感是没法形成的。

在熟人圈子里面，相互善意会更直接。而当个体面对陌生人时，同情对于相互善意的普遍化就显得更重要了。同情可以把相互善意扩展到陌生人，唤起个体依照正义原则行动的正义感。个体想到他人受到伤害时的痛苦感觉，就不自觉地想约束自己的行为以防止伤害他人，或者制止其他人的伤害行为。当然，通过同情，个体看到人们获得正义对待时的愉悦，也会产生一种愉悦，唤起维护正义的愿望。休谟曾说："人类灵魂的交感是那样地密切和亲切的，以至任何人只要一接近我，他就把他的全部意见扩散到我心中，并且在或大或小的程度内影响我的判断。"①情感的互通性促使人们之间的相互善意稳定地建立起来，在这个意义上，同情是个体道德感或者正义感的情感基础。"和我们自己没有利害关系的社会的福利或朋友的福利，既然只是借着同情作用才能使我们愉快；所以结果就是：同情是我们对一切人为的德表示尊重的根源。"②

---

①　［英］休谟：《人性论》，关文运译，635页，北京，商务印书馆，1980。
②　［英］休谟：《人性论》，关文运译，620页，北京，商务印书馆，1980。

二、同情维持了正义感所需的主体间情感共鸣

每个人都是自己所在世界的中心，习惯于从自己的视角看问题，这样就自然地造成了主体之间在认识、情感理解上的差异，当然也包括对正义观念的认识、理解的差异。所以，主体之间就会出现认识、理解上的鸿沟。当然，这种鸿沟是没法消除的，也不应该消除。若是消除了，等于把人们的主体性、独特性都"阉割"了，"你""我""他"就齐一化了，"我"就不存在了。我们只能期望在人际的鸿沟之上架一座能够促进主体间理解的"桥"，进而实现情感共鸣。那么，这座"桥"是如何成为可能的呢？也就是说，主体间情感共鸣借助什么才能得以实现呢？

面对他人时，若想主体间理解、情感共鸣成为可能，则需借助同情。同情使主体通过置身于他人的处境，借助想象对他人的情感产生一种感同身受的共鸣感觉。同情促使主体摆脱自我中心，"我"感受到"他"的感觉，部分进入"他"的世界，与"他"的视域交融，感受到"他"的生存状态，觉知到"他"所在世界的独特性，进而愿意从"他"的立场去思考问题。当然，从"他"的视角思考问题不是要全然放弃自己的价值观念、福祉、需要等，而是要走出自我中心。依赖于同情，作为主体的"我"置身于他人的位置，愿意设身处地考虑他人的需要、福祉，对于他人的愉悦、痛苦也会产生同喜同悲的共感。"同情是理解的条件，它引导着人们的理解，并使得人们的理解不单单是从

旁观者的立场，而且是从当事人的立场。一个对他者的遭遇及感受无动于衷的人，怎么可能有兴趣去理解他人呢?"①

　　借助同情这座"桥"，主体相互跨越鸿沟，走出自我中心，形成相互理解、情感共鸣与相互善意②。这种相互善意也许还比较淡薄，尚未达到仁爱的程度，不会使人们为了他人的福祉而牺牲自己的福祉。但它促使人们从关心自己的福祉转向关心他人的福祉和公共福祉，将促进公共福祉的行为视为高尚的、值得称赞的。在道德理解上，人们就不再从个人私利出发，当然也不是完全从利他出发，而是从正义出发，寻求那种兼顾利己与利他的道德学说。人们倾向于那种有利于公共福祉的正义原则，而不是那种为了大部分人的福祉而伤害小部分人的福祉的观念，并依据普遍的正义原则进行道德评价。休谟认为："正义之所以得到赞许，确实只是为了它有促进公益的倾向；而公益若不是由于同情使我们对它发生关切，对我们也是漠不相关的。"③离开了同情，人们很难形成普遍的道德感或者正义感。这种被普遍认可的道德标准源自人们普遍存在的置身于他人境遇的同情。道德认可与不认可的态度，扎根于我们接受了一种普遍观点之后形成的对他人的同情心。④

_____

　　① 石中英:《社会同情与公民形成》，载《北京师范大学学报(社会科学版)》，2012(2)。
　　② 这里的善意主要指陌生人之间的，甚至永远不会见面的陌生人之间的。熟人之间的善意不在讨论之列。
　　③ 〔英〕休谟:《人性论》，关文运译，662页，北京，商务印书馆，1980。
　　④ 〔美〕伊丽莎白·S. 拉德克利夫:《休谟》，胡自信译，109页，北京，中华书局，2002。

三、同情促进了正义感所需的主体间相互善意

相互性是正义的一个重要特征。当然，正义还要求这种相互性是善意的，相互善意的对待才是正义的基本要求。前面也说到，借助于同情，主体间可以形成一种相互善意。那么，是什么因素促进了这种相互善意的稳定与持久呢？

从纯粹形式上说，相互性就是"你对我好，我就对你好；你对我不好，我就对你不好"，这样很容易陷入一种恶性循环。例如，若个体 E 没有感觉到其他人怀着善意对待他（可能有善意，只是 E 没有感觉到），慢慢地就会减少对其他人的善意。其他人感觉到 E 缺乏善意的时候，也就会减少对 E 的善意。如此循环下去，主体之间的相互善意就没有了，仅留下相互恶意了，基于正义的良序社会也会坍塌，人们生活在冷漠、敌对的困境之中。

那么，为什么现实社会中的某些个体损害了他人的福祉，却没有引发上面那种恶性循环呢？原因在于社会个体拥有同情这一共通性的情感。借助于同情，个体阻断了恶性循环的通道，阻止了恶意传递的连锁反应。对于 E 来说，虽然可能没有感受到他人的善意，但是，他通过同情，想象他人受到伤害时的痛苦的情绪反应，从而想到若是伤害他人，自己于心何忍？休谟说："同情是人性中一个强有力的原则。"[1]拥有同情的个体往往厌恶痛苦、不幸、冷漠等情绪，而喜欢那种引起幸福的情

---

[1]　［英］休谟：《人性论》，关文运译，661 页，北京，商务印书馆，1980。

绪。借助于同情，主体之间同喜同悲，把他人的愉悦"转化"为
"我"的愉悦，把他人的痛苦"转化"为"我"的痛苦。于是乎，就
像希望自己获得愉悦、避免痛苦一样，"我"也希望他人获得愉
悦、避免痛苦。人们看到有利于社会安宁的那些行动，就感到
快乐；看到有害于社会安宁的那些行动，就感到不快。[1]如此思
考，"我"就不应该去伤害他人，那么，破坏相互善意循环的主
观因素就降到了最低。

　　正义虽然源于自利，但并不止于自利，它规范人们走向道
德。休谟认为："自私是建立正义的原始动机：而对于公益的
同情是那种德所引起的道德赞许的来源。"[2]人们对于公共福祉
的共通性理解是道德行为产生的根源，对公共福祉的关心是个
体道德行为之所以被称赞的理由，同情是个体道德感或者正义
感的情感基础，"广泛的同情是我们的道德感所依靠的根据"[3]。
正是借助于同情，个体的道德动机从单一利己中走出，转变为
以关注他人、尊重他人、理解他人为特征的相互善意。人们秉
持相互善意、坚守正义，并不是为了追求个体的福祉，而是为
了增进彼此的福祉。"在以相互善意为特征的相互性关系中，
我们不把他人视为利益竞争对手，而是和我们同样具有内在价
值的人。"[4]无论"他"对于"我"有无工具价值，"我"都善意地对
待"他"。这不是因为"他"是"我"实现目的的手段，而是因为尊

---

① ［英］休谟：《人性论》，关文运译，574 页，北京，商务印书馆，1980。
② ［英］休谟：《人性论》，关文运译，540 页，北京，商务印书馆，1980。
③ ［英］休谟：《人性论》，关文运译，628 页，北京，商务印书馆，1980。
④ 慈继伟：《正义的两面》，134 页，北京，生活·读书·新知三联书店，2014。

重"他"是与"我"一样的人。

　　同情引发并维系着主体间相互善意，也促使相互善意超越利己而成为道德的动机。当"他"能够置身于他人的位置，从公正的旁观者的立场来体验、思考、行动，同喜同悲之时，"他"与他人就呈现出一种"我—你"一体化的平等关系，"我"要像对待"我"一样对待"你"。只要是正常的人，都会善意地对待自己。因此，每个"我"都会期望善意地对待"他"，也期望被"他"善意地对待。这种相互善意的对待基于人性之中的同情情感，是普遍存在的。同情是"原初的与直觉的，存在于人性自身"①。无论是正义还是仁爱都离不开相互善意，它们都源于自然的同情。

第三节　儿童同情心培育的关键性因素

　　同情是人与生俱来的天性，孟子曾言："人皆有不忍人之心者，今人乍见孺子将入于井，皆有怵惕恻隐之心。"②休谟认为，人性中最引人注目的情感就是我们所有的同情别人的那种倾向。③ 亚当·斯密认为，无论你认为一个人有多么自私，这个人的天性中还是明显地存在着一些本性，这些本性使他关心他人的命运，把他人的幸福看成自己的事情，虽然他除了看到

　　① ［德］叔本华：《伦理学的两个基本问题》，任立、孟庆时译，239 页，北京，商务印书馆，1996。

　　② 《孟子》，杨伯峻、杨逢彬注译，56 页，长沙，岳麓书社，2000。

　　③ ［英］休谟：《人性论》，关文运译，352 页，北京，商务印书馆，1980。

别人幸福而感到高兴以外一无所得。这些本性就是怜悯或同情。① 卢梭认为，一个人不管愿意或者不愿意，都会对不幸的人表示同情。看到他人遭受苦难的时候，我们也会为之感到痛苦，即使最坏的人也不会完全丧失这种倾向。② 同情作为人性之中的一种原始情感，是人人都拥有的，绝不是那些道德高尚的人才有的。"最大的恶棍，极其严重地违犯社会法律的人，也不会全然丧失同情心。"③ 同情虽是人人都拥有的，但先天具有的同情仅仅是原初性质的，是"善端"，比较稀薄且不稳定，属于前道德化的同情，还没有成为强烈而稳定的道德化情感，也还没有成为个体"易于、愿意并能够对他人处境、遭遇或情感状态产生同感的心理状态或态度倾向"④。使同情变得稳定的利他行为倾向，离不开后天的培育。

儿童同情心培育的关键因素有道德想象力、道德敏感性以及道德理智感。借助道德想象力，儿童才能了解、体验到当事人的痛苦、愉悦、紧张、内疚等。这种想象力，离不开儿童对于自己或者他人经历的敏感体验。对于一个麻木不仁的人来说，他人的经历没法激发其情感，更没法使其感同身受、产生共情。同情还离不开道德理智感，它是一种理性的判断正当性

①③　[英]亚当·斯密：《道德情操论》，蒋自强、钦北愚、朱钟棣等译，5 页，北京，商务印书馆，1997。

②　[法]卢梭：《爱弥儿：论教育（上卷）》，李平沤译，455 页，北京，商务印书馆，2009。

④　石中英：《社会同情与公民形成》，载《北京师范大学学报（社会科学版）》，2012（2）。

的能力。对于他人情绪情感或者引发他人情绪情感的原因的理性判断决定了同情的方向。

一、保持一种设身处地的道德想象力

同情离不开置身于对方境遇的想象力，这种想象力是一种站在他人位置来体会他人当时的情感、感觉的能力。离开了想象力，儿童的感同身受是没有办法产生的，其道德化的同情心便无法发展起来。

想象力是主体具有的对象不在当前的直观能力。通过想象，主体能够在对象不在场的情况下对其进行感知、体验等，使"情境不在场"转换为"情境在场"，使"自我的经验"拓展为"对他人的经验"。"想象力是人的使不在场的成为在场的一种心理能力。""在近代休谟（包括斯密）同情心、康德先验综合判断与共通感理论中已存在。"想象力的运作过程是使不在场的呈现为在场的，成为主体的内感觉，使主体作为在场的"旁观者"中立地去"看"，并为"反思"的心智运作过程准备好对象。① 泰夫南（Tivnan E）认为，想象力是从对方立场思考问题的"移情"能力。道德想象力就是一种个体脱离自我、超越既定情境进行道德判断与道德选择的能力。② 乔治（George R T）认为，道德想象力的一个维度是换位思考，即从不同角度而不仅仅是我们自己的角度看待特定情境、特定问题或特定案例的能力，另一

---

① 高兆明：《道德行为选择中的"道德想象力"：读杜威〈人性与行为〉》，载《吉首大学学报（社会科学版）》，2019(2)。

② 郑富兴：《责任与对话：学校道德教育的现代性思考》，171 页，北京，中国社会科学出版社，2011。

个维度是在某些方面要创造性地思考问题。① 杜威提出，想象力是根据事物之能是(what could be)而具体感知所面临的事物之所是(what is before us)的能力，其对立面是为了顺应于标准意义而变得狭隘的经验。② 想象力包括两个维度：一是移情投射，即采取他人的立场刺激我们克服偶尔麻木不仁的状态，这样就能洞悉他人的渴望、兴趣与忧虑如同洞悉我们自己的；二是创造性地发掘情境中的种种可能性，克服那种不顾过去与现在的习惯的惰性、千篇一律与循规蹈矩。③ 同时他也认识到，这两个维度是"同时运作"的。④

道德想象力包含借助移情投射设身处地地为他人着想、敏锐地洞察情境中的所有可能性、寻求新的行为选择可能性。"在道德想象力的结构中，不仅包括对他人情感、情绪、思想和境况'感同身受'的'移情共感'维度(一种超越性情感)，还包括敏锐地把握潜在行为的多种可能性及其所可能给他人带来损益的后果想象，以及蕴含着追求突破情境界限的创造性想象。"⑤

道德想象力是一种超越自我中心、设身处地地去感受与理

---

　　① ［美］乔治：《企业伦理学：原书第 7 版》，王漫天、唐爱军译，36 页，北京，机械工业出版社，2012。

　　②③ ［美］斯蒂文·费什米尔：《杜威与道德想象力：伦理学中的实用主义》，徐鹏、马如俊译，99 页，北京，北京大学出版社，2010。

　　④ ［美］斯蒂文·费什米尔：《杜威与道德想象力：伦理学中的实用主义》，徐鹏、马如俊译，102 页，北京，北京大学出版社，2010。

　　⑤ 杨慧民、王前：《道德想象力：含义、价值与培育途径》，载《哲学研究》，2014(5)。

解他人的能力，是一种摆脱所面对的具体情境而进行多样化情境思考的创造性能力。这种摆脱具体情境限制、移情换位思考"能够将自我经验拓展至对他人的经验，实存的道德经验拓展至可能性的道德经验的能力。它培养个体普遍性的理解力，打破了自我中心主义牢笼和狭隘的经验世界的限制。"[①]"道德想象力的一个重要功能就是从自我走向他人，去理解他人的处境、感受与心灵。"[②]正是联结"我"与"他"的这种设身处地、移情换位的想象力，促使人们有能力去感受、理解他人，与他人共情，从而引发同情心。移情换位思考能大大有助于产生同情心，而同情心又会产生帮助他人的行为。[③]

　　同情是一种主体间的共通情感，需要设身处地地想象他人的感受。没有这种想象，我们就无法感受到他人的喜、怒、哀、惧、爱、恶、欲，也就无法站在他人立场之上进行正义审视与道德判断。站在他人立场上都是在想象中完成的。

　　想象之所以是同情发生的条件性因素，主要是因为同情具有向他性与反应性特征。一是同情与他人的遭遇或行为有关，是针对他人特定情感状态产生的共鸣；二是作为个体的一种情感体验的同情不是原发性的，而是由他人的遭遇、行为及相应的情感体验引发的一种情感现象。同情的这两个特征就决定了儿童同情心的引发离不开想象，因为儿童对于他人的遭遇及感

---

① 曲蓉：《道德想象力的悖论、矛盾与概念张力探析》，载《伦理学研究》，2015(3)。
② 高德胜：《道德想象力与道德教育》，载《教育研究》，2019(1)。
③ [美]玛莎·努斯鲍姆：《告别功利：人文教育忧思录》，肖聿译，42页，北京，新华出版社，2010。

受没有直接经验，除了设身处地地想象外，是没有其他办法来了解这些的。

作为旁观者，人们只有通过置换立场的想象才能参与到当事人的经验活动之中。人们把自己想象成当事人，去设身处地地体验、感受当事人的情感。"旁观者的情绪总是同他通过设身处地地想象认为应该是受难者的情感的东西相一致的。"①在置换立场的想象的作用下，旁观者会产生与当事人相一致或相类似的情感，随着当事人的痛苦、愉悦而痛苦、愉悦。只有设身处地地想象受害者的痛苦，才能感受到受害者的痛苦。② 借助于想象，人们置身于他人的场域、境遇之中，置换立场，理解当事人的情感和行为，引发一种向他性的同情。亚当·斯密认为：我们每个人都有一种积极的想象力，可以再造他人的感觉、激情和观点。在这种想象过程中，我们并非亦步亦趋地感觉他人的激情。但我们能够"置身于对方的境地"，从而从对方的角度理解他所体验的东西。③

想象力是人人都有的，每个人都会想象。但是人的想象力若是没有好好保护，就会减弱、枯萎，这就需要我们好好保护与培育儿童的想象力。研究者们提出了很多有价值的培育方

① ［英］亚当·斯密：《道德情操论》，蒋自强、钦北愚、朱钟棣等译，7 页，北京，商务印书馆，1997。

② ［英］亚当·斯密：《道德情操论》，蒋自强、钦北愚、朱钟棣等译，6 页，北京，商务印书馆，1997。

③ ［美］帕特里夏·沃哈恩：《亚当·斯密及其留给现代资本主义的遗产》，夏镇平译，34～35 页，上海，上海译文出版社，2006。

法，如"对道德的隐喻性理解""文学叙事""直面痛苦""沉思"等。① 这些方法固然有效，也很有必要，但在当前教育的时空境遇下，我们急需消除那些制约与阻碍想象力生成的结构性或制度性因素，为儿童营造一种勇于想象、乐于想象的自由氛围与时空境遇。在存在一定竞争的教育情境下，我们需要改变那种管理上过于强调标准化、规范化、精细化，教学上过于强调标准答案的教育，关注儿童生动、具体的生活经验以及伴随在其间的情感体验。在那些不允许或者不鼓励儿童自主思考、自由想象的强制性氛围中，儿童逐渐就变得思想僵化、人云亦云了。

儿童学习具有情境性、创生性、体验性等特征，不仅是一种理性的探险，还是一种情感体验的过程。所以，教育离不开对各种可能性的探索。在日常生活中，教师或家长要避免用命令的口吻来要求儿童，而要给儿童创造轻松愉快的氛围，鼓励儿童自主思考，并允许儿童去犯错、体验多样的情境。在日常教学或课外活动中，可以多让儿童进行交流讨论、角色扮演等活动，转换身份来体验不同角色，多方面地思考问题等。例如，让儿童试着想象一下冬天有多冷，此时穿着单薄的衣服又是什么感觉，再想象一下"卖炭翁"为什么"心忧炭贱愿天寒"。教师或家长要多站在儿童的立场思考问题，为儿童做好榜样，让儿童感觉到自己所仰慕的人能站在自己的立场来思考问题，

---

① 高德胜：《道德想象力与道德教育》，载《教育研究》，2019(1)。

从而更愿意从他人的角度思考问题，想象他人的喜、怒、哀、惧、爱、恶、欲。

二、培养一种积极关切的道德敏感性

道德敏感性是对某一事件或情境所体现的道德意义的感受程度。对于某一事件或情境，有的人很容易发现并体会到其中的道德意义，如会造成什么样的道德伤害，受伤害的人会怎么样。有的人则熟视无睹、无动于衷、麻木不仁，面前所发生的事不能进入其情感世界。道德敏感性是同情发生的条件，能否敏锐地察觉到某一事件或情境对于他人福祉的影响会直接影响到个体对于他人的同情。

敏感是指个体对外界事物反应很快，对一件事或一种东西非常敏锐，快速察觉，可很快作出判断。道德敏感性是能够敏锐地察觉到自己或者他人正在做或可能要做的事情会影响其他人的福祉的感受能力，即有关道德实践情境的敏锐感受能力，"是对情境的道德含意的领悟和解释能力"[1]。瑞斯特（Rest J R)在道德行为的四成分模型中指出：道德行为的背后有道德敏感性、道德判断、道德动机和道德品性等。[2] 其中，道德敏感性是道德行为的起始性因素，个体要能敏感地认识、察觉到"这是一个道德问题"，既不能无意识地"盲视"，也不能有意识地"漠视"。道德敏感性承担对情境的领悟和解释，是对情境的

① 郑信军、岑国桢：《道德敏感性的研究现状与展望》，载《心理科学进展》，2007(1)。

② Rest J R, *Moral Development*：*Advance in Research and Theory*，New York，A Division of Greeenwood Press，1986，pp. 2-18.

道德内容的觉察和对行为如何影响别人的意识，具体表现为道德感知、感悟、反应能力。

与道德敏感性相对的是道德冷漠，"道德冷漠作为一种善的缺乏，具体表现为道德敏感的缺乏、道德判断的搁置和道德实践上的不作为"①。道德冷漠是个体在"道德情感上的麻木、道德判断上的迟钝以及道德行为上的逃避"②，缺乏必要的道德感知、判断与反应能力。具有较高道德敏感性的个体能够敏锐地识别道德情境，察觉自己身处一个关涉他人福祉的道德情境之中，在情感上不再无动于衷、麻木不仁；能够迅速地调动心中的道德规则规范，对当前的道德情境作出判断，在判断上不再迟钝、模糊不清、稀里糊涂；同时，能够预见或想象到当前道德事件所导致的潜在后果，并对这种后果产生一种责任意识，在行动上积极关心他人以避免不利后果的出现。有了这种敏感性，个体能够设身处地地去感受、想象、理解他人所处的道德境遇，产生情感共鸣、同情性理解。个体若是缺乏必要的道德敏感性，就会出现情感麻木、判断迟钝与行为逃避，也就无法产生主体间的同情与必要的正义感。

走出自我中心、培育同情心、成为具有正义感的人都不是空话，要基于敏锐地感知、察觉到他人的福祉与需要，预见到自己的行为对他人的影响。道德敏感性是道德行为生成的起点，是社会同情生发的逻辑前提。

---

① 刘曙辉：《论道德冷漠》，载《道德与文明》，2008(4)。
② 陈伟宏：《论道德冷漠及其化解路径》，载《哲学动态》，2017(11)。

道德敏感性首先是对自己所遭遇的事件或情境的敏感性。一个对什么都无所谓、没有感觉、冷漠的个体，是很难有同情心的；一个对于自身遭遇比较敏感的个体，往往会比较容易地唤起对他人遭遇的同情。"对自己的不幸几乎没有什么感受的人，对他人的不幸必然也总是没有什么感受，而且更不愿意去解除这些不幸。对自己蒙受的伤害几乎没有什么愤恨的人，对他人蒙受的伤害必然也总是没有什么愤恨，并且更不愿意去保护他人或为他人复仇。对人类生活中的各种事变麻木不仁，必然会消减对自己行为合宜性的一切热切而又诚挚的关注。这种关注，构成了美德的真正精髓。"①同时需要指出，敏感性仅仅是引发同情的一个条件，而不是全部。儿童若是对自己的遭遇过于敏感而缺乏合宜的控制，往往也没法发展出合宜的同情。

儿童同情心的培育离不开道德敏感性，因而应避免"无所谓""没感觉"的道德冷漠、残酷无情。叔本华曾说："没有什么东西比残酷能引起我们的道德感更多的厌恶了。我们能够原谅所有其他过错，但不能原谅残酷。其理由见于这一事实：残酷无情正是同情的对立物。"②冷漠无情的人对于他人的遭遇不会有感觉，当然也不会引发同情。在苏霍姆林斯基看来，若要避免道德冷漠、残酷无情，就要善于感觉到身边的人，要善于理解他的心，要善于从他的眼里看到他那复杂的精神世界，诸如

---

① ［英］亚当·斯密：《道德情操论》，蒋自强、钦北愚、朱钟棣等译，318 页，北京，商务印书馆，1997。

② ［德］叔本华：《伦理学的两个基本问题》，任立、孟庆时译，261 页，北京，商务印书馆，1996。

欢乐、痛苦、不幸、灾难等。你要想到并感觉到你的举止如何
会直接影响他人的精神状况，不要以自己的行为去使他人痛
苦、受辱、不宁和心情沉重。要善于支持、帮助、鼓励有痛苦
的人。① 儿童要对周围的人、身边的事件保持一种关切，多想
一想他人的遭遇、多设身处地地体会他人的感觉，而不能抱有
一种"各人自扫门前雪，莫管他人瓦上霜"的冷漠、无情的
态度。

　　基于同情的正义感具有一种交互性特质，其包含的义愤、
内疚、赞赏、感激等情感的生成都离不开对于他人境遇的感
知、理解与共鸣。若是缺乏必要的道德敏感性，当他人受到不
义对待、遭受损害时，很难产生义愤的情感，当自己的不义行
为给他人造成损害时，难以产生内疚（负罪）的情感，当他人受
到关心爱护与自己受到他人关心爱护时，赞赏（敬佩）与感激的
情感也难以生成。"一个人若是在道德情感上麻木和淡漠，就
不可能主动地与他人进行正常的伦理交往，从而错失与他人产
生道德情感共鸣的机遇；在需要作出道德行为决断时，自然就
不会从利他的角度为他人着想，而是有意无意地逃避甚至拒绝
那些合乎正义和善的道德要求的行为，表现为'事不关己，高
高挂起'。"②

　　在儿童教育中，我们要认识到正面情绪对于儿童敏感性的

---

　　① ［苏联］苏霍姆林斯基：《怎样培养真正的人》，蔡汀译，62 页，北京，教育科学
出版社，1992。
　　② 陈伟宏：《论道德冷漠及其化解路径》，载《哲学动态》，2017(11)。

重要意义，不能压制这种情绪。儿童遇到开心的事情（可能是他自己也可能是同伴的事情）时，往往会出现手舞足蹈、兴奋尖叫等行为。这个时候，教师或家长不能以做人要"低调""谦虚"等理由来压制儿童的这种情绪表达。否则长此以往，儿童就会觉得此类事情没意思、没感觉。同样，在儿童因遇到不义之事而表现出气愤、愤慨、痛苦等负面情绪时，也要允许儿童宣泄，并给予儿童伸张正义的途径。只有这样，儿童才能保持对于正义与不义之事的敏感性。当不义之事发生时，儿童就能很容易地唤起自己相应的情绪，产生与当事人相类似的情绪反应。

三、培养一种理性谨慎的道德理智感

正义感作为一种道德情感，与个体的情感或者感觉有关。这就需要关注到个体所处的具体情境，需要道德想象力与道德敏感性。同时，道德情感不能离开普遍的正义原则，它是判断是非善恶、正当与否的根据。个体需要关注到道德理智感，以理性的、反思性的态度来审视我们身边的道德事件。

关于道德判断，不同的学者有着不同的理解。例如：休谟强调情感对于个体道德的作用，而忽略了理性对情感的支撑作用；康德强调理性，而忽视了情感对理性判断的诱发影响；亚当·斯密关注到理性与情感的统一，认识到这两个因素交织于人们关于是非对错、赞同与不赞同的道德判断之中。亚当·斯密认为"美德存在于同理性一致之中"，"理性就被看作赞同或

不赞同的原始根源和本原"，这在某些方面是正确的。凭借理性，人们形成有关是非对错、正当与否的"应该据以约束自己行为的有关正义的一般准则"。① 同时，亚当·斯密认识到情感或者感性的作用。人们关于是非善恶、厌恶或愉悦的最初的感觉，以及所有其他赖以形成一般准则与规范的实际经验，都不是来源于理性，而是直接感觉的对象。虽然理性无疑是道德一般准则的根源，也是我们借以形成所有道德判断的根源，但是如果认为有关是非对错的最初感觉来自理性，是十分可笑和费解的。② 从亚当·斯密的阐述中，我们知道感性与理性同等重要，都是进行道德判断不可缺少的。正义感的培育离不开感性色彩较浓的道德想象力与道德敏感性，同样离不开以理性为基质的道德理智感。情理双彰，才能合乎情理、落于情理之中。

其实，道德想象力与道德敏感性本身也具有理性的、认知的维度，是情感性与理性兼具的。想象力、敏感性多与感觉、情感有关，但都离不开理性的、反思性的道德判断，也就是离不开道德理智感。道德想象力具有情感性，这一点无可置疑，但如果仅仅从情感的角度去理解、限定道德想象力，那就有问题了。情感主义伦理学看到了道德想象力的情感性，认知学派则"发现"了道德想象力的认知性。③ 若是在道德判断上是非善

---

① ［英］亚当·斯密：《道德情操论》，蒋自强、钦北愚、朱钟棣等译，422页，北京，商务印书馆，1997。
② ［英］亚当·斯密：《道德情操论》，蒋自强、钦北愚、朱钟棣等译，423页，北京，商务印书馆，1997。
③ 高德胜：《道德想象力与道德教育》，载《教育研究》，2019(1)。

恶不分，缺乏基础性的道德知识、规范、准则，缺乏基本的道德理智感，缺乏基本的理性化的道德能力，是没法形成基本的社会同情与正义感的。

人们若是缺乏对于日常事件或境遇的基本感受能力，就没法唤起同情心。那么，若是缺乏道德理智感，非理性地与他人同喜同悲，会出现一种什么样的状况呢？这可能会使人们迷失方向而不知所措，出现同情泛化。

有这样一个故事：一名网友发文称"今天大雨，楼下快递员冒雨送快递，一车快递被偷得没剩几件了，在雨中大哭，一直在嘶吼'这叫我怎么办，怎么办'，那个偷快递（物品）的人，良心不会痛吗！"很多网友纷纷评论，强烈谴责"偷快递（物品）"的人，对于快递员的遭遇给予了同情。然而，警方在调查之后发现，快递员并没有丢失快递（物品），在雨中哭泣是因为与女朋友吵架。在这里，我们不能怀疑拍摄、发布视频的人的同情心，她看见快递员在雨中哭泣并且快递物品凌乱，误以为快递物品丢失。同样，我们也不能怀疑评论者们的同情心，他们看到视频后误以为发文网友描述的是事实，就同情快递员，谴责"偷窃行为"。类似的事件有很多，有的当事人甚至还通过欺骗的手段来博取大家的同情。对于这类事情，我们真应该在理性地了解情况之后再作出恰当的反应。同情离开了理性，将会迷失方向。

作为一种道德情感，同情从来都是与正当性有关联的，我们所追求的同情是那种道德化了的同情。同情是一种对不应受害之人遭受了毁灭性的或令人苦痛的不幸的情感反应，对于那些"应得"的伤害则不必同情，而应该感激"利他惩罚者"让不当行为遭到了应有的惩罚。[①] 对这些行为的正当性的区分，依赖于个体的道德理智感。虽然道德哲学中情感主义与理性主义的对立一直存在，休谟、亚当·斯密、叔本华等人关于正义与同情的论述多出自情感主义理论，但理性在个体正义理论中的作用不可否认。康德认为，最高道德原则是以纯粹理性为根据的，独立于一切经验。[②] 借助于理性，人们认识自我、了解世界，也为社会确立了正义的原则；借助于正义原则，人们了解善的观念——什么是正当的，应该做什么。苏格拉底早就说过："认识自己的人，知道什么事对于自己合适，并且能够分辨，自己能做什么，不能做什么，而且由于做自己所懂得的事就得到了自己所需要的东西，从而繁荣昌盛，不做自己所不懂的事就不至于犯错误，从而避免祸患。"[③]个体的同情不能只有情感纬度，还要有理性纬度。同情应该是理性化的，不能仅仅停留在前道德化阶段。努斯鲍姆明确地说："我们要培养一种合适的同情，它是建立在理性判断基础上的同情。"[④]卢梭则说："因为在一切美德中，正义是最有助于人类的共同福利的。理

---

① ［古希腊］亚理斯多德：《修辞学》，罗念生译，89 页，北京，生活·读书·新知三联书店，1991。

② ［德］康德：《道德形而上学原理》，苗力田译，26～27 页，上海，上海人民出版社，2005。

③ ［古希腊］色诺芬：《回忆苏格拉底》，吴永泉译，149～150 页，北京，商务印书馆，1984。

④ Nussbaum Martha C, *Upheavals of Thought*: *The Intelligence of Emotions*, Cambridge, Cambridge University Press, 2001.

智和自爱使我们同情我们的人类更甚于同情我们的邻居；而同情坏人，就是对其他的人极其残忍。"①

　　道德理智感表现为一种理性的、反思性的道德判断。若是要发展儿童的道德判断能力，教师或者家长就要具有理性精神，在日常生活中允许并鼓励儿童参与活动、独立思考、发表自己的看法，减少知识灌输与道德强制。教师要使教学活动真正成为一种理性的思考或探险活动。②"在教学过程中，教师应该遵从理性的要求，一方面允许学生对任何的教材知识进行理性的质疑和思考，另一方面也将坦然地接受学生对教材知识以及自己对教材知识的理解进行理性质疑和思考的结果，绝不以个人的权威或教材知识的权威去压制学生的理性权利。"③在这个过程中，教师要承认儿童的理性能力、要做到"理智上的诚实"，课堂要成为师生理性思考、讨论的场域。在理性思考、讨论中，儿童形成了关于"对与错""善与恶""正当与不正当""正义与不义"的价值标准。依据这种标准，儿童慢慢建立起基于理性的合适的同情心。

第四节　基于社会同情的儿童正义感培育途径

　　儿童正义感所依赖的社会同情基础需要建设，这是毋庸置

---

　　①　[法]卢梭：《爱弥儿：论教育（上卷）》，李平沤译，393页，北京，商务印书馆，2009。
　　②　石中英：《教学：一种理性的探险》，载《教育科学研究》，2003(5)。
　　③　石中英：《理性的教化与教学的理性化》，载《高教探索》，2002(4)。

疑的。建设富有同情的学校氛围可以专门化，学校通过开展专门的活动可以有效增强同情氛围。儿童正义感培育可依托于日常教育教学、家庭生活中的各项活动，通过社会同情来进行，而不必脱离学校教育与日常生活另起炉灶、专门化地开展。

一、融入日常而非专门化培育

专门开展同情氛围的营造费时费力而且缺乏效率。基于社会同情的儿童正义感培育，是与儿童整全的生活紧密联系在一起的。脱离了丰富多样的生活，社会同情的建设将无从谈起，儿童正义感的发展也将是空中楼阁。只要做好了日常教育教学活动、过好了家庭生活，社会同情与儿童正义感也就自然而然地发展起来了。

立足于社会同情的产生机制，需要改变儿童当前单一化的生活方式，让儿童拥有丰富多样的社会经验、体验，能够充分了解不同人群的喜、怒、哀、惧、爱、恶、欲。它需要儿童多观察、多体验、多想象、多理解真切的社会生活，发现、认识、体验不同的生活并感受不一样的人生境遇，还要多设身处地思考问题。只有这样，才能形成对于不义行为的愤慨、气愤、内疚与对于正义行为的欣赏、感激、满足等情感，获得多样的情感体验、感同身受的情感共鸣与普遍的正义价值信仰。

丰富多样的生活体验是儿童同情心发展的基础。怎样才能让儿童通过日常教育教学、生活来丰富体验，愿意设身处地思考问题呢？这个问题需要依据同情的产生机制来讨论。石中英认为，同情的产生机制大概有五种：基于观察的同情是指通过对他人或某一社会群体处境及其感受的观察，受到他们情绪的感染，从而产生对他们某种情感体验的同感；基于理解的同情是指设身处地地站在他人或某一社会群体的立场，从而理解他们的行为和感受，参与或进入他们的情感当中，与他们的情感产生共鸣；基于想象的同情是指主体通过对自身行为可能造成（实际尚未发生）的对他人或某一社会群体的影响及其感受的想象而在情感上产生共鸣；基于体验或再体验的同情是指相同或相似的体验能够帮助旁观者对当事人的感受保持一种高度的敏感，并由此更容易产生同感；基于信仰的同情是指基于某些宗教的、伦理的或政治的信仰而产生的对他人或某一社会群体遭遇及感受的同感。[①] 这五种同情的产生机制往往是组合在一起的，同时发挥作用。我们培育儿童同情心时，要充分关注到这五种机制。

二、借助于日常教育的形成机制

之所以称为"借助"，是因为下面这些方法是日常促进教育教学的基本方法，不是专门为培育儿童正义感准备的，也不是以培育同情心为目的的，正义感与同情心的发展只是这些方法的"副产品"罢了。本书将通过日常教育教学、生活中的合作学习、角色扮演、服务学习、榜样学习等方法来阐述儿童正义感的培育。当然，培育儿童正义感的方法远远不止这几种。

---

① 石中英：《社会同情与公民形成》，载《北京师范大学学报（社会科学版）》，2012（2）。

（一）借助于合作学习促进儿童间交流，以实现主体间理解

合作学习不仅可以有效地增强儿童学习的效果，还可以促进儿童情感、价值观念发展。在合作学习中，儿童围绕学习任务进行分组，在小组中扮演不同的角色，并向小组其他成员汇报自己完成的学习任务。小组成员一起平等、自由地讨论、交流，相互补充，最后形成小组共识。合作学习改变了"填鸭式""灌输式"的学习方式，儿童更加积极主动地参与到学习活动中去，对于问题有了独特而深刻的理解，学习体验也变得丰富起来。通过视角的转换，儿童分享自己的理解、倾听同伴的理解，并在讨论、交流中实现了对于问题的多样化理解，而不仅仅局限于教师或者教材编写者的单方面理解。

这种对于问题的多样化理解，意味着儿童走出"个人中心"，实现了视角转换、视域融合，为正义感的发展提供了情感基础。即儿童了解到人们对于身处其中的世界有着不同的理解与感受，更认识到需要倾听他人的观点与看法，只有这样才能促使人们更好地生活。当理解这些之后，儿童就会愿意从他人的立场和视角来设身处地思考问题，体会不同的情绪情感和价值观念。当这种合作成为一种常态时，儿童从他人的立场和视角来思考问题也就会变成一种习惯，那种设身处地地感受他人痛苦或愉悦的正义感也会自然而然地发展起来。

（二）借助于角色扮演体验他人的感受，以实现主体间情感共通

　　每个人都在社会生活中扮演着不同的角色，承担着不同的职责。不同的人所处的社会环境不同，决定了不同的角色承担者对于社会中的事与物有着不同的理解。主体在一定的社会中必然具有特定地位及随之而来的角色，这都制约着人们行为的发生和选择。[①] 某人扮演某种角色，既意味着这种角色的行为规范与期待和他人不同，也意味着这种角色所依赖的情感与价值观念和他人不同。不同的人所扮演的角色不同，就会造成经验、感受的不同，其对于社会价值的理解也就不同。在不能理解其他人的境遇经验、价值情感时，儿童正义感很难被唤醒。

　　儿童缺乏在不同情境中的角色体验，是很难产生同情的，也就难以生发正义感。卢梭曾说，不一定要亲自去体验，但模拟体验还是必要的。"要同情别人的痛苦，当然要知道别人的痛苦是怎样一回事情，但不一定要自己去感受那种痛苦。"[②]若要促进儿童正义感发展，就需要丰富儿童的角色体验。"社会角色体验或扮演能够增加青少年学生自身的社会生活经验，也能够帮助他们学习设身处地站在他者的立场来理解和感受他者

　　① ［日］横山宁夫：《社会学概论》，毛良鸿、朱阿根、曹俊德译，85 页，上海，上海译文出版社，1983。

　　② ［法］卢梭：《爱弥儿：论教育（上卷）》，李平沤译，348 页，北京，商务印书馆，2009。

的行为与感受，从而产生基于社会体验或再体验的社会同情。"①角色扮演可以有效地促使儿童转换角色，了解到不同的角色在不同情境中的不同情感体验，体验到不同的人在不同情境中的不同感受，从而有利于更好地理解他人，促进正义感所依赖的相互性态度的发展。

（三）借助于服务学习了解社会问题，以获得真切的社会性体验

现实生活中的观察或体验是"同情现象产生最直接的路径，通过对他人或某一社会群体处境及其感受的观察，受到他们的情绪的感染，从而产生对他们某种情感体验的同感"②。卢梭认为："没有体会过痛苦的人，就不能理解人类爱的厚道和同情的温暖；这样的人势必心如铁石，不与他人相往来，他将成为人类中的一个怪物。"③儿童对社会具体情况或者他人的境遇一无所知时，就难以产生对他人、对社会的同情，也难以产生保护弱者的正义感。可见，直接的观察、直接而丰富的体验对于儿童正义感的发展至关重要。儿童长时间生活在学校里面，经过净化、简化、纯化的学校教育往往不能给儿童提供多样的社会经验与体验。这就必然要求儿童走向社会，去了解不同社会群体的社会需要、价值观念、情感态度，面临着什么样的社

---

①②　石中英：《社会同情与公民形成》，载《北京师范大学学报（社会科学版）》，2012（2）。

③　[法]卢梭：《爱弥儿：论教育（上卷）》，李平沤译，95页，北京，商务印书馆，2009。

会问题，苦恼什么，在意的东西又是什么。

对于拓展学生社会体验，社会志愿服务、社会调查、场馆参观、研学旅行等方式都起到了很好的作用。近年来，服务学习成为一种重要的学习方式，它把学术学习与社会服务结合起来，通过社会服务来促进学术学习，也可以把学习成果运用到社会服务之中。在服务学习中，儿童可以接触不同人群，了解不同人群的想法，体验不同人群的情感。同时，在服务、帮助社会人群中及时得到被服务、帮助人群的情感反馈，加深自己的情感体验。在服务学习中，"引领他们自主、充分和深度的参与，促进他们与调查对象之间的充分交流和对话，从而为他们营造一种身临其境、移情理解、情感共鸣的良好环境"①。

(四)借助于榜样学习理解社会所信仰的普遍正义价值

英雄榜样身上集中体现了社会道德理想和基本价值，他们激励着人们，也引发人们积极学习、效仿。贺麟认为，英雄"就是伟大人格，确切点说，英雄就是永恒价值的代表者或实现者。永恒价值乃是指真善美的价值而言，能够代表或实现真善美的人就可以叫做英雄。真善美是人类文化最高的理想，所以英雄可以说是人类文化的创造者或贡献者，也可以说是使人类理想价值具体化的人"②。在某种意义上，英雄榜样是社会崇高正义价值的体现，展现了人们共同期待的价值品质，也是一

---

① 石中英：《社会同情与公民形成》，载《北京师范大学学报(社会科学版)》，2012(2)。

② 贺麟：《文化与人生》，71~72页，北京，商务印书馆，1988。

种普遍正义价值信仰的体现。作为一种价值信仰，英雄榜样对于儿童具有价值示范的作用，引导他们理解什么是应该做的、什么是值得同情也应该同情的，并愿意采取正义的行动。例如，儿童阅读了《周总理的睡衣》之后，对于那些勤俭节约的人会产生愉悦的正义感，对于那些懒惰成性、铺张浪费的人则会产生厌恶的正义感，也愿意抵制铺张浪费，做一个勤俭节约的人。若要进一步激发儿童的正义感，教师不仅要在榜样教育中真实地展示英雄榜样，而且要呈现出英雄榜样的内心纠结。在这个过程中，儿童逐渐了解到不同价值之间的冲突，并理解、体会到这种价值冲突，从而对人们做出类似英雄榜样的价值选择行为给予赞赏。

　　虽然可以专门开展一些关于正义感的培训，但要基于同情共感机制、依托日常教育教学来培育儿童正义感。具备了正义感的儿童自然而然就会知晓正义与否，形成渴望正义、厌恶不义的情感态度，具有强烈的依照正义行事的欲望。

第四章

良善生活：儿童正义感发展的生活土壤

> 过什么生活，便是受什么教育；过好的生活，便是受好的教育；过坏的生活，便是受坏的教育……我们要想受什么教育，便须过什么生活。[①]

> 当制度（按照这个观念的规定）是正义的时，那对参与着这些社会安排的人们就获得一种相应的正义感和尽到他们自己的努力来维护这种制度的欲望。[②]

启蒙的理想是使人过上一种合乎正义精神的、有尊严的良善生活。我们要认识到良善生活是学生成长的基础，是学生幸福和快乐的根源。良善的学校生活是一种具有人性化、良序化与教育性的生活，使每一名学生都能获得多方面发展并感受到普遍尊重与承认。若要形成这种生活，学校要实现一种合乎正

① 董宝良：《陶行知教育论著选》，377 页，北京，人民教育出版社，2015。
② ［美］罗尔斯：《正义论：修订版》，何怀宏、何包钢、廖申白译，359 页，北京，中国社会科学出版社，2009。

义的良序善治，尊重每一名学生的价值与意义：以人性逻辑取代物性逻辑，尊重并理解学生独特的个体性与丰富的多样性；以引导规范取代强制管束，呵护并引导学生独特的个体性与丰富的多样性；以尊重承认取代羞辱排斥，重视并赞许学生独特的个体性与丰富的多样性。

然而，学校为了追求效率，在制度安排上出现了一种追求标准化的治理倾向。面对这种倾向，人们需要关注到良善制度对学校治理的重要价值。只有良善制度才能保障学校实现良序善治，它是学校良序善治的支撑性因素，以关照人的存在为人性前提、以自由平等为价值基础、以理性协商为形成机制。

第一节 良善生活：正义感发展的日常形态

良善生活与正义感是互为条件的。社会的良善生活需要个体正义感，没有正义感，良善生活是不可能实现的。同样，个体正义感的形成也离不开良善生活的滋养，在一个不义的环境中，个体正义感的发展是艰难的。良善生活与个体正义感之间的关系犹如"鸡"与"蛋"的关系，很难说清谁是谁的条件，但有一点是可以确定的，那就是它们一荣俱荣，一损俱损。若从儿童正义感形成的角度来说，毫无疑问的是：我们的学校需要构建一种良善生活，在这种生活环境中培育儿童正义感。

一、良善生活是正义感发展的生活基础

正义感是人们按照正义原则或观念行正义之事的情感倾向

性，这种情感倾向性在正常的社会环境中会自然而然地形成。罗尔斯认为，每个达到某一年龄和具有必要理智能力的人在正常的社会环境中都会建立正义感。那么，在不正常的社会环境即缺乏爱、关心、友善、信任、尊重以及互惠的环境中，人们的正义感的形成就会变得很困难。例如前面提到的罗尔斯在分析正义感时提出的三条法则。我们一旦产生了和前面两条法则相对应的爱与关心、友谊与互信的态度，我们和我们所关心的那些人都是一种牢固而持久的正义制度的受益者这样一种认识就会在我们身上产生一种相应的正义感。①

正义感形成的法则表明儿童正义感的形成不是无条件的，需要基于一种良善生活。我们需要构建一种良善生活——让儿童感受到爱、关心、友善、信任、尊重以及互惠的环境，并且让儿童能够认识到正义作为一种普遍规范支配着大家的行为。

良善生活是儿童正义感发展的基础，它是一种合乎正义的、消除宰制和压迫的、人性受到普遍尊重的生活。在学校生活中，学生获得多方面生活能力，感受到普遍的尊重与承认，获得价值感与幸福感。学校教育要为所有人提供发挥自身潜能的机会，以实现可持续的未来，过上有尊严的生活。为了让学生过上良善生活，学校治理必须走向良序善治。正如联合国教科文组织在《反思教育：向"全球共同利益"的理念转变?》中提出的那样，维护和增强个人在其他人和自然面前的尊严、能力

---

① ［美］罗尔斯：《正义论：修订版》，何怀宏、何包钢、廖申白译，374页，北京，中国社会科学出版社，2009。

和福祉，应是 21 世纪教育的根本宗旨。[①]

　　良善生活是一种好生活，是一种人性得到充分尊重、道德秩序良好且充满善意的生活。良善的学校生活是儿童成长的基础。离开了良善生活，儿童的幸福生活将会变得艰难。

二、良善的学校生活是人性化生活

　　良善生活是一种人性化的生活——尊重人、把人当作人、关注人的价值与尊严的生活，能够充分发挥人的潜能与创造力的生活。许多讨论正义的学者将自尊视为首要的善，认为只有人人拥有自尊的社会才称得上是正义的社会。[②] 用康德的话说，人是目的。"你的行动，要把你自己人身中的人性，和其他人身中的人性，在任何时候都同样看作是目的，永远不能只看作是手段。"[③]为了良善生活，学校良序善治应该遵循"人性逻辑"，捍卫学生作为人的尊严以及肯定学生作为儿童的价值。具有独特个体性与丰富多样性的人是学校良序善治的价值基点。任何一种否定学生独特个体性与丰富多样性的治理模式，无论以何种面孔出现，都会因为缺乏伦理正当性而遭人摒弃。

　　为了良善生活，学校教育应该以人为目的，尊重人的价值，合乎人道主义精神。从这种意义上说，良善生活在目的上

---

　　① 联合国教科文组织：《反思教育：向"全球共同利益"的理念转变?》，联合国教科文组织总部中文科译，3 页，北京，教育科学出版社，2017。

　　② ［美］艾丽斯·M.杨：《正义与差异政治》，李诚予、刘靖子译，30 页，北京，中国政法大学出版社，2017。

　　③ ［德］康德：《道德形而上学原理》，苗力田译，48 页，上海，上海人民出版社，2005。

以人道主义为价值原则，非人化的管制约束都是反教育、非人道的。学校生活是建立在人的尊严和价值的基础上的。在人类历史上，人道主义是指一些思想和努力的总和，这些思想和努力是建立在尊重人的价值、相信人的可教化性和发展能力上的。在人道主义者的眼中，"人是最高的价值和宝贵的社会财富"。"无论过去还是现在，这条原则对于以人道主义为取向的哲学来说，都是经久不衰的原则。不少哲学学说和流派发展和丰富了这条原则：从宣布'人是万物的尺度'的普罗塔哥拉，从文艺复兴时期的人文主义者，从说'人是社会发展的目的本身'的康德，直到马克思——他以新方式接受了这条原则，把它解释为社会和人的发展的客观目标。"①人的自由而全面的发展是教育的最高指向。学校的各项活动要以学生的发展为目的，把学生培育成兼具主体性与公共性、自由而理性的人。学生自由而全面发展是学校各项活动的首要原则，忽视人的教育是一种病态教育，非人化的管制是一种不道德的教育管理方式。

三、良善的学校生活是良序化生活

秩序是人们社会生活的前提，良好的秩序是良善生活的特征，但这并不意味着要以秩序为目的。秩序仅仅是一种手段善，是为人的发展服务的。哈耶克认为："人不仅是一种追求目的（purpose-seeking）的动物，而且在很大程度也是一种遵循

---

① ［苏联］布耶娃：《人是最高的价值和宝贵的社会财富》，载《哲学译丛》，1991(6)。

规则（rule-following）的动物。"①良善生活应该是一种良序化生活——稳定的、井然有序的生活。这种井然有序不仅仅指学校教育秩序良好，更涉及深层次的学校教育价值秩序的稳定。良序社会是一个被设计来发展它的成员们的善，并由一个公共的正义观念有效地调节着的社会。② 良序化生活是一种善观念和正义观念调节下的生活。在这种生活中，学校能够发展全部学生的善，社会基本善能得到合理配置，权利与义务明晰且相称，广大学生具有充分的教育自由、平等的参与机会、恰当的学业评价、有尊严的生活。诚如罗尔斯所言，当一个社会不仅旨在推进它的成员的利益，而且有效地受着一种公共的正义观调节时，它就是一个良序社会。在那里，每个人都接受也都知道别人接受同样的正义原则，基本的社会制度普遍地满足也普遍为人所知地满足这些原则。③

　　一方面，良序化生活是能够满足学生共同利益的生活。在学校中，每一名学生的潜能的充分自由发展是学校最大的善，也是学校共同体的最根本利益所在。那些仅仅关注升学、应试的学校生活再怎么秩序良好，也不是一种可欲求的良善生活。儿童可欲求的良善生活应该围绕"四个学会"来组织、安排。在

----

① ［英］哈耶克：《法律、立法与自由》第 1 卷，邓正来译，7 页，北京，中国大百科全书出版社，2000。

② ［美］罗尔斯：《正义论：修订版》，何怀宏、何包钢、廖申白译，358 页，北京，中国社会科学出版社，2009。

③ ［美］罗尔斯：《正义论：修订版》，何怀宏、何包钢、廖申白译，4 页，北京，中国社会科学出版社，2009。

这种生活中，学生学会认知，即获取理解的手段；学会做事，以便能够对自己所处的环境产生影响；学会共同生活，以便与他人一道参加人的所有活动并在这些活动中进行合作；最后是学会生存，这是前三种学习成果的主要表现形式。[①] 每一名儿童都能充分学会如何认知、做事、共处，都能充分发挥创造潜能的时候，学校生活就真正成为良序化生活、可欲求的良善生活了。

　　另一方面，良序化生活是正义观念所调节的生活。学校生活中的不同个体虽然有着共同的利益或者共同的善，但在具体的情境中会出现很多分歧。这就需要正义观念的规范与调节，否则学校生活会陷入混乱。在这种生活中，一种公共的正义观构成了一个良序的人类联合体的基本宪章。[②] 教育基本善的配置应该是合乎正义的。所有的社会价值都应该平等地分配，除非这些价值或其中任何一种价值的不平等分配有利于每一个人。[③] 首先，教育机会的分配应是平等的，所有的学生都应该享受平等的教育对待，不划分重点班与非重点班、不排斥班级中学业暂时落后的学生。其次，学生能够充分地、自由地参与到学校教育活动中来，无论是课堂教学还是课外活动都不能是少数学生的表现机会，而应该让所有学生加入进来。最后，学

---

①　联合国教科文组织总部：《教育：财富蕴藏其中》，联合国教科文组织总部中文科译，75 页，北京，教育科学出版社，2001。

②　[美]罗尔斯：《正义论：修订版》，何怀宏、何包钢、廖申白译，4 页，北京，中国社会科学出版社，2009。

③　[美]罗尔斯：《正义论：修订版》，何怀宏、何包钢、廖申白译，62 页，北京，中国社会科学出版社，2009。

校教育中的荣誉分配、干部推荐、惩戒措施等都应该是民主、公开、透明的。

良序化生活的问题表面上看是外在化的秩序问题，实质上是内在化的正义观念问题。良序化生活是一种能够最大程度地促进学生利益或者基本善发展的生活，同时，这种过程应该是在正义观念调节下的，不应该是歧视性与排斥性的。只有符合了这两点，学校生活才能真正表现出一种井然有序的状态，学生也才能真正过上一种正义的良善生活。

四、良善的学校生活是教育性生活

学校生活与其他领域的生活是不同的。良善生活在学校生活中有着独特的表现，促进学生自由而全面发展是最重要的教育善。形成一种促进学生发展的教育关系是学校生活的重要追求。学校生活的特殊性在于它是具有教育学意义的生活，是围绕着学生成长而形成的生活。范梅南认为，教育的关系是成人和儿童间的意向性的关系，在这种关系中，成人的奉献和意向是让儿童茁壮成长，走向成熟。① 在教育关系中，教育行为是指向学生个人发展的，而不是指向什么外在的其他目的。教育学使我们心向着儿童、心向着儿童生存和成长的固有本性。② 所以，只有充分体现教育学意义、充分展示教育关系的学校生活，才能说是正义的、良善的学校生活。

---

① ［加拿大］范梅南：《教学机智：教育智慧的意蕴》，李树英译，101 页，北京，教育科学出版社，2001。

② ［加拿大］范梅南：《教学机智：教育智慧的意蕴》，李树英译，44 页，北京，教育科学出版社，2001。

其一，学校生活要"心向着学生"而迷恋学生成长。迷恋学生成长，形成普遍的教育关系，是学校生活相对于其他生活所具有的本质特征。基于此，我们知道并不是所有教师与学生之间的交往都是教育交往，也并不是所有教师与学生在一起的情境都具有教育意味，只有教师"心向着学生"、关心学生及其发展的情境与交往才具有教育学意义。在基于教育关系的学校生活中，教师"出于向善的，为学生好的动机"而行动，意向是为了加强学生的"生存和成长"，而不能为了成人化、外在化的目的牺牲学生当下的成长，否定当下生活的价值与意义。正义的良善生活应该是能够促进学生多样化成长的生活。学校生活中的各项活动安排与制度设计要紧紧围绕学生的发展，而不是为了"应试""分数"等工具性目的。若学校生活中的各项活动安排与制度设计不能促进学生健康成长与自由发展，那么这种学校生活很难说具有伦理上的正当性。

其二，学校生活要承认学生的不成熟状态而促进其成长。不成熟是学生的基本特征，更是教育存在的前提。学校生活就要尊重这种状态。人生来是一种"有缺陷的生物"。为了弥补缺陷，人需要后天的帮助，而这种帮助便是今天所说的教育。① 传统的观点认为，不成熟状态是教育所要极力消除的，殊不知正是这种状态才使得教育的存在具有了必要性。不成熟对于学生来说不是消极的，而是具有积极的意义。"未成熟状态就是

① ［德］博尔诺夫：《教育人类学》，李其龙等译，36～37 页，上海，华东师范大学出版社，1999。

有生长的可能性”，“生长的首要条件是未成熟状态”。“未成熟状态就是一种积极的势力或能力。”①只有尊重这种不成熟状态，才能更好地帮助学生成熟起来。那种不尊重学生不成熟状态的学校教育是对教育的否定。

正义的良善生活应该积极对待不成熟的学生与学生的不成熟状态。教师尊重学生的不成熟状态意味着不干涉学生正常的成长，宽容他们所犯的错误。教师要爱与关心每一名学生，而不能以各种成熟的标准来衡量学生的发展，进而排斥那些所谓“后进生”并歧视性地对待他们。没有爱的教育不是教育，教育者对孩子们的教育爱是教育关系发展的先决条件。②

正义的良善生活是一种相信自我、不断进行自我肯定与承认的生活。在工具理性主导的生活模式中，学校把考试成绩作为追求的目标，而把人当作控制的对象，对学生实行标准化管理、非人化控制。教师与学生的行动不再依赖于自我的价值判断，仅仅依靠既定的规则。依规而行就可以了，人人都一样，不存在差异性，无一例外。教师与学生不再需要进行自主的价值判断时，他们也就不再需要价值感了，不需要思考“什么是正当的，什么是不正当的”，仅仅需要思考“什么是要求我做的”。借用马克思在《1844 年经济学哲学手稿》中的话，教师与学生在学校生活中不是肯定自己，而是否定自己，不是感到幸

———————————

①　[美]杜威：《民主主义与教育》，王承绪译，49～50 页，北京，人民教育出版社，2001。

②　[加拿大]范梅南：《教学机智：教育智慧的意蕴》，李树英译，88 页，北京，教育科学出版社，2001。

福，而是感到不幸，不是自由地发挥自己的体力和智力，而是使自己的肉体受折磨、精神遭摧残。①

第二节　不义倾向：非人化控制
及去道德化的制度安排

欲知不义，必先了解正义是什么。从分配的视角看，正义是按照"得其应得"原则将社会的权益与责任在其成员间进行合适的分配。这一点得到了大部分人的赞同。例如，罗尔斯基于无知之幕提出了社会正义的两个基本原则，虽然诺齐克、德沃金、桑德尔等人提出了疑义，但他们的区别仅仅在于如何分配社会的权益与责任是正当的、何种分配原则是合理的。跳出分配正义的艾丽斯·杨则认为，虽然正义包含了社会基本善的合理分配，但是将社会正义简化成分配问题则是错误的。② 正义在概念上必须包含使人获得能力的意涵，它不仅关系到分配，还涉及个体发展与实现其潜能。所有人都应当有机会在社会所认可的环境中发展和运用其技能。③ 所有人得到全面发展、充分地参与社会生活，消除宰制与压迫的社会，才是正义的社会。不义的社会则是人的尊严不能得到尊重，个人的潜力不能

---

① 马克思：《1844年经济学哲学手稿》，43页，北京，人民出版社，2002。

② ［美］艾丽斯·M. 杨：《正义与差异政治》，李诚予、刘靖子译，17页，北京，中国政法大学出版社，2017。

③ ［美］艾丽斯·M. 杨：《正义与差异政治》，李诚予、刘靖子译，266页，北京，中国政法大学出版社，2017。

获得充分发展，个人不能获得正确对待的社会。

在人类发展史上，理性作为一种解放性力量，让人不再屈从于外在权威，开启了现代化的社会生活。从某种意义上说，理性是现代社会生活的主导原则，社会现代化是一种理性化的过程。但是令人遗憾的是，工具理性的宰制与压迫导致了一种现代性危机，致使人类没有进入真正的人性状态，反而深深地陷入了野蛮状态。① 这种野蛮是一种工具理性排斥、否定人的多样性、差异性的状态。马克斯·韦伯认为，社会的理性化包括工具理性与价值理性两个方面，这两个方面在理论上应该是同构的，在社会生活中却发生了对立，工具理性压制了价值理性而支配着社会生活。由于失去了价值理性的看护，工具理性就成为一种强化控制、关注秩序、追求效率的宰制性力量。"由于合理化的技术统治和官僚制的作用，……现代社会……在许多方面被管理得象机器那样有条不紊的运转。"②在工具理性的宰制下，人被非人化的技术与制度所控制，陷入了"理性的铁笼"。人的丰富性、多样性就会受到限制，儿童的发展也呈现出一种同一化的现象。

一、麦当劳化与工具理性的宰制

基于工具理性的技术统治和官僚制否认学生的生命价值以及独特体验，导致学生的价值单一化与丰富意义的丧失。乔

---

① ［德］霍克海默、阿道尔诺：《启蒙辩证法：哲学断片》，渠敬东、曹卫东译，前言1页，上海，上海人民出版社，2006。

② 苏国勋：《理性化及其限制：韦伯思想引论》，240页，上海，上海人民出版社，1988。

治·里茨尔以"麦当劳化"来比喻社会的这种理性化特征。他认为麦当劳模式之所以成功，是因为它暗合了工具理性对于效率至上、可计算、可预测和可控制的追求。这些经由非人化的技术获得的效率、可计算性、可预测性和可控制性，都可以被看作构成工具理性系统的基本要素。① 若是一种教育行为不能符合工具理性这些方面的要求，不论它是否具有价值上的合理性，都将因为不合时宜而被放弃于某一角落。

正如之前个别教师所言："现在教育的当务之急就是考试，找出好办法提高成绩才是关键。尊重学生兴趣，关注学生个性，让学生自由、健康、快乐发展当然很好，但若学生成绩没有上去，没有考上重点学校，就什么都别想，就是教育的失败。"如果学校异化为提高成绩的场所，使对于效率的这一"不合理"追求变为"合理"，那么学校就合乎了工具理性，却丧失了价值理性。这样，学校生活就陷入新的"野蛮状态"，将是一种"目中无人"，仅关注分数，强调秩序至上的非人化的不义境遇。

不义表现之一：量化测评与获得高分最重要。正义的学校理应是学生自由而全面发展的乐园，教育的不义直接表现为教育目标上的异化，把学生发展等同于考试分数，以考试分数为直接甚至唯一的追求。任何人都不否认教育的目标是最大化地促进学生发展，但这一发展目标过于含糊，不精确，无法进行

---

① ［美］里茨尔：《社会的麦当劳化：对变化中的当代社会生活特征的研究》，顾建光译，23页，上海，上海译文出版社，1999。

量化测评，从而导致评判标准的虚化。为了满足对可计算性、可预测性的要求，人们往往把评价学生发展、学校水平、教学效率的标准简化为数量化的指标体系，具体为各式各样的考试分数、升入高一级学校的人数及升学率。这样一来，外在化的考试分数就取代学生自由而全面发展成为学校生活的价值评判标准。在片面追求分数与成绩的学校生活中，教师与学生只关注如何获得分数，不再关注人的价值与意义。为了提高教育效率、提高学生考试分数，最有效的方法是进行统一化、标准化管理。

不义表现之二：秩序至上与推崇标准化管理。在工具理性逻辑下，提高效率与消除不确定性是等同的。若要提高效率，就需要努力消除不确定性，也就需要对学校生活进行严格控制，推行整齐划一的标准化、秩序化管理。为了实现这种管理，就要防止各种意外干扰，这就必然会关注学校生活的秩序化。在这样的制度与管理体系下，每一名学生都变成学校运行中的一个"齿轮"或"环节"，而学生个体性的情感、态度、价值观念、信仰等则被抛之一旁。学校生活远离了学生丰富而多样的特征，呈现出一种单一化状态，教育活动日益标准化、秩序化。在这样的学校中，只有实现了标准化的生活安排，才能有良好的教学秩序、学习秩序、生活秩序，才能最大化地提高教育活动的效率、可计算性、可预测性和可控制性。这种秩序化的生活犹如现代工业的一条生产线一般，整齐划一而又分工明确。生活在这样的学校中的每一个人都要服从这种标准化的

"生产线"的要求，按照预定程序运转。学生越来越丧失自由，越来越不能主宰自我的生活，越来越服从理性化的体系。

不义表现之三：强调服从与非人性化的控制。正义的生活是一种人性化的生活、一种自我不断彰显主体性的生活。工具理性至上的运行逻辑在学校生活中强调效率至上，关注非人性化的控制，否认价值合理性，不关注学生个体性的价值判断与价值体验。若失去这种价值判断与价值体验，学生在日常生活中就很难形成依照正义原则行动的意愿，仅仅依照教师的"指令"行事，无须关注正义与否、合理与否。

在这种不义倾向和工具理性的宰制之下，学校就会通过一系列非人性化的管理和制度来实现秩序化的控制。在时空控制方面，学校生活中的每一天都会被严格划分为不同的时段，且被安排在指定的空间进行，每一时空组合都有着指定的任务。学生的生活被安排得非常紧凑，以至于没有时间、空间去干那些"与考试无关"的事情。在身体控制方面，对学生的服饰、言谈举止、饮食起居都会有严格的规定。对于上述制度安排下的违规者，学校往往会处以严厉的惩罚，如身体上的惩罚以及精神上的羞辱。

二、严密的控制导致学校生活的非人化

效率的提高离不开严密的控制，控制的对象则是那些不确定性因素。为了提高教育活动的效率，学校针对学生的需求、性格、兴趣、爱好等不确定性因素制定了一系列严格的管理制

度，以实现对学生的有效控制。在任何合理化进程中，不确定性、不可预测性和低效率的源泉正是人本身，因而增加控制的努力通常是针对人的。[①] 这样一来，千差万别的学生自然而然就成了学校生活中控制的对象。此时，制度安排与管理行为就会显现出一副非人化的面孔，即一种外在于人的形式主义的、非人化的控制。这种控制没有憎恨和激情，因而也没有爱和狂热，处于一般的义务概念的压力下，不因人而异，形式上对人人都一样。[②]

实现了标准化、秩序化的制度安排之后，学校生活中的一切行为都被纳入可计算、可预测的链条之中。"上学的孩子会很快发现自己处于一个标准的、基本上固定不变的组织中，即教师领导的班级中的一分子。一个成年人和一定数量面向前方、分排坐在固定的位子上被领导的年轻人，就是工业化时代学校标准的基本单位。"[③]虽然这种制度安排能够充分体现效率，但它把人异化为标准化生产线上一个个冰冷的"齿轮"。在这种境遇中，非人化技术对人的日益控制与替代[④]，让每位教师、每名学生的独特性、差异性不复存在。人的差异被简化为数字的差异，学生与学生之间的区别仅仅在于考试分数的区别。在非人化的现代制度安排中，学生为了分数而活，得到的不是承

---

①④ ［美］里茨尔：《社会的麦当劳化：对变化中的当代社会生活特征的研究》，顾建光译，162 页，上海，上海译文出版社，1999。

② ［德］韦伯：《经济与社会》上卷，林荣远译，250～251 页，北京，商务印书馆，1997。

③ ［美］托夫勒：《未来的冲击》，孟广均、吴宣豪、黄炎林等译，355～356 页，北京，中国对外翻译出版公司，1985。

认与尊重，而是各种各样的控制与排斥。为了适应这种制度安排，教师与学生不断地进行自我否定、自我异化，压抑自己的个性和自由。

三、非人化控制导致个体道德思考缺失

在非人化控制下，学校教育陷入一种抑制性管理之中，往往忽视学生发展这一教育目的。这种管理越是有效，人的物化就越严重。抑制性管理越是合理、越是有效、越是技术强、越是全面，受管理的个人用以打破这种状态并获得自由的手段就越是不可想象。[①] 学校越标榜"半军事化""封闭化""精细化"管理有效，学生所遭受的抑制就越强烈，学生也就越不自由，越没有思考能力、想象能力、创造能力。这种标准化的划一性教育方式与管理方式会不断侵蚀学生的上述能力，不断否定学生的个性价值。把人降格为物，人也就失去了人之为人的价值尊贵性。

正如奈勒所认为的那样：我们的儿童像羊群一样被赶进工厂，在那里无视他们独特的个性，而把他们按照同一个模样加工和塑造。我们的教师们被迫或自认为是被迫按照别人给他们规定好的路线去教学。这种教育制度既使学生异化了，也使教师异化了。[②] 在这种去道德化的生活中，教师对学生有着绝对的权威，学生要俯首听命于教师的指令，稍有越轨就会遭受到

---

① ［美］马尔库塞：《单向度的人：发达工业社会意识形态研究》，刘继译，7页，上海，上海译文出版社，2008。

② 陈友松：《当代西方教育哲学》，119页，北京，教育科学出版社，1982。

严厉的惩罚。

　　抑制性管理的非人性化的倾向致使学校的制度安排很容易忘却对人的道德关切，没有为道德主体留下空间。[①] 这种制度安排消解了道德生活的存在根基，误把手段当作目的，过分关注各种外在的规则、秩序，而忘却了这些规则、秩序的道德价值在于充盈我们的良善生活。在抑制性管理之中，非人化的制度安排导致了一种去道德化的现象。学生依靠各种程序化的规定就能作出行动，而不用进行哪怕片刻的道德思考。齐格蒙特·鲍曼认为，作为道德主体，学生在面对指定的任务和程序性的规则的双重力量时变得哑口无言、毫无防御。[②]学生被排斥在道德生活之外，无法获得完整的道德体验、无法作出独立的道德判断。道德自我在碎片中不能并且没有生存下来。[③]

　　由于受到工具理性的影响，学校生活陷入了一种去道德化的境遇之中。效率取代德性，成为评判学校生活优劣的标准。学校教育关注那些能够为当前考试和未来职业服务的知识与技能，而不会去思考那些守护着学生良善生活的价值观念。在这种去道德化的学校生活中，教育裂变为一种技术性的活动，按照预定的操作手册展开。学校教育的技术化倾向致使人存在的

---

①　[英]鲍曼：《后现代伦理学》，张成岗译，148 页，南京，江苏人民出版社，2003。

②　[英]鲍曼：《后现代伦理学》，张成岗译，232 页，南京，江苏人民出版社，2003。

③　[英]鲍曼：《后现代伦理学》，张成岗译，243 页，南京，江苏人民出版社，2003。

价值与意义被遗忘在某些角落，正如韦伯所言，那些终极的、最高贵的价值已从公共生活中销声匿迹。^①

工具理性的宰制与压迫导致了现代性学校危机，使学校呈现出一种不义的状态。正义要挑战制度化的宰制与压迫，应当提供一种承认并主张群体差异的异质公共性。^② 通过非人化技术控制学校生活，片面追求效率、过分强调标准化，人降格为物，外在化的分数而非尊严将成为学校生活关注的中心。这样一来，没有了对人的尊重、没有了个体间的差异性、没有了对学生价值的肯定与承认，学生的良好品性、学校生活的良善品性也慢慢隐匿起来。

第三节　良序善治：走向良善生活的价值理念

学生要过上良善生活，走出工具理性的宰制与压迫，必然要求教育方式发生价值转变。走向尊重人的良序善治，是教育现代化的必然要求与现实路径。良序善治意味着一种"好"生活，即一种有序且善意的治理。它秉持人道主义精神，以良善生活为目标，以自由平等、公平正义等现代启蒙价值为底色。良序善治包含两个方面：一是工具理性方面的效率性，关注学校教育的秩序与效率；二是价值理性方面的正当性，关注全体

① ［德］韦伯：《学术与政治：韦伯的两篇演说》，冯克利译，48页，北京，生活·读书·新知三联书店，2005。
② ［美］艾丽斯·M. 杨：《正义与差异政治》，李诚予、刘靖子译，10页，北京，中国政法大学出版社，2017。

学生的自由而全面发展。没有效率的治理不能称为良序善治，失去价值正当性的治理也不能称为良序善治。所以，教育既要关注效率，又不能落入工具理性的泥淖而忽视价值理性的诉求。

良序善治要以良善生活为基础，走向一种把人当作人、消除宰制与压迫、尊重每名学生的价值与意义的生活。

一、良序善治的前提：从物性逻辑向人性逻辑转向

在工具理性主导的教育模式下，学生被视作"自在"的存在者，"是其所是"，而教师忽视了学生存在的"自为"特性，"是其所是"时"是其所不是"。[①] 学生被看作物，是"现成性"的存在。人们往往以对待物的方式去思考学生。在这样的教育体系下，学生失去了"自为"的自由与选择，成为被动的被谋划者。教师按照他们"自以为是"的方式来对待学生，谋划着学生的未来，代替学生作出选择，而忽视了学生自身的意向性与能动性。

用高清海等人的话说，这种教育方式犯了一个逻辑错误：以物性逻辑来代替人性逻辑，用认识物、对待物的方式来认识人、对待人。他们认为："人已经具有了一种不同于其它物的'存在逻辑'，对这种独特的存在逻辑的把握，如果采取认识他物的方式，其结果必然是南辕北辙，不得要领。"[②]学校教育若

---

① ［法］萨特：《存在与虚无》，陈宣良等译，565页，北京，生活·读书·新知三联书店，1987。
② 高清海、胡海波、贺来：《人的"类生命"与"类哲学"：走向未来的当代哲学精神》，19页，长春，吉林人民出版社，1998。

是仅仅关注秩序、分数，以非人化的方式对待学生，那么将呈现出一种"反教育"的状况。"对人的认识，必然内在地呼唤一种符合人之特异本性的特殊认识方式，也就是说，人的独特存在逻辑要求一种与之相应的特殊理论逻辑方能把握，否则，不可避免地将会导致人的抽象化和人的失落的结局。"①

良序善治的学校教育需要走出工具理性至上的泥淖，不让"GDP 主义"主导学校生活，分数不是学校教育的中心。学校要关注学生独特的个体性与丰富的多样性，以人的存在逻辑认识学生、以发展的眼光看待学生。这种独特的存在逻辑就是人性逻辑。只有从人的逻辑出发，才能理解人。若从物的逻辑出发，无论怎样去强调人不同于物，到头来都不免把人理解为非人。② 在人性逻辑下，学生是"自为"的存在，是自己生活的主人。良序善治需要尊重学生的"自为"性，承认学生是自己现实生活或者未来生活的谋划者，让学生自由地选择自己的生活方式。

二、良序善治的过程：从强制管束向引导规范转向

人作为一种"自为"的存在，是与他人不同的独特存在。人性有着无限的多样性——个人的能力及潜力存在着广泛的差

---

① 高清海、胡海波、贺来：《人的"类生命"与"类哲学"：走向未来的当代哲学精神》，19 页，长春，吉林人民出版社，1998。
② 高清海、胡海波、贺来：《人的"类生命"与"类哲学"：走向未来的当代哲学精神》，124 页，长春，吉林人民出版社，1998。

异——乃是人类最具独特性的事实之一。[①] 基于这种事实，良序善治就要遵循人性的逻辑，充分尊重学生独特的个体性与丰富的多样性。学生独特的个体性与丰富的多样性是学校教育活动的人性前提，也是学校活力的基础。良序善治就要从学生的这种独特的个性出发，对其进行保护与促进，而不能落入工具理性的管制约束之中。标准化、可控制、可预测的宰制性生活是一种非人化的不义生活，更是学校教育中的恶，它腐蚀着学生独特的个体性与丰富的多样性。良好的社会不会消除或超越群体差异。不同群体虽然在社会和文化上存在差异，但彼此平等、相互尊重，在分歧中相互肯定。[②]

管制约束式的教育模式过于强调外在化的秩序、过于关注学生发展的同一性，这样就会阉割学生的差异性、腐蚀学生的独特性，从而致使学校教育退化为"才智的屠宰场"，使人失去尊贵性。正如哈耶克所言，如果忽视人与人之间差异的重要性，那么自由的重要性就会丧失，个人价值的理念也就更不重要了。[③] 学校若阉割了学生独特的个体性与丰富的多样性，就消灭了人的灵性，学校也就失去了存在的价值与意义。

同样，学校不能不关注人与人之间的共通性及共同体的生

<hr>

① ［英］哈耶克：《自由秩序原理》，邓正来译，13 页，北京，生活·读书·新知三联书店，1997。

② ［美］艾丽斯·M. 杨：《正义与差异政治》，李诚予、刘靖子译，198 页，北京，中国政法大学出版社，2017。

③ ［英］哈耶克：《自由秩序原理》，邓正来译，104 页，北京，生活·读书·新知三联书店，1997。

活，共通性是人性的一个基本事实。赫勒在《日常生活》一书中指出，人的唯一性与不可重复性是一个本体论的事实。但这并不是说真正的人际交流是不可能的，也不是说人关闭在他的唯一性之中，更不意味着这种唯一性自在地和自为地构成人的本质。走向良序善治的学校教育需要引导学生认识到共同生活的必要性与可能性。没有他人的存在，自我也会萎缩，个体是群体性与个体性的统一。学生需要在人际交往中实现独特性与共通性的统一，在共同体的生活中学习如何共同生活。

真正的共通性意味着承认学生的差异性，即承认每一名学生的独特价值，差异性是共同体的生活的前提。学校对于学生的独特性，不是消除，而是规范；对于学生的多样性，不是否认，而是承认。学校教育需要引导并规范这种独特性以实现共通性，而不能依靠强制管束的方式，消除学生之间的差异性来实现共处。引导规范既承认个体的差异性，也认识到群体生活的价值；既体现对学生独特性的尊重，也体现教育的引导价值。

三、良序善治的结果：从羞辱与排斥向尊重与承认转向

社会正义要想打破压迫，就必须明确地承认、关注群体差异。[①] 在学生独特的个体性与丰富的多样性这一基本事实面前，良序善治意味着一种相互承认，避免不同形式的羞辱与排斥，也意味着人们得到情感关怀、权利承认、社会尊重。不义的生

---

① ［美］艾丽斯·M. 杨：《正义与差异政治》，李诚予、刘靖子译，2 页，北京，中国政法大学出版社，2017。

活中存在着大量的羞辱与排斥，人际承认存在着很大的障碍。学校不义的做法侵蚀着学生的存在价值，无论是个性化的情感需要还是普遍化的人格尊严都是如此。学校良序善治的结果表现为以下几个方面。

第一，承认表现为人际的情感关怀的在场。在工具理性宰制的教育模式下，学校中的教师与学生除了关注考试分数外，没有多少人关心个体的感受，不再相互关心，人际关系冷漠。正如诺丁斯所言："现在学生们最大的抱怨就是：'没有人关心我们！'"[1]学生普遍感受不到来自教师与同学的关心，彼此成为"熟悉的陌生人"，整天在一起却不了解，缺乏关涉他人的同理心。良序善治的学校是关心他人、富有同理心的学校，在学校中，成人在关怀的意义上"理解"儿童或青年人的情境。[2] 学生感觉自己的情境被教师与同学理解时，就会感受到亲密性情感——关怀与爱，也就自然而然地进入被承认的状态。在充满同情的关系中，接受意见、鼓励、建议和学习指导要容易得多。[3]

第二，承认表现为对学生平等权利的尊重。如果学校成为一种功利化的存在，追求效率的最大化，这种功利化将会导致等级化，剥夺一部分学生的学习权利。这样的学校往往依据单

---

① ［美］诺丁斯：《学会关心：教育的另一种模式》，于天龙译，7 页，北京，教育科学出版社，2003。

② ［加拿大］范梅南：《教学机智：教育智慧的意蕴》，李树英译，130 页，北京，教育科学出版社，2001。

③ ［加拿大］范梅南：《教学机智：教育智慧的意蕴》，李树英译，131 页，北京，教育科学出版社，2001。

一化的考试成绩把学生划分为三六九等，安置在不同的班级或班级的不同位置，给予区别对待。对于考试分数高的学生，学校给予优待。这种优待甚至是超越学校正常规范的，如迟到不受批评，可以不排队。良序善治的学校是尊崇正义原则、尊重学生平等权利的学校。教育中的权利平等不仅要求起点平等，每个人都有不受任何歧视地开始其学习生涯的机会，还要求在教育过程中平等对待，"可以考虑各种不同但都以平等为基础的方式来对待每一个人——不论其人种和社会出身情况"①。良序善治就是要消除对学生平等权利的剥夺，让生活在学校中的每一名学生都能充分享有自由平等的权利，并在相互交往中实现自我价值，最终实现一种差异化发展的结果正义。

第三，承认表现为对学生发展成就的重视与赞许。对学生发展成就的重视与赞许是非常重要的。假如学校仅仅关注考试分数，就会出现如下结果：与升学考试有关的好行为可以获得重视与赞许，与升学考试无关的好行为则几乎不被在意、不被重视。这样一来，学生的多样性的发展就不被承认，甚至遭受蔑视。对于考试分数不理想的学生，教师们给予语言上的侮辱、价值上的否定，并伴随着身体上的惩罚与伤害。良序善治的学校是能够给予学生积极评价、承认学生多样化发展的学校。正如前面所说的那样，人是一种具有独特性的"自为"的存在，在社会生活中必然表现出丰富的多样性。多样化的学生需

① 张人杰：《国外教育社会学基本文选》，195 页，上海，华东师范大学出版社，1989。

要多样化的评价方式。除了应试以外，学生还存在着多方面的兴趣、潜力、能力等，这些都值得也需要教师重视与赞许。学校不能因为学生不能升学就抛弃他们，不重视他们其他方面的优点。良序善治意味着每一名学生都因其自身发展的优点而受到重视与赞许，从而使学生在学校生活中获得积极的评价和体验。学生在感受到自身价值的同时也会为自己的独特性而自豪，获得一种价值感。

第四节　良善制度：良序善治的制度支撑

人是一种道德存在。与一般的生物存在不同，人渴望过上良善的生活。良善的生活离不开良善的秩序，进而离不开良善制度的支撑。在现代学校治理过程中，我们需要认真审视制度安排的伦理正当性。在恶的制度下，难有良善的生活与道德的个体。当人们处于从恶能得到好处的制度之下时，要劝人从善是徒劳的。[①] 如此说来，学校制度安排的良善程度直接影响着学校的治理状态以及学生的生活质量。

一、良善制度：学校制度的伦理之维

学校治理离不开一定的制度。"制度是一个社会的游戏规则，更规范地说，它们是为决定人们的相互关系而人为设定的

[①]　[美]萨拜因：《政治学说史》下册，刘山等译，633页，北京，商务印书馆，1986。

一些制约。"①一般而言，制度主要是能对人们的行为产生规范影响的规则②，"是人们发生相互关系的指南"③。学校制度主要指学校生活中的人们所要遵从的规则、规范。在日常教育生活中，学校的制度安排广泛地影响着教师与学生的价值观念、判断与行为。甚至可以说：有什么样的学校制度，就会有什么样的学校生活、什么样的未来公民。因而，学校制度设计和安排的优劣直接关系到学校治理质量的高低。

　　判断一项制度设计和安排的优劣，存在着多重视角。人们既可以从政治学的视角进行审视，看其是否有利于社会结构的稳定、是否具有政治上的功能；也可以从经济学的视角进行审视，看其是否有利于社会人力资源的供给、是否具有经济上的效益；还可以从伦理学的视角进行审视，看其是否合乎社会发展的道德精神、是否具有伦理上的正当性。本书从伦理学的视角审视学校制度。

　　制度伦理主要是从伦理学的视角对社会制度进行伦理正当性审视。有研究者认为："制度伦理不外乎两种：制度的伦理——对制度的正当、合理与否的伦理评价和制度中的伦理——制度本身内蕴着一定的伦理追求、道德原则和价值判

---

① ［美］诺斯：《制度、制度变迁与经济绩效》，刘守英译，3 页，上海，上海三联书店，1994。
② ［德］柯武刚、史漫飞：《制度经济学：社会秩序与公共政策》，韩朝华译，33 页，北京，商务印书馆，2000。
③ ［美］诺斯：《制度、制度变迁与经济绩效》，刘守英译，4 页，上海，上海三联书店，1994。

断。实际的制度伦理建设过程中，两者又往往是缠绕在一起的。"①可见，制度伦理所要关注的既不是制度的伦理化，也不是伦理的制度化，而是制度的伦理属性以及其所蕴藏的伦理价值观念。还有研究者认为："'制度伦理'既不是什么'制度的伦理化'，也不是什么'伦理的制度化'，而是对制度的伦理分析。其核心是揭示制度的伦理属性及其伦理功能，其主旨是指向'什么是善的制度'、'一个善的制度应当是怎样的'、'何以可能'、'有何伦理价值'等问题。"②那么，为什么说学校制度具有伦理维度呢？

　　首先，伦理道德领域是一个"泛在化"的"嵌入式"实践领域，伦理精神必然会嵌入学校制度设计、运行之中。伦理道德领域并不像人们社会生活中的其他实践领域那样独立存在。它需要依托于政治、经济、文化、科学、教育等实践领域，嵌入它们之中，通过各种社会实践活动展现出来。虽然伦理道德领域不是一个独立存在的实践领域，但一切实践领域都表露着某种社会伦理精神，使它表现出一种"泛在性"。伦理道德精神是人类社会实践中隐而不露又无所不在的内在精神，它在社会制度的设计、运行过程中必然会"嵌入"其中，成为制度的一个重要维度。"大凡一切属于人的现象性活动，都无一例外地属于伦理道德。"③任何社会制度的设计、运行都必然承载着一定的

---

① 方军：《制度伦理与制度创新》，载《中国社会科学》，1997(3)。
②③ 高兆明：《制度伦理与制度"善"》，载《中国社会科学》，2007(6)。

伦理道德。

　　其次，制度是工具性与价值性的统一，在规范与指导人们行动的过程中彰显着一定的伦理价值观念。任何一项制度都蕴含着人们对于社会活动中"善"与"恶"的价值判断，体现着社会的某种伦理精神。作为一种社会安排，制度具体表现为一系列"能做什么""不能做什么"的约束性与规范性的条文指令，看似与价值无涉，其实饱含着价值关怀。这是因为，人们"能做什么""不能做什么"是受制于一定的伦理价值观念的。"制度与伦理具有内在相通性。这种内在相通性就在于制度是人的自由意志实践的具体样式，是自由意志的定在；伦理属性是制度的内在属性。正是制度的这种伦理属性，才使得对制度的伦理分析是可能的。"①

　　最后，教育领域是一个伦理实践领域，教育共同体则是一个伦理共同体。教育活动不仅是一种技术性的活动，而且是一种蕴藏着丰富伦理价值的实践活动。例如，在一节数学课上，表面上看主要是教授"四则运算"这一知识，实际上教师与学生的互动方式涉及自由抑或强制、平等抑或歧视、民主抑或专断等伦理价值观念。在一定程度上，教育是一个道德概念，人们脱口而出的教育，"通常是指一个人或一群人以道德上可以接受的方式善意地对另一个人或另一群人施加的积极的心理影响"②。

――――――――――

① 高兆明：《制度伦理与制度"善"》，载《中国社会科学》，2007(6)。
② 黄向阳：《德育原理》，25页，上海，华东师范大学出版社，2000。

人与人之间的伦理关系必然嵌入学校治理之中，所以学校治理必须建立在一定的伦理原则之上、满足一定的伦理精神。从这个意义上说，学校治理中的制度安排首先应该满足"善"的要求，在此基础上才可以谈论其他。现代学校治理离不开良善的学校制度，只有符合伦理正当性的制度安排才能守卫学校的良善生活，保障学校教育走向良序善治。良序社会需要一种良善制度，学校的良序善治同样离不开良善制度的支撑。只有在良善制度下，多样化的社会主体才能过上有尊严的幸福生活。

二、人是目的：良善制度的人性前提

作为一种公共的规范体系，制度是共同体成员共同意志的反映与价值观念的外化。启蒙运动以降，人之为人的价值与尊严得到普遍承认，使人成为人也是支撑现代制度设计的普遍价值观念。通过良善制度来规范人的发展，为人的发展创造良序的环境，是现代社会治理走向人性化的基本要求。马克思认为：我们必须这样安排周围的世界，使人在其中能认识和领会真正合乎人性的东西，使他能认识到自己是人。① 制度"善"与"恶"的一个重要标志在于是否合乎人性发展的要求，良善制度就意味着要为学生创造一种合乎人性发展的环境。

虽然"制度的关键功能是增进秩序"，但是制度绝对不是通过秩序来控制人的，而是通过秩序来促进并规范人的发展的。促进并规范人的发展是制度最深刻的价值原则。学校的各种制

---

① 《马克思恩格斯全集：第二卷》，166～167页，北京，人民出版社，1957。

度安排都是要为学生成长创造一种良好的秩序，是保护学生、促进学生的发展的。离开了学生的发展，学校制度也就失去了存在的价值基础。学校制度只有服务于学生、促进学生合乎人性的发展，才有存在的价值，否则就会变成学生成长的桎梏。在合乎人性的学校制度下，学生独特的个体性与丰富的多样性得到全面尊重。在此基础上，学校引导学生认识到公共生活所需要的公共性品质。

制度安排是为了给良善生活营造一种秩序，但这种秩序仅仅具有手段的价值。只有在肯定人、尊重人的前提下，制度所营造的秩序才具有伦理上的正当性。在学校制度安排中，人们如果过于追求效率、强调控制，就会有意无意地忽视制度的伦理正当性，出现秩序至上的倾向，丧失对人的关怀和对意义的追寻，使制度仅仅外化为一种僵化的规则系统。为避免此类问题，我们需要认识到校规校纪等制度安排的目的在于促进学生自由而全面的发展，而不是要把学生当作生产线上的"齿轮"。

守护良善生活的学校制度必须以学生作为人的存在为前提，尊重每一个学生独特的价值与尊严。学校的制度安排要能够守住边界、不泛化，维护学生的自由发展，而非限制、管制学生。面对具有独特的个体性与丰富的多样性的学生，良善制度需要不作"过度"的限制、不以否定的眼光来看待、不以羞辱的方式来对待。

三、自由平等：良善制度的价值基础

在组织良好、运行有序的社会中，我们丰富的人性才能得到充分尊重，才能体现"人是目的"这一命题。罗尔斯认为，一个组织良好的社会是由正义观念有效调节着的社会。在这个社会中，每一个人都接受并了解其他人也接受同样的正义原则。"作为建构社会基本秩序和规范社会公共行为的制度体系，社会制度所应追求和可能达到的最高目标，首先且最终是社会制度安排本身的公平正义。"①只有建基于正义的制度安排才能守卫我们的良善生活，只有生活在正义制度下的人们才能最大化地感受到自身的尊严和承认他人的尊严。

　　制度安排合理与否，不仅要看其能否维持一定的社会结构与生活秩序，还要看这种社会结构与生活秩序是否合乎正义。正如罗尔斯所言，正义是社会制度的首要价值，不管某些法律和制度如何有效率和有条理，只要它们不正义，就必须加以改造或废除。②桑德尔虽然不太赞同罗尔斯关于正义的具体观点，但他也认为正义是社会制度的首要价值："正义就不仅仅是诸种价值中的一种价值，可以随情况的变化来加以权衡和考量，而是所有社会美德中的最高美德，是一种在其他社会美德能够提出其要求之前所必须满足的美德要求。"③在社会制度安排中，正义相对于其他伦理价值具有优先性，是一种具有根基性的伦理原则。正义是评判社会制度良善与否的重要标准，一种制度

---

　　① 万俊人：《论正义之为社会制度的第一美德》，载《哲学研究》，2009(2)。

　　② ［美］罗尔斯：《正义论：修订版》，何怀宏、何包钢、廖申白译，3页，北京，中国社会科学出版社，2009。

　　③ ［美］桑德尔：《自由主义与正义的局限》，万俊人、唐文明、张之锋等译，2页，南京，译林出版社，2001。

安排只有合乎正义精神才具有伦理上的正当性。

在学校生活中，"人是目的"这一命题表现为承认学生的价值尊严与尊重学生的文化多样性，让每一名学生获得适合自己的教育。从反面说，我们不得以歧视性、排斥性的态度对待某些学生，并给他们贴上类似"学习失败者"的标签。离开了正义的学校生活，"让每一名学生获得适合自己的教育"将会成为一句空话，学生自由的权利、平等的人格尊严也将在各种排斥性、羞辱性的制度安排下成为一种美好的想象。学生很难在充斥着排斥、羞辱的学校生活中实现自由而全面的发展。

正义的学校制度安排意味着最大程度地保护每一名学生的自由和平等。学校不能成为所谓"绩优生"的特区，要对所有的学生一视同仁。面对同一条校规，"绩优生"似乎就享有豁免权，好像不会犯错，只有所谓"学困生"才会犯错，几乎成为校规约束的特定对象。这样的制度安排有失公正，缺乏正义的品质。校规只有当在同等条件下为每一名学生所遵守、赏罚分明而不厚此薄彼时才是正当的，才可能得到学生的认可与接受。

四、理性商谈：良善制度的形成机制

良善生活是一种良序的生活。在多元化背景下，良序的学校生活需要一种主体间的共识。没有共识，学校生活就会陷入相对主义与虚无主义造成的无序、混乱之中。多元主体公共、审慎、理性地协商、讨论，是良善制度形成的前提与基础。

良善制度的形成不能仅仅依靠某些先验性的规则，共识的形成亦不能建立在某一个人或集团的价值独断的基础上，而是需要多元主体以理性、无私的态度平等地进行协商、讨论。离开了协商，学校生活或陷入独断或陷入混乱，二者必居其一。学校生活中的各项制度安排与设计应该是主体间理性协商的结果，而不能是习惯性的规范或个别化的想法。正义制度的形成需要充分尊重学生的理性精神，允许学生平等地参与制度安排与设计。

协商是一种公共理性的对话，而不是个体化的臆见表达。在对话的过程中，协商主体互相敞开心扉，为共同的生活而妥协。"公共协商是一种合作性活动，要求的是多元的而非集体的或个人性的主体……联合性的活动只能由多元的主体来进行。同做游戏非常相似，公共协商中的多元主体通过回应和影响别人来进行合作。"[1]学校生活中的多元主体之间（学生之间、学生与教师之间）要以一种理性的、积极的、建设性的姿态进行协商，在协商的过程中使"自我"与"他人"尽量靠近，多思考"我们"如何行动、什么样的生活才是"我们"所追求的。"协商与其说是一种对话或辩论形式，不如说是一种共同的合作性活动。"[2]

良善制度建基于学校生活中的多元主体间的合作性活动，体现了不同主体的视域融合。哈贝马斯认为，在道德商谈中，

---

[1]　[美]博曼：《公共协商：多元主义、复杂性与民主》，黄相怀译，50页，北京，中央编译出版社，2006。

[2]　[美]博曼：《公共协商：多元主义、复杂性与民主》，黄相怀译，25页，北京，中央编译出版社，2006。

一个特定集体的种族中心视角扩展为一个无限交往共同体的无
所不包视角，这个共同体的所有成员都把自己放在其他成员的
处境、世界观和自我理解之中，共同实践一种理想的角色承
当。① 在这种"我"与"你"相互尊重、理解、宽容的协商语境中，
学校制度才是多元主体所能接受的，才能体现正义的精神。

首先，协商过程的形式是一种论辩，是不同主体关于行动
理由的交换；其次，协商过程是包容的、公共的，尊重不同主
体的不同观点；最后，协商过程是非强制性的，排除了外在
性、权威性强制与有损于参与者之平等的内在强制。这样的商
谈结果会被认为是正当的，而被大家所认可并遵守。民主程序
通过运用各种交往形式而在商谈和谈判过程中被建制化，而那
些交往形式则许诺所有按照该程序而得到的结果是合理的。②

多元主体平等参与理性协商，不仅可以提高学校各项活动
安排与制度设计的认同度，还可以培育学生的理性生活能力。
它能够发展学生的理性精神，教会作为未成年人的学生如何参
与公共生活并发展学生参与公共生活的能力。一种自由的制
度，若没有习惯于自由的民众的主动性的话，就会分崩离析。③
学生正是在与同学的各种协商中知道了何谓平等、何谓民主、
何谓尊重、何谓宽容等，也在这种氛围之中知道了如何进行社

---

① ［德］哈贝马斯：《在事实与规范之间》，童世骏译，198页，北京，生活·读书·
新知三联书店，2014。
② ［德］哈贝马斯：《在事实与规范之间》，童世骏译，376页，北京，生活·读书·
新知三联书店，2014。
③ ［德］哈贝马斯：《在事实与规范之间》，童世骏译，159页，北京，生活·读书·
新知三联书店，2014。

会行动。

从某种意义上说，现代学校治理离不开良善制度的支撑。没有良善制度，学校生活将陷入麦当劳化的非人控制之中。良善制度首先是呵护人性的制度，为人性的发展留出足够的空间。良善制度还应该是合乎正义的，多样化的人性只有在正义的制度中才能得到充分尊重，制度的正义性来自多样化的社会主体平等的理性协商。

任何一种制度安排若是不能为人的自由而全面的发展服务、不能为幸福而有尊严的良善生活提供帮助，无论其效率多高，都无伦理上的正当性。我们不仅要关注到制度安排在技术层面的有效性，而且要关注到制度安排在伦理层面的价值正当性。一种好的制度安排不仅一定是有效率的——合乎工具理性的要求，而且一定是良善的——合乎价值理性的要求。

第五章
民主参与：儿童正义感发展的实践路径

正义需要那种允许社会的全体（成人）成员作为平等的人彼此相互影响的社会安排。①

尊重儿童主体地位，鼓励和支持儿童参与家庭、社会和文化生活，创造有利于儿童参与的社会环境……尊重儿童参与自身和家庭事务的权利，培养儿童参与意识和能力。涉及儿童的法规政策制定、实施和评估以及重大事项决策，听取儿童意见。②

在一个拒绝民主的地方，是没有正义可言的。民主离不开人的参与，离开了参与，民主也是不可能实现的。习近平总书记在庆祝全国人民代表大会成立六十周年大会上的讲话中提到

---

① ［美］弗雷泽、［德］霍耐特：《再分配，还是承认？：一个政治哲学对话》，周穗明译，28页，上海，上海人民出版社，2009。
② 《国务院关于印发中国妇女发展纲要和中国儿童发展纲要的通知》，http://www.scio.gov.cn/xwfbh/xwbfbh/wqfbh/44687/47505/xgzc47511/Document/1717109/1717109.htm，2022-01-23。

"保证人民平等参与、平等发展权利，维护社会公平正义，尊重和保障人权"①。人们以平等的、合作的、相互尊重的态度参与公共生活，才能实现那种合乎正义的生活。如果决策过程能够向所有受决策影响的人开放参与，就最有可能达成资源的公平分配、正义的合作规则、最佳且最为正义的劳动分工和对社会位置的界定。② 正义、民主与参与往往是联系在一起的，参与是民主的构成性内容，民主是正义实现的条件，人民参与则把民主与正义联系在一起。没有人民广泛的、理性的参与，就很难实现正义生活。正义感的形成也需要一种民主的生活氛围。在充斥着支配、控制、压迫、歧视、排斥的生活氛围之中，正义感的形成是难以想象的。

第一节　民主生活与广泛参与

民主与专制相对，是大多数人的统治而非少数人的统治。民主（democracy）一词源于古希腊语，它由 demos（意为普通民众或人民）和 kratos（意为统治或权力）组成，意思是人民的统治或权力。萨托利在《民主新论》中提出，民主即人民的统治或权力。③ 虽然人们都认同这一点，但是对"如何实现人民的统

① 中共中央文献研究室：《十八大以来重要文献选编（中）》，55 页，北京，中央文献出版社，2016。
② ［美］艾丽斯•M.杨：《正义与差异政治》，李诚予、刘靖子译，112 页，北京，中国政法大学出版社，2017。
③ ［美］萨托利：《民主新论》，冯克利、阎克文译，22 页，北京，东方出版社，1993。

治"却存在着不同的观点,以至于萨托利宣称我们生活在一个以民主观混乱为特色的时代里。① 无论怎么理解民主,我们都真切地生活在一个民主社会中,"民有、民治、民享"的民主观念已经深入人心。民主作为一种具有主导地位的社会思想理念,不仅表现为政治统治方面的政府安排,更表现为人们在日常生活中以自由、平等、相互尊重的态度互相对待。在社会主义社会,民主的价值理念才真正得以实现,人民至上的理念才得到完全落实。"人民当家作主是社会主义民主政治的本质和核心。人民民主是社会主义的生命。没有民主就没有社会主义,就没有社会主义的现代化,就没有中华民族伟大复兴。"②

一、民主意味着广泛参与

民主不仅是一种政治建制方式,而且是人们的一种生活方式,它要求人们通过交流、沟通、协作形成一种联合的共同体生活。如杜威所言:"民主主义不仅是一种政府的形式,它首先是一种联合生活的方式,是一种共同交流经验的方式。"③在作为一种生活方式的民主中,人们自由地、积极地参与到社会活动中去,在共同的经验交流中理解社会的价值、规范,进而采取有利于共同体发展的行动。民主意味着人民能够广泛地参

---

① [美]萨托利:《民主新论》,冯克利、阎克文译,7 页,北京,东方出版社,1993。

② 中共中央文献研究室:《十八大以来重要文献选编(中)》,54~55 页,北京,中央文献出版社,2016。

③ [美]杜威:《民主主义与教育》,王承绪译,97 页,北京,人民教育出版社,2001。

与到那些关乎自己生活的事务中来，以实现自身与共同体的善。

民主意味着参与，没有人民的参与，民主就会虚化，人民的统治就没法实现。参与是介入其中的意思，它常与其他语词连用，组成有明确指向的词组。例如，"政治参与"是一种旨在对政府决策施加影响的普通公民的活动[1]，而"民主参与"是指人民能够进入公共事务的讨论中，通过一定的程序参与制定、通过或贯彻公共政策的行动。[2] 人民通过参与公共生活来影响那些关乎自身利益的事务。如果人民不能自由、充分地参与到社会规范和行动决策中来，社会就会变成少数人的价值与利益的表现场域，大多数人的价值与利益将无从得到体现与保障。

实现民主的关键是"在形成调节人们共同生活的价值的过程中，必须要有每一个成熟的人的参与"[3]。民主意味着成熟的人的参与，这体现在两个方面：一是人们在社会日常生活中有机会参与问题的讨论，理性地发表自己的观点和提出自己的意见；二是人们在参与的过程中保持一种理性的态度，不能为了自己的价值与利益排斥他人的价值与利益，允许每个人都有同等的机会表达自己的观点和意见，并能够在主体间性的立场上思考他人的观点与意见。

---

[1]　[日]蒲岛耶夫：《政治参与》，解莉莉译，4页，北京，经济日报出版社，1989。

[2]　[英]戴维·米勒、韦农·波格丹诺：《布莱克维尔政治学百科全书》修订本，邓正来译，608页，北京，中国政法大学出版社，2002。

[3]　[美]杜威：《人的问题》，傅统先、邱椿译，45页，上海，上海人民出版社，2006。

参与是民主的根本要求，是民主的应有之义，是人民当家作主的基本要求。亨廷顿说：传统政治的制度只需要组织社会上少数人的参与，而现代政体却必须组织广大民众的参与。①关于这一点，没有多少人会提出反对的意见。但是，由于西方自由主义代议制民主的局限，当今民主面临着一种排斥参与的状况：公民的参与往往被弱化了，公民很难参与到公共生活中来。民主被简化为一种投票、选举、票决的委托机制，绝大多数公民被排斥在公共生活之外，不能充分地对公共事务发表意见、进行公开讨论，从而不能影响那些关乎自己的价值与利益的公共事务。习近平总书记说："要扩大人民民主，健全民主制度，丰富民主形式，拓宽民主渠道，从各层次各领域扩大公民有序政治参与，发展更加广泛、更加充分、更加健全的人民民主。"②

二、参与是真切的民主形式

正是针对西方自由主义代议制民主排斥参与的状况，考夫曼在 1960 年提出了"参与民主"这一概念，倡导公民广泛参与公共生活。佩特曼在 1970 年出版的《参与和民主理论》一书中系统阐释了参与民主理论，标志着参与民主理论的成熟。佩特曼认为，参与已经成为社会生活中的一个流行话语，但令人感到讽刺的是，这些"广为流行的参与思想（尤其是在学生中间），

---

① ［美］亨廷顿：《变化社会中的政治秩序》，王冠华、刘为等译，68 页，上海，上海人民出版社，2008。
② 中共中央文献研究室：《十八大以来重要文献选编（中）》，55 页，北京，中央文献出版社，2016。

在政治理论家和政治社会学家所普遍接受的民主理论（如此普遍以至于可以称之为正统学说）中却只占有最为低微的地位"[①]。公民参与没有得到西方自由主义代议制民主理论与实践的重视，其仅仅是指公民参加选举活动，而不需要公民对公共事务进行参与式的讨论、协商，因而公民权利没有得到切实保障。在当代的西方民主理论中，少数人的参与才是关键的，缺乏政治效能感的冷漠的普通大众的不参与被看作社会稳定的主要屏障。[②] 在西方自由主义代议制民主下，政治上的民主制度排斥了公民的深度参与，公民也形成了一种政治冷漠的态度，公共意志开始消退，不愿意参与公共生活。

巴伯认为，西方自由主义代议制民主是一种"弱势民主"。公民通过选举代表来进行统治的民主形式会排斥公民的广泛参与，直接导致了公民的政治冷漠与疏离感，使政治变成了政客的活动，公民所能做的就是去投票赞成政客。[③] 而参与民主是一种"强势民主"，公民广泛参与公共生活。没有公民参与的民主是消极的、不真实的。社会主义民主的本质与核心是人民当家作主，通过各级人民代表来广泛参与国家各项事务。人民代表发挥来自人民、植根人民的特点，接地气、察民情、聚民智，努力做到民有所呼、我有所应。

---

① ［美］卡罗尔·佩特曼：《参与和民主理论》，陈尧译，1页，上海，上海人民出版社，2006。

② ［美］卡罗尔·佩特曼：《参与和民主理论》，陈尧译，98页，上海，上海人民出版社，2006。

③ ［美］巴伯：《强势民主》，彭斌、吴润洲译，171页，长春，吉林人民出版社，2006。

公民参与是一种真正的、切实的民主形式，既是目的，又是过程。通过参与的程度来判断公共生活的民主程度，参与的主体越广泛、参与度越高，也就表明公共生活越民主。若是要实现高水平的民主，公民参与是必需的途径。参与是达成民主的基本要求，民主离不开参与。毫无疑问的是，所有人最大程度的参与是民主的核心。①

第二节　参与是实现正义生活的条件

参与为什么重要？因为公民广泛而理性的参与是正义生活的实现条件，正义要求人们平等地参与公共讨论和民主决策过程。②在公民广泛而理性参与的社会中，所有公民的尊严都得到最大程度的尊重，对社会权益与责任进行合乎正义的分配。公民按照自己的意愿去工作，去追求自己的价值实现方式。离开了公民的参与，正义不仅将变得不完整，还将失去其实现的可能。

一、参与促使消极民主转化为积极民主

民主既是社会正义的构成要素，也是其实现条件。③正义的社会必然是公民广泛而理性参与的社会，这几乎是人人都认

---

① ［美］卡罗尔·佩特曼：《参与和民主理论》，陈尧译，15 页，上海，上海人民出版社，2006。

②③ ［美］艾丽斯·M. 杨：《正义与差异政治》，李诚予、刘靖子译，110 页，北京，中国政法大学出版社，2017。

同的。但令人遗憾的是，在西方自由主义代议制民主下，广大
公民的参与主要体现在定期选择"谁来替我们决策"上，而没有
实质性地参与到那些关乎人们生活的决策中去。大到国家层
面，小到个人身边，公民都没有深入地参与到公共生活中去。
正如佩特曼所言，在西方自由主义代议制民主中，平等是指平
等的选举权。就大多数人而言，参与也仅仅指公民广泛参与选
择决策者。① 西方以选举权代替民主参与的公共生活是消极的，
普通大众不能或不愿意参与，少数上层政客的参与才是关键。
用巴伯的话说，这种民主是不充分的"弱势民主"，他提倡以参
与为核心的"强势民主"。公民应该是公共生活的自治者，通过
公共讨论、协商来主宰自己的命运，而不是简单地进行委托投
票来选举决策者。平等的选举权仅仅是参与的一个方面，而不
是全部。自由、平等及多元、开放的参与、协商、讨论，才是
民主的基本特征。缺乏共同讨论的决策不能成为"强势民主"的
基础，没有持续的讨论就不存在"强势民主"的合法性。② 公民
应积极参与公共事务的讨论、协商，倾听他人的意见、发表自
己的意见，以达成公共生活中的共识。习近平总书记说："在
中国社会主义制度下，有事好商量，众人的事情由众人商量，
找到全社会意愿和要求的最大公约数，是人民民主的真谛。"
"在人民内部各方面广泛商量的过程，就是发扬民主、集思广

---

① ［美］卡罗尔·佩特曼：《参与和民主理论》，陈尧译，13 页，上海，上海人民出
版社，2006。

② ［美］巴伯：《强势民主》，彭斌、吴润洲译，164 页，长春，吉林人民出版社，
2006。

益的过程，就是统一思想、凝聚共识的过程，就是科学决策、民主决策的过程，就是实现人民当家作主的过程。"①真正的民主应是公民充分参与到公共事务中去的民主。若是声称一项政策或决定是正义的，其基础就是唯一的：能够真正地促使所有需求和所有观点都得到自由的表达。② 公民广泛而理性参与的民主是积极的、真正的"强势民主"，公民主动参与公共生活的协商、讨论，参与那些影响生活的决策制定和行动开展。"弱势民主"则是一种被动接受的民主，如西方自由主义代议制民主下的公民没法深入讨论公共事务。缺乏参与的民主就往往变成了形式性民主，公民拥有同等的参与公共生活的机会，却不能真正参与其中。这种不参与既可能是自己不需要，也可能是自己不愿意，结果只能是丧失了表达自己的价值主张以实现自己的价值需要的机会。只有在普遍参与的民主氛围中，公民才有可能去实践民主所欲实现的公共理性、自由、平等、合作、尊重、负责任、妥协、宽容等人类的基本价值，也才能形成正义感。

通过民主参与，消极的"弱势民主"转化为积极的"强势民主"。公民积极参与不仅能够消除政治冷漠、疏离感，还能够增强民主参与意识与能力。通过参与，人们把自己的提议诉诸正义，才会在理念上有说服力，因为他人如果认为自己的利益

① 中共中央文献研究室：《十八大以来重要文献选编（中）》，73～74 页，北京，中央文献出版社，2016。
② ［美］艾丽斯·M. 杨：《正义与差异政治》，李诚予、刘靖子译，112 页，北京，中国政法大学出版社，2017。

将遭受威胁，就会要求对其加以说明。借着这样的参与，人们最有可能引出中肯的信息。[①]这样一来，参与就具有了积极的教育性，会培养出一批热心公共事务的负责任、理性、积极和富有知识的民主人[②]，从而有利于参与性社会的形成。反过来，参与性社会又会促进公民积极参与到公共事务中来，形成良性循环。

二、参与促使形式平等转向实质正义

虽然正义不能简化为平等，但是形式平等是正义的基本要求。正如《世界人权宣言》所宣称的："人人有资格享受本宣言所载的一切权利和自由，不分种族、肤色、性别、语言、宗教、政治或其他见解、国籍或社会出身、财产、出生或其他身份等任何区别。"在形式上人人都一样，每一个人都拥有同等的机会，这是实现正义的第一步——形式平等。形式平等侧重于关注同一性，即标准、规范与原则对于所有人都一样适用，在时空上也保持连续性与一致性。这一点是罗尔斯建构其正义原则的前提条件与主要内容。在"无知之幕"下的"原初状态"中，现实的人被抽离出了其自身具体的社会特征，互相无知且相对冷漠，从而就很容易达成一种不偏不倚的形式上平等的正义性契约原则。但是，这种看似理想的正义性契约原则落实到个体

---

① ［美］艾丽斯·M. 杨：《正义与差异政治》，李诚予、刘靖子译，112页，北京，中国政法大学出版社，2017。

② ［美］卡罗尔·佩特曼：《参与和民主理论》，陈尧译，15页，上海，上海人民出版社，2006。

具体的现实生活中，却可能导致忽视差异的社会安排，造成大多数人对少数人的宰制和压迫①。形式平等的程序允许拥有更多的人和资源的群体去宰制和压迫其他人。②

相对于罗尔斯在"无知之幕"下所建构的正义原则，艾丽斯·杨则更加强调人们对公共生活的参与，通过参与形成一种尊重差异的异质性公共生活。相比虚构的契约，我们更需要真正的参与结构，让现实中的人带着他们的地域的、伦理的、性别的和职业的差异，固守着他们对社会问题的看法，进入那些鼓励他们发出自己的声音的制度当中。③当价值偏好、能力水平、知识经验等方面不同的人不能在公共生活中表达自己的主张与看法时，那些看似人人平等的正义实际上导致了不正义的结果。

譬如，教育领域的正义不能囿于形式上的人人都能接受教育与人人都有获得优质教育的机会，而要在现实的教育活动中尊重每一名儿童，特别是那些处于不利境遇中的儿童，关注到儿童的独特经验、需要与能力水平，促使他们自由而全面发展，引导他们过上幸福而有尊严的生活。作为一种美德，正义绝不能站在个人需求、情感与欲望的对立面，而是要去给那些能够让人满足需求、表达欲望的制度条件命名，让儿童的需求

---

　　① 在传统社会中，少数人统治着大多数人。而在现代社会中，情况正好反过来了，大多数人统治着少数人，忽略了少数人自我发展的权益。

　　②③ [美]艾丽斯·M. 杨：《正义与差异政治》，李诚予、刘靖子译，114 页，北京，中国政法大学出版社，2017。

能够在异质性公共空间中依据个人的特殊性得到表达。[①]

形式平等仅仅是教育正义的第一步，还不是最终的实质正义。面对同等的机会，由于个体经历以及文化价值观的不同，儿童的表现也会不同。有的儿童表现出适应，有的儿童表现出不适应。特别是那些处于边缘性位置的儿童，表现出的不适应往往尤为显著。只有每一名儿童都充分参与到教育生活中去，发出自己的声音，才能减轻文化上、制度上的宰制与压迫，防止被边缘化，进而保障自己的权益，获得最大程度的发展。社会正义所要求的并非差异的融合，而是通过制度来消灭压迫，促进对群体差异的尊重和再生产。[②] 当拥有不同个体经验、不同社会背景的儿童都能够积极参与到教育生活中的时候，人人平等的形式平等就转化为了具有现实性的实质正义。在机会平等的原则下，每一个人都能够参与其中，表达自己的诉求，而不是简简单单地接受，它实现了普遍与特殊的融合。这种体现了个体独特经验与价值观念的公共生活是真正有利于每一名儿童发展的，把制度性的压迫、价值性的宰制、文化性的歧视降到了最低。

---

① [美]艾丽斯·M. 杨：《正义与差异政治》，李诚予、刘靖子译，147 页，北京，中国政法大学出版社，2017。

② [美]艾丽斯·M. 杨：《正义与差异政治》，李诚予、刘靖子译，57 页，北京，中国政法大学出版社，2017。

第三节　民主参与所蕴含的正义性价值

教育活动不能离开儿童参与，儿童参与对于教育活动有着重要的价值与意义。参与是公共生活的基本要求，也是正义感培育的基本途径。"人们也许可以将参与模式概括为最大程度的输入（参与），而输出不仅包括政策（决定），也包括每个人的社会能力和政治能力的发展。"①参与的目的不仅是输出合乎正义的决策，而且是输出具有参与意识与能力的正义公民。只有通过参与，他们才能成为公民。② 正义公民的培养离不开公民对于公共生活的参与。参与最大的价值在于其教育意义，通过参与形成一种合乎正义的参与性公共生活，培育具有良好民主意识、能力与意愿的正义公民。

一、培养儿童民主参与意识与能力

正义生活离不开公民的参与。在公共生活中，公民践行正义的意识与能力非常重要。若要守卫正义理念，就必须具备一定的参与意识与能力，否则就没法参与到公共生活当中去。有了这种意识与能力，公民才有可能去守卫正义、守卫公共生活、守卫心中的善。

参与能够直接促进公共生活的民主化，使来自不同背景的

----

① ［美］卡罗尔·佩特曼：《参与和民主理论》，陈尧译，40 页，上海，上海人民出版社，2006。

② ［美］巴伯：《强势民主》，彭斌、吴润洲译，184 页，长春，吉林人民出版社，2006。

个体充分地表达意见，通过相互制衡、说服、妥协而促成合乎各方权益的正义决策与行动。除了"输出"合乎正义的决策，参与还"输出"践行正义生活的意识与能力，这是一种促进公民参与意识与能力发展的教育功能。参与是一种决策程序，更是一种教育实践方式，要在实际的参与过程中培养公民的参与意识和能力。佩特曼认为："参与民主理论中，参与的主要功能是教育功能，最广义上的教育功能，包括心理方面和民主技能、程序的获得。"[①]参与能够提升参与者的思考、推理和作出判断的能力，从而产生民主之善或公共之善。[②]

特别是在培养人的学校教育中，参与实现了作为民主的手段善与目的善的统一。儿童参与不仅能够促进教育生活的民主化，还能增强儿童参与公共生活的意识与能力，促进正义观念的形成。通过参与，儿童培养了公共生活品质，提高了理解、判断、表达、协商等公共生活能力。"参与活动发展和培育了这一制度所需的品质，个人的参与越是深入，他们就越具有参与能力。"[③]儿童参与学校活动越是广泛、深入，所获得的参与意识就越是强烈，社会参与能力提升得就会越快。

鉴于学校生活所具有的教育性特征，我们可以说：儿童参

---

① ［美］卡罗尔·佩特曼：《参与和民主理论》，陈尧译，39 页，上海，上海人民出版社，2006。

② ［英］赫尔德：《民主与全球秩序：从现代国家到世界主义治理》，胡伟等译，156 页，上海，上海人民出版社，2003。

③ ［美］卡罗尔·佩特曼：《参与和民主理论》，陈尧译，39 页，上海，上海人民出版社，2006。

与的最大价值不在于作出某种行动的决定[①]，而在于练习如何作出某种行动的决定，在于发展参与公共生活的意识与能力。儿童能够认识到关乎自身权益或者公共权益的事情都是大家参与的结果，是合乎正义的。同时，他们也能够通过不断参与形成积极参与的意愿与能力，进而学会作出这些合乎正义的决定的方法。在参与性的学校生活中，儿童越来越坚信通过自己的参与能够实现自主决定并决定自己过什么样的生活，从而使非民主态度倾向逐渐减弱、正义感逐渐增强。

二、增强儿童自我价值感

正义感在根本上表现为一种自我价值感，一个不能体验到自我价值感的个体很难形成健全的正义感。有了这种价值感，儿童就能够更好地感受到自信、自尊与自豪，体验到正义的原则与观念。

个体参与的主要领域不是全国性、地方性的政治活动，而是那些与自己日常生活息息相关的领域。这些领域是人们最熟悉也最感兴趣的，只有当一个人有机会直接参与和自己生活息息相关的决策时，他才能真正控制自己日常生活的过程。人们通过积极、负责任、有效地参与，能够提高控制自己日常生活的能力，从而充满信心，获得自我价值感。人们将在参与活动

---

① 儿童是未成熟的个体，是处于发展中的未成年人。儿童的参与活动与成年人的社会参与有所不同，需要教师的指导。作为在知识、能力、情感等方面更成熟的专业人士，教师在大多数情况下作出的教育决定会更合理。若教师的决定在大多数情况下存在问题，那么就要怀疑教师存在的合理性了。

中培养"积极的"性格①，这种性格表现为自信，相信自己能够决定自己的命运。这种自信的获得是个体在参与过程中逐渐积累起来的心理益处。② 一个人参与的领域越多，他在政治效能感方面的得分就会越高。③ 参与和效能感处于相互决定的循环之中。参与越是广泛而深入，自我价值感就越强，也就越愿意参与到日常生活中的讨论、决策中来。反之，越是不愿意参与，自我价值感就越弱，信心就越不足，行动上就越退缩，就会形成消极的性格，更加不愿意参与。参与对个人政治效能感的发展会产生有利的影响。④ 我们通过参与实践而学会了参与，政治效能感更有可能在一个参与性的环境中得到培养。⑤

儿童参与学校生活，自主地决定与自己相关的事情，能够增强效能感，感受到被尊重，满足自尊的需要，觉得自己很棒，提高自信。正义的氛围一定要保护每一个人特别是处于不利境遇的人的自信、自尊与自豪，只有这样，普遍的正义感才能够形成。

---

　　① ［美］卡罗尔·佩特曼：《参与和民主理论》，陈尧译，44 页，上海，上海人民出版社，2006。
　　② ［美］卡罗尔·佩特曼：《参与和民主理论》，陈尧译，45 页，上海，上海人民出版社，2006。
　　③ ［美］卡罗尔·佩特曼：《参与和民主理论》，陈尧译，48 页，上海，上海人民出版社，2006。
　　④ ［美］卡罗尔·佩特曼：《参与和民主理论》，陈尧译，61 页，上海，上海人民出版社，2006。
　　⑤ ［美］卡罗尔·佩特曼：《参与和民主理论》，陈尧译，98 页，上海，上海人民出版社，2006。

三、形成儿童主体间认同感

参与是共同体形成的前提，有利于共同体的发展。离开了对共同体的信任，个体的正义感很难形成。我们每一个人都是共同体的成员，不同的人对于共同体的理解有所不同，共同体的范围也有大有小。但有一点是可以确定的，那就是共同体的成员共享着某一种共同善，也共享着某些价值观念与行动准则。共同体所共享的共同善往往与正义观念具有一致性，个体在追求自身善的过程中应受到正义原则的约束。正义观念指导并规范着共同体成员的行动，共同体只有依照正义观念行动才能稳定发展。在一个正义的共同体之中，每一个成员都与其他成员相互分享由自由制度所激发出来的卓越品质和个性。他们认识到每一个人的善是全部活动中的一个因素，而整个体制则得到一致赞同并且给所有人都带来快乐。可见，人们在主体间理解的基础上破除隔阂、消除歧见、相互分享并接纳彼此的观点是公共生活的关键。

参与在共同体方面主要发挥整合性功能。通过参与，个体可以形成一个团结的共同体。这种整合不是外在强制式的，而是内在融合式的。参与活动的经历可以加强团体内部的和谐关系和合作关系。[①] 在参与活动中，人们通过沟通、交流、协商来促进主体间理解，从而使不同的主体从孤立走向合作、从封闭走向开放。在这种合作、开放的状态中，人们表达自己的价

---

① ［美］卡罗尔·佩特曼：《参与和民主理论》，陈尧译，58页，上海，上海人民出版社，2006。

值需要与观点，也理解他人的价值需要并试图接纳他人的观点。这种积极的交流、合作、分享把具有不同价值需要与生活经验的主体整合成为一个有机的共同体，从而极大地支持了参与民主理论认为参与具有整合性功能的观点。[1]

在学校生活中，儿童参与日常生活可以培养对于学校（班级）共同体的认同感与归属感，感受到共同体是"我"的，而不是"非我"、外在于我的，还可以培养对于他人价值需要的尊重，通过同学的参与认识到班级不仅仅是"我"的，还是"他"的，是"我们"大家的。正因如此，具有不同价值需要与生活经验的"我"与"他"走向了基于主体间理解的"我们"。在"我们"的主体间关系中，儿童理解并承认不同主体的价值，尊重并保护人际差异，促进自由而全面发展，为自我实现提供帮助。正如鲍曼所说的那样，共同体是一个温馨的地方、一个温暖而舒适的场所。在学校（班级）这一共同体之中，"我们"在相互信任、相互关心、相互依赖中自由而全面地发展。

第四节　学校中儿童参与的基本要求

参与不仅是正义的实现条件，还是教育成功的要素。学校公共生活的构建需要儿童参与，离开儿童参与的生活是缺乏活力的，也很难实现教育正义所包含的美好期望。学校中的儿童

---

[1]　［美］卡罗尔·佩特曼：《参与和民主理论》，陈尧译，58 页，上海，上海人民出版社，2006。

参与和一般的社会参与不完全一样，儿童参与的最大价值在于锻炼、培养儿童的参与意识与能力。要形成一种参与性学校生活，培养儿童的参与性行为，就要做好以下几个方面。

一、避免装饰化，强调参与的广泛性

参与应该是广泛的。学校公共生活中有关儿童的公共议题应该尽可能向相关儿童开放，相关儿童要能够充分地参与公共议题的讨论。这样，儿童就会感受到自身能够影响公共生活，受到尊重，不被边缘化。他们不仅会体会到公共生活的正义品性，也会主动维护这种具有正义品性的生活。正所谓广泛参与实践在一定程度上既是平等条件的结果，也是维持这种条件的动力。[①]

儿童参与学校公共生活不能是装饰性的，即少数儿童参与极少数领域，而应该是广泛参与。这种广泛性主要表现为两个方面：一是参与主体的广泛性，每一名儿童都有机会参与到学校公共生活中来；二是参与领域的广泛性，在学校生活领域内，凡是关系到儿童生活的公共性问题都需要儿童的参与。虽然儿童还不成熟，理性思维还不健全，社会经验还不丰富，但是不能以这些为理由来阻碍儿童参与。这些不成熟的参与对儿童发展有着积极的价值。面对一个关系到儿童发展的公共议题，所有相关儿童，至少是所有对此议题感兴趣的儿童，都有机会参与到此议题的讨论中来，发表意见并接受他人的质疑，

---

① ［美］奥勒姆：《政治社会学导论：对政治实体的社会剖析》，董云虎、李云龙译，324～325 页，杭州，浙江人民出版社，1989。

经过相互协商后提出一个大家可以接受的方案。例如，校纪、班规的制定就需要儿童广泛参与，让儿童充分发表意见，而不能由教师群体或者学校管理层单方面决定，只象征性地吸收部分儿童的意见。

若要实现广泛性参与，就必须避免那种"教师群体指令、优秀群体参与、边缘群体观望"的局限性参与。首先，教师要改变指令式教育方式，认识到儿童参与的教育价值与正义意蕴。教师不能以儿童不成熟为理由而忽视儿童参与，或者认为某些事情是理所当然的而不需要儿童参与。其次，教师要改变只让一部分儿童参与的状况，不能把参与当作一种奖励或荣誉。必须避免出现这样的现象：面对公共议题，学业成绩上的"好学生"有更多的参与机会，教师也愿意听取他们的意见，而学业成绩上的"差学生"往往被边缘化，成为不参与的旁观者。最后，教师要多创造参与的机会。毫无疑问，儿童的参与意识与能力确实比较弱，但不能以此为理由拒绝儿童参与，而要多创造机会来培养儿童的参与意识与能力，更要关注到处于边缘的群体的参与情况。这样的参与才具有广泛性，才能让每一名儿童都参与进来。

二、防止"被代表"，鼓励直接参与

参与应该是直接参与，不能"被代表"。"被代表"其实暗含着一种被边缘化的危险。当然，个体直接参与广泛的社会公共生活虽有必要，但难以实现。若是把社会公共生活缩减到学校范围内，儿童直接参与就不仅必要，而且可能。何况学校生活是一种教育性的生活，更有必要让所有儿童，特别是那些参与意识不强、缺乏参与能力的儿童参与进来，以培养他们的参与意识与能力。"被代表"则剥夺了大部分儿童特别是缺乏参与能力的儿童发展参与意识与能力的机会，让他们因为缺乏参与能力而长时间不能参与正义的公共生活。

在学校公共生活中，要让每一名儿童都能够直接参与到公共议题的讨论中来，发表自己的意见。"被代表"会导致儿童不能发表自己的观点和表达自己的主张，处于一种失语状态。在直接参与的过程中，教师要制定一种程序让所有儿童都有机会参与进来，并防止儿童中出现歧视。"在协商过程和影响决策的机制中的发言权是平等的。民主性的公民身份意味着政治平等，因此公民在法律面前拥有同样的公民权利、同等的地位，在决策中拥有平等的发言权。"①教师要为那些边缘群体提供特别照顾，给予他们充足的表现机会，对于他们的观点要给予特别重视。例如，在杜绝校园欺凌问题上，所有的儿童都应该同等地参与到这一议题中来，更要积极鼓励被欺凌者参与并让他们表达自己的观点、感受。若是不进行特别关照，被欺凌者可能没有勇气站出来表达自己的观点。

通过"补偿"的方式，学校能够保障边缘群体直接参与学校生活，避免了因缺乏能力而"被代表"的边缘化，实现了真正

---

① ［美］博曼：《公共协商：多元主义、复杂性与民主》，黄相怀译，23 页，北京，中央编译出版社，2006。

的、平等的、直接的参与。在参与理论中，参与指在决策过程
中平等参加①，这种平等不仅指儿童有机会参与，还指儿童有
能力参与。真正的平等参与要多照顾那些缺乏参与能力的儿
童，避免出现"有机会参与，但缺乏参与能力，也不愿意参与"
的"被代表"状况。不论是因为缺乏能力还是因为缺乏机会，只
要还存在沉默的儿童，那种边缘化的宰制和压迫就一定会存
在，正义的教育理想就不会全面实现。只有当受压迫的群体能
够在公共空间中和其他群体一样平等地表达自己的利益和体验
时，才可以在形式化的平等参与过程中避免群体宰制。② 在学
校生活中，每一名儿童都要积极参与对公共生活的讨论。他们
都是平等的价值主体，他们的观点应该受到同等尊重。不必担
心观点合理与否，这不太重要，因为不太合理的观点会在平等
的讨论中逐渐得到修正。当然，直接参与不反对代表制与委托
投票。儿童在充分表达自己的主张与观点、进行协商与讨论
后，若有需要，再进行投票表决。

三、避免"个人化"，强调公共理性参与

参与必须是理性的，参与各方不能自说自话、不顾及他
人。公共理性是公民的基本素养，也是民主参与的条件。公民
的理性是那些共享平等公民身份的人的理性，他们的理性目标

① ［美］卡罗尔·佩特曼：《参与和民主理论》，陈尧译，39 页，上海，上海人民出
版社，2006。
② ［美］艾丽斯·M. 杨：《正义与差异政治》，李诚予、刘靖子译，114 页，北京，
中国政法大学出版社，2017。

是公共善。① 具有公共理性的公民在自由平等的交往中以合作的态度对待公共事务。公民虽然有自己的价值主张与利益诉求，但愿意通过平等、合作、协商的方式去解决公共生活中的问题，以追求共同的善。参与需要从自我出发，但绝不是不关注他人。参与活动要防止"个人化"的封闭立场，不能仅仅关注个人的价值主张，固执地坚持自己观点的绝对性，简单粗暴地拒绝不同意见。

在学校公共事务讨论中，儿童要认识到自由而全面发展是学校生活的公共善。在相互尊重、信赖、宽容、合作的基础上，以积极沟通、平等对话、广泛交流等方式提出自己的价值主张与观点。无论是陈述自己的观点，还是支持或反对他人的观点，都要阐明理由，而不能简单地说支持或反对。对于他人的主张与观点，要秉持真诚地倾听、理解并接受的态度，并参照他人的主张与观点随时修正、完善自己的主张与观点。公共理性的价值不仅包含基本的判断、推论和证据之概念的恰当运用，而且包含合乎理性、心态公平的美德。②

参与是相互理解的过程。参与不是简单地申明自己的立场或表明自己的观点，而是在主体间理解的基础上达成共识。儿童通过表达、倾听以及辩论等环节陈述自己的观点与看法，了解同学的需要与偏好，并在相互尊重的基础上形成深层次的理

---

① ［美］罗尔斯：《政治自由主义》，万俊人译，225 页，南京，译林出版社，2000。
② ［美］罗尔斯：《政治自由主义》，万俊人译，147 页，南京，译林出版社，2000。

解。儿童在参与中将私人矛盾转化为公共问题，将需要转化为相互依赖，将冲突转化为合作。[①] 理性合作的态度促使经验各异的价值主体实现视域融合。

为了避免参与变成自说自话，成为"个人化"的表达，教师要对参与过程进行指导。这种指导应是一种"程序性"的"弱"指导，重点在活动规则把握上，而不能是"教导式"的"强"指导。教师主要是阐明参与规则并控制过程，防止出现混乱。例如：每名儿童发言几分钟，在发言的过程中明确提出自己的观点并阐明理由；在他人发言时要倾听，而不能武断地打断；支持或反对他人观点时，要提出支持或反对的理由。在充分讨论之后，教师要作出开放性的总结，说出这次讨论的结果，看看儿童是否认可，并提出行动建议。学校生活中的参与应是一种教育性的参与，需要教师的指导，而不能是儿童自发、自然的无规则的参与。教师的规范和引导可以促进儿童公共理性精神与参与能力的发展。

通过广泛、平等、理性地参与活动，儿童能够影响关乎自己生活的事务的讨论和决策，并感受到合乎正义的生活氛围。在正义氛围的熏陶下，儿童往往能够获得自信、自豪的价值感，并自然而然地感觉到日常生活是正义的，进而就会自觉地按照正义原则去行动、追求共同善，形成既不求多得也不会少得、既不会看轻自己亦不会歧视他人的正义感。

---

① ［美］巴伯：《强势民主》，彭斌、吴润洲译，148 页，长春，吉林人民出版社，2006。

第五节　适合儿童参与的教育是什么样的

一、听教师的话：一种悖离正义的话语

我们常听见成人语重心长地对儿童说，在家要听父母的话，在学校要听教师的话，做一个好孩子。但是，仔细一想，这种习以为常的话语中暗含着一个值得推敲的判断：父母、教师的话是对的，听话的孩子是好孩子。那么，若是父母、教师的话不全对呢？孩子还要听吗？这样听话的孩子算是好孩子吗？就算父母、教师的话绝大部分是对的，若孩子不加以思考地听从，那又怎么发展其理性的思考、判断能力，培育其自我管理的意识与能力呢？这样的教育算是好的教育吗？

听话蕴含着顺从、服从、沉默等意思，意味着拒绝自主思考、拒绝康德意义上的启蒙，也意味着没有勇气运用自己的理性来进行思考。听话的教育是一种驯化、压制的教育形式，是一种屈从于权威人物意志的教育形式，是一种拒绝儿童参与、完全依赖于教师指令的教育形式。儿童在其中不能自由地运用自己的理性，不能进行自我管理。在拒绝儿童参与的场域中，儿童不仅没有自我做主的欲望与能力，也没有任何自我实现的想法。儿童表达出的意见也有着鲜明的被操纵的烙印，往往代表着权威人物的习惯、爱好与想法。

教育应该是师生双方主体间交往的过程，但要求儿童听话

的教育往往拒绝儿童参与，变为教师的独角戏。一部分教师以
儿童能力有限为理由，不鼓励儿童参与，或者只让儿童部分参
与到简单活动之中，告知儿童相关信息，象征性地征询儿童意
见。例如，班级生活中，儿童参与面临着被教师权威压制的危
险。首先，班级活动中儿童参与机会不均。学业成绩好的儿童
拥有更多的参与机会，处境不利的儿童则往往不受重视，主动
或被动地游离于班级活动之外。其次，班级活动中儿童参与深
度不够。儿童缺乏充分表达意见的途径，教师不愿意或者不知
道如何让儿童充分参与到活动中来，儿童的意见较少被重视。
再次，班级活动中儿童参与自主性不足。活动多由教师发起，
儿童处于被动参与的状态，缺乏一定的积极性。最后，班级活
动中师生关系不对等。教师在儿童面前天然地具有一种权威身
份，经常处于强势的支配地位，儿童则处于被支配地位。

　　若要改变听话的教育形式，就要鼓励儿童参与到教育之
中，充分尊重儿童的参与权。若要改变儿童不完全参与的状
态，就要借鉴参与民主理论来建构参与性班级，让儿童在参与
过程中学习参与理念，通过常态化的参与培育自我管理的意识
与能力。儿童的参与权是天赋的，而实际的参与能力则是后天
学习的结果。儿童参与意识和能力的发展离不开班级生活，参
与性班级能够有效促进儿童参与意识和能力的发展。

　　参与最早作为一个政治学概念被提出，但这并不意味着参
与仅仅止步于政治生活领域，日常生活才是公民常态化参与的

重要领域。所以，参与民主理论要求建立一个参与性社会。[①]
参与性社会是一种公民普遍参与的社会，要求公民常态化地参
与到那些关乎自身发展的公共事务中去，一方面影响公共事务
的决策，另一方面锻炼公民的参与意识和能力。对于儿童而
言，班级生活是其日常参与的重要领域，参与民主理论要求建
立一个参与性班级。所有儿童都能够广泛深入、平等自由地充
分参与到班级规则制度的制定、班级活动的发起与组织、同学
人际关系的协调等公共事务的协商、讨论中来，在协商、讨论
中秉持公共理性，扮演积极的角色，发表自己的意见，从而影
响班级公共决策。

　　在参与性班级中，师生双方处于一种相互尊重、信任、理
解的关系之中。教师应尊重儿童作为独立个体的主体地位，相
信儿童能够自主地作出决定，也愿意倾听儿童的意见，并与儿
童经常性地交换意见，共同承担责任。同时，儿童愿意充分参
与那些与他们紧密相关的日常生活，并感受到自己的意见能够
被聆听、采纳。儿童通过参与实践来理解民主生活，践行正义
观念，认清所扮演的公民角色，促进公共生活能力的发展。

　　参与是实现正义的前提，离开了公民普遍化的社会参与就
很难有一种合乎正义的社会安排。正义需要允许所有人平等参
与社会生活的安排。克服不公正意味着分解制度化的障碍，这
种障碍阻止一些人以与其他人同等的身份并作为完全的伙伴去

---

　　① ［美］卡罗尔·佩特曼：《参与和民主理论》，陈尧译，103 页，上海，上海人民出
版社，2006。

参与社会交往。[①] 正义就是所有人以平等的身份参与并影响社会安排，消除不正义就是消除那些阻碍人们平等参与的因素。在充分的参与中，各方的权益得到保护，权责被合乎正义地分配，各方不同的意见得到关注，形成普遍受到尊重的环境氛围。在充分的参与性社会中，分配正义与承认正义实现了统一，得到了充分保护。所以说，参与性社会是正义生活所依存的场域。

在学校场域中，儿童感受到教师愿意分享班级管理权、鼓励参与、愿意积极接纳自己的意见的时候，就会感受到一种不是被支配而是自我决定的力量，就会逐渐加强师生之间、同学之间的信任，也更愿意相信日常生活安排是正义的，形成正义感。没有任何理由让儿童缺乏主动参与、思考公共事务的欲望，也没有任何理由让儿童失去发展参与意识和能力的机会。参与作为一种善、一种实现正义的条件，一般来说越充分越好。

二、适合的参与：开展有价值的儿童参与

正义要求人们平等地参与公共讨论和民主决策过程。[②]离开了公民自由、平等、广泛而理性的参与，正义不仅将变得不完整，还将失去实现的可能。在现代公共生活中，直接拒绝公

---

① [美]弗雷泽：《正义的尺度：全球化世界中政治空间的再认识》，欧阳英译，69页，上海，上海人民出版社，2009。

② [美]艾丽斯·M.杨：《正义与差异政治》，李诚予、刘靖子译，110页，北京，中国政法大学出版社，2017。

民参与的社会活动越来越少，绝大部分社会活动都有公民参与的身影。问题在于公民参与公共生活的深度不同，有的是深层参与，有的则是浅层参与，甚至出现这种现象：看似公民都参与了，结果多是表面参与。譬如，在"满堂灌"的课堂上，儿童作为静听者被灌输，几乎不参与课堂教学。经过教学参与理论的发展，课堂变成了"满堂问"，在四十来分钟的教学中能够让儿童提出三四十个问题，甚至为了不遗漏某一位儿童而达到了问题全覆盖。这种课堂看似所有人都平等参与了，然而内容或是简单回答"是或否"或是指出某一语词位置或是读一段书……其参与质量可能不会太高。

（一）参与阶梯的反思与分析

一个良好的参与性社会，不仅需要公民广泛参与，还需要公民深度参与。一旦参与停滞于表面，没有了深度，公民也就成了被操纵的对象或者当权者用来掩饰专权的橡皮图章与表决器。如何区分出不同层次的参与呢？阿恩斯坦根据公民参与公共事务决策时所发挥的作用提出了公民参与阶梯模型[①]，把公民参与度从浅到深划分为八个阶梯(图 5-1)。

---

① Sherry R Arnstein. "A Ladder of Citizen Participation," *Journal of the American Institute of Planners*, 1969(4), pp. 215-224.

⑧公民控制（citizen control）：公民无须经过授权，就拥有决定权。

⑦授权（delegated power）：经过授权后，公民拥有决策权，而政府仅处于支援的角色。

⑥伙伴（partnership）：公民和政府处于对等伙伴关系，通过协商的方式共同作出决策。

⑤安抚（placation）：公民表达的部分意见被采纳，存在装点门面的形式主义，政府仍掌握最终的决定权。

④咨询（consultation）：公民除了能够了解到相关信息之外，还有了表达意见的渠道，但政府不一定会采纳。

③告知（informing）：政府在作出决策后将相关信息告诉公民，公民没有机会表达自己的意见，参与停留在知情权阶段。

②治疗或矫正（therapy）：公民处于被治疗或矫正的位置，政府仅仅想让公民感觉自己参与了，其实公民并没有参与其中。

①操纵（manipulation）：政府通过咨询会或说明会的方式来教育或游说公民以操控公民的意志，从而获得公民的支持，公民处于被操纵的位置。

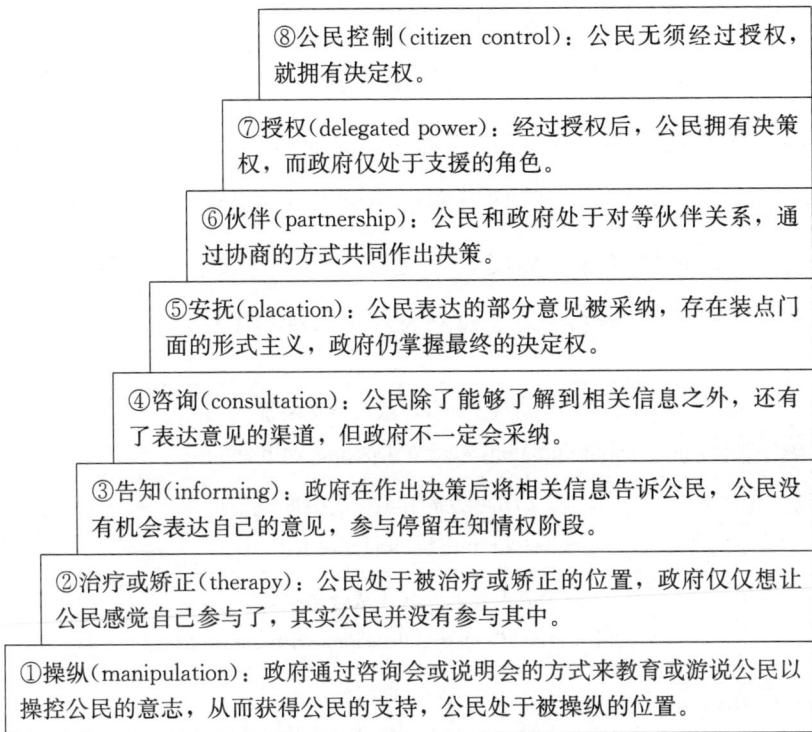

图 5-1　公民参与阶梯模型

在公民参与阶梯模型中，①②两个阶梯属于"非公民参与"阶段（non-participation）。公民不能影响公共事务的决策，实质上是无参与。③④⑤三个阶梯属于"形式化参与或象征性参与"（degrees of tokenism），公民虽有权发表意见，但决策者不一定采纳，公民能够部分地影响公共事务的决策。⑥⑦⑧三个阶梯属于"完全参与或公民权参与"（degrees of citizen power），公民的决策权越来越大，其主导着公共事务的决策，逐渐成为共同决策者。在西方自由主义代议制民主制度下，高阶参与基本沦为一句空话。只有在社会主义民主制度下，人民至上、人民当家作主的公民参与才得以实现。

公民参与阶梯模型提出之后，研究者不断地修正、完善它，并把它应用到不同的领域。1992 年，哈特结合儿童的生活情况，将公民参与阶梯模型运用到儿童参与活动中，并对其进行了儿童化改造，提出了儿童参与阶梯模型。[①] 儿童参与阶梯模型根据参与度的深浅划分为八个阶梯(图 5-2)。

| ⑧儿童发起并与成人分享决策
(child-initiated，shared decisions with adults) |
| ⑦儿童发起并由自己决策
(child-initiated and directed) |
| ⑥成人发起并与儿童分享决策
(adult-initiated，shared decisions with children) |
| ⑤咨询和知情
(consulted and informed) |
| ④委派并知情
(assigned but informed) |
| ③象征
(tokenism) |
| ②装饰
(decoration) |
| ①操纵
(manipulation) |

图 5-2　儿童参与阶梯模型

① Roger A Hart，*Children's Participation：From Tokenism to Citizenship*，Florence，UNICEF International Child Development Centre，1992，p. 8.

在①②③三个阶梯上，儿童基本上是依照成人指令而行事，被操纵、走过场、装点门面等形式主义现象严重。教师想让其他人看到儿童参与到教育教学活动中的身影，其实儿童并没有真正参与进来。儿童看起来参与了课堂教学、班级管理，实际上都是按照教师的指令行动，仅仅在表面上看起来参与了这些活动。例如，课堂教学中儿童被要求用"是或否"回答一个问题，而不需要思考为什么，这仅仅是为了表明课堂很活跃。

①操纵式参与。儿童不了解具体的问题，完全依据教师的指令、安排来行动，假装参与其中。

②装饰化参与。儿童的意见不被考虑，多是"走形式"、装装样子，参与在这里起装饰作用。

③象征性参与。教师想考虑（部分）儿童的意见，但在交流、讨论中却没有给儿童多少表达空间和选择余地，或者只选择表达能力好的儿童参与并发表意见。

在④⑤两个阶梯上，儿童参与程度较低，能够了解到活动的目的与任务。儿童的意见也会被考虑，但其参与还不充分，多是知情而不能参与作出决策。例如，在班级春游活动中，教师会告诉儿童将要做什么、有什么价值等，也会让儿童参与讨论，在可能的情况下还会采纳一部分儿童提的意见。但是最终还是教师作决定，仔细安排活动方案并在活动中指导和监督儿童。

④委派并知情式参与。教师制定活动计划方案后，向儿童委派任务并告知活动的信息，促使儿童了解活动的目的与

方案。

⑤咨询和知情式参与。教师与儿童讨论并咨询其意见，儿童了解活动的信息并能提出自己的意见，且意见会被教师重视、认真考虑。

在⑥⑦⑧三个阶梯上，儿童参与程度很高，达到了深度参与。儿童能够参与决策、影响甚至主导活动的开展，是积极的高阶参与。例如，举办一个晚会，可能由教师发起，也可能由儿童发起。晚会上具体有什么节目、谁来表演、节目顺序如何、邀请哪些人参与等事项都由教师与儿童共同决定，有的时候儿童还会发挥主导性的作用。

⑥成人发起并与儿童分享决策的参与。教师发起一个活动议案，让儿童参与活动的整个过程，并与儿童共同决策。儿童的意见被重视，并且其能够参与决策。

⑦儿童发起并由自己决策的参与。儿童发起一个活动议案，自己决策，从发起、目的到过程与反思都由儿童决定。教师仅仅提供帮助，不指手画脚。

⑧儿童发起并与成人分享决策的参与。儿童发起一个活动议案，并邀请教师共同决策。儿童主导着整个活动过程，教师仅仅提供专业化的意见和支持。

从阶梯①到阶梯⑧，儿童参与水平逐渐提高，这也体现了儿童参与程度越来越深。到了阶梯⑧，儿童已经完全能够自主地作决定，不依赖于教师。同时，这个阶梯水平对于儿童参与能力的要求也最高。一般而言，大部分儿童特别是小学阶段的儿童没法达到阶梯⑧的水平，能达到阶梯⑥的水平就已经很不错了。

（二）有价值的儿童参与

对于成人来说，参与阶梯越高越好，越高越有利于参与性社会的形成。但是，对于儿童来说并不是参与阶梯越高越好。由于能力的限制，儿童对于高阶参与往往不适应，也没有足够的知识储备来完成。与其盲目追求高阶参与，不如关注适合儿童不同发展阶段的参与水平是什么，适合儿童发展水平的参与阶梯，才是有意义的。

教师不能盲目地认为所有活动中的儿童都应该达到最高阶梯水平，也不能盲目地认为低水平的参与是没有价值的，这些都要根据儿童的能力水平以及活动的性质而确定。正如哈特所言："没有必要总让儿童处于参与的最高阶梯上，需要记住重要的原则是选择。让计划设计得让所有儿童都尽可能有机会选择发挥他最大能力的参与。"①成人应该根据儿童发展水平与活动性质，考虑儿童的参与程度。教育者要多开展参与活动，让不同阶段的儿童参与到不同领域的活动中去，锻炼全方位的参与能力。

对于小学三年级的儿童来说，可能阶梯⑤更适合。教师充分告知儿童相关信息，让儿童充分发表意见并酌情采纳。阶梯

---

① Roger A Hart, *Children's Participation: The Theory and Practice of Involving Young Citizens in Community Development and Environmental Care*, London, Earthscan/UNICEF, 1992, p. 42.

⑤对于初中生来说就不适合了。他们拥有更强的参与能力，愿意自己决策，不愿意被教师支配。对于初中生来说，阶梯⑥和⑦对他们更适合。初中生渴望自己的意见被教师尊重，也有能力作决定，所以阶梯⑥和⑦对于他们是最有意义的。当然，可能阶梯⑦和⑧对于高中生更适合，也更能锻炼他们。

参与活动不能一刀切，或者以最高标准要求儿童。参与能力的发展不能一蹴而就，而要循序渐进。有价值的参与不是高阶参与，而是适合儿童发展水平的参与。所以，教师要能够充分关注到儿童日常生活和照顾到儿童特点，评估、判断儿童的参与水平，提供最有利于儿童能力发展的参与活动，否则就没法真切地建设适合儿童的参与性班级。

第六节　如何建设参与性学校生活

正义的实现需要民主参与，而参与性民主离不开参与性社会。对于儿童来说，建设一个参与性班级是保障并促进正义生活的条件。正义的知识、技能、情感、态度及价值观不能是外在地填塞给儿童的，需要儿童真真切切、实实在在地参与学校生活（图5-3）。正如杜威所言，教育如同生长，儿童在与他人、社会交互作用的过程中实现了自身经验

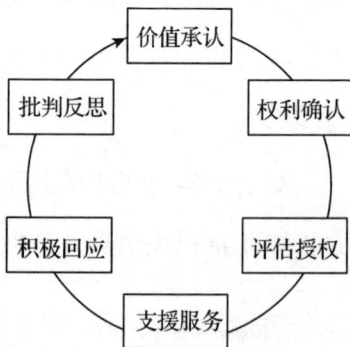

图 5-3　参与性学校生活的流程

的改组、改造。离开了参与，儿童的民主经验很难获得发展，践行正义的意识、观念与能力也会仅仅停留在纸面上。儿童即使了解了很多关于民主、正义的"知识化"观念，也没法形成正义感以及依据正义感去行动的欲望和能力。建设适合儿童的参与性班级需要儿童能够以自由平等的姿态积极参与班级公共事务的讨论、协商，倾听他人的意见，发表自己的意见，遵守共识并执行，行动后反思并试图改善。

一、价值承认：信任儿童的参与能力

现在很多教师不愿意让儿童真正参与到教育生活中来，仅仅让儿童处于低阶参与水平，如操纵式、装饰化、象征性参与，而不让儿童进行发起议题、自主决策式的深度参与。为什么呢？答案可能是很多教师认为儿童能力不足，其参与可能会致使教学活动、管理行为等变得低效，有陷入混乱的危险。其实，这是一种错误的教育观，忽视了儿童的主体性意识与能力。儿童处于一个不成熟的发展阶段，这是事实。但这不是说儿童就如同一块"白板"、如同一个等待填塞的"容器"。意大利学者皮耶罗·费鲁齐宣称"孩子是个哲学家"："小孩时时刻刻都在思索所有刚接触到的新事物、新经验。他们认真学习，努力思考，并赋予每一样事物一个观点，整合入他们的世界观。比起大部分习惯于日常生活、懒得再去质疑的成年人，孩子们更像是勇于怀疑的哲学家。"①

---

① ［意］皮耶罗·费鲁齐：《孩子是个哲学家》，陆妮译，海口，海南出版社，2002。

所以，教师要改变那种不信任儿童的价值预设，要相信儿童有能力做好自己的事情，对于那些关乎自身发展的事情能够进行理性的参与并发表合理的意见。即使出现了偏差，那也是正常的。教师可以去指导儿童，帮助他们了解为什么会出现偏差以及以后如何避免类似的情况，这便是教师的教育价值所在。无论是在成功当中积累经验，还是在犯错的过程中了解失败的原因，都是儿童真实地参与教育的过程。

二、权利确认：尊重儿童的参与权益

儿童有权参与那些关乎自身发展的事务，充分发表自己的意见并进行协商、讨论，广大教师不能以任何理由削弱或剥夺儿童的参与权。1959 年联合国大会通过的《儿童权利宣言》宣称："儿童应被保护不受一切形式的忽视虐待和剥削。"[1]教师要能够听取儿童的意见，让儿童充分参与到日常的教学、管理活动中来，使儿童不被忽视。在 1989 年的《儿童权利公约》中，第十二条规定"能够形成自己看法的儿童有权对影响儿童的一切事项自由发表自己的意见，对儿童的意见应按照其年龄和成熟程度给以适当的重视"[2]。中国作为《儿童权利公约》的缔约国，一直积极推进关于儿童权利的政策、法律的制定工作，也一直积极保护儿童的参与权。2006 年修订的《中华人民共和国未成年人保护法》首次在法律层面上将参与权与生存权、发展

---

[1] 《儿童权利宣言》，https://www.nwccw.gov.cn/2017-04/06/content_146769.htm，2022-01-23。

[2] 《儿童权利公约》，https://www.nwccw.gov.cn/2017-04/07/content_147350.htm，2022-01-23。

权、受保护权等一同确定为儿童的基本权利。2011 年国务院颁布的《中国儿童发展纲要（2011—2020 年）》中提出，要"广泛开展以儿童优先和儿童权利为主题的宣传教育活动，提高公众对儿童权利尤其是儿童参与权的认识"。儿童参与权成为儿童权利宣传的重点，希望通过多种渠道来保护儿童参与权的实现。《中国儿童发展纲要（2011—2020 年）》还提出："保障儿童的参与和表达权利。将儿童参与纳入儿童事务和儿童服务决策过程，决定有关儿童的重大事项，吸收儿童代表参加，听取儿童意见。畅通儿童参与和表达渠道，增加儿童社会实践机会，鼓励儿童参与力所能及的社会事务和社会公益活动，提高儿童的社会参与能力。"《中国儿童发展纲要（2021—2030 年）》又一次强调了儿童参与权："尊重儿童主体地位，鼓励和支持儿童参与家庭、社会和文化生活，创造有利于儿童参与的社会环境。"

三、评估授权：提供适合儿童的参与机会

儿童不仅要有参与学校生活的权利，还要有适合其发展水平和生活特点的参与途径。儿童要有合适的机会来表达自己的需要、意见等，没有实际参与机会的参与权是纸面上的参与权。儿童的参与若是不能适合儿童的发展水平和生活特点，也是没有价值的。这就要求教师对儿童的参与水平、日常生活、兴趣爱好以及公共生活需要进行综合评估，以确定适合儿童的参与阶梯水平、参与领域以及参与方式。参与阶梯水平的评估

不能是一次性的、孤立的、"想当然"的评估，要充分听取其他教师或者相关研究者关于某一年龄段儿童的参与阶梯水平的意见，并在后续活动中不断修正、完善评估信息。评估之后，教师就要在合适的参与阶梯水平上向儿童充分授权，提供合适的参与机会，把以前的很多由教师单独决定或只有少数儿童参与的活动向全体儿童开放，让他们都参与其中，以改变那种排斥参与、仅有少数儿童参与、低水平参与的状况。

教师在教学中要创造各种适合儿童参与的机会，这不仅是保障儿童参与权的要求，而且是教育成功的前提。教育是一种主体间的交往活动，不能是教师的"独奏"与儿童的"静听"，需要师生共同参与，这一点已经被广大教师所确认。教师在教学计划与方案的制定、教学过程的组织以及教学结果的评价等活动中，不仅要能够充分尊重儿童参与权、听取儿童的观点和意见，还要采取自主、合作、探究的方式让儿童充分参与到课堂教学中来。在学校或者班级管理、社团活动组织中，教师要充分授权，让儿童充分参与各个方面，如班干部选举、班级公约制定、班级文化建设以及班级奖励、惩戒和申诉等。在这些活动中，教师仅仅作为一个"消极"的支援服务者，而非"积极"的主导引领者。教师的主要职责是提供支援服务，当儿童需要帮助的时候给予必要的帮助，当儿童的活动明显越界时给出提醒。

四、支援服务：为儿童参与提供必要扶助

儿童有了充分的参与机会之后，虽然在理论上就可以充分参与了，但在具体实践中会遇到因参与意识与能力不足而影响到实际参与水平的情况。儿童有机会参与，却没有参与意识与能力，会导致儿童参与权丧失，也会演化成教师主导的少数儿童参与、大部分儿童不能参与其中。反过来，教师又会因为儿童参与意识弱、参与能力水平低而拒绝承认儿童的参与权或减少儿童的参与机会。教师的支援服务主要包括两个方面：一是全体儿童的参与意识与能力的指导与培养；二是给予边缘儿童以特别的扶助，使其更好地发出自己的声音。

教师不仅要鼓励儿童参与到学校生活当中去，还要为儿童参与提供必要的支持与帮助。例如，教师要向儿童传达必要的参与信息、教授合理的参与知识以及阐述基本的参与程序等。除了这些知识、能力准备外，教师还要在儿童特别是低年级儿童参与的过程中给予科学指导，要及时告诉儿童哪些程序合理、哪些表达方式不合理、哪些行为会伤害其他人，及时纠正不利于参与活动深入进行的行为，使儿童在教师的指导与支援服务下慢慢习得民主参与的意识与能力。

教师在这样的活动中要特别关注处于不利境遇的儿童，给予他们更多的帮助。处于不利境遇的儿童由于自身参与意识与能力欠缺，往往比一般儿童更不愿意参与到学校生活中来。这就需要教师在儿童参与的过程中为这部分儿童设计独特的程序、提供更多的机会并更多地鼓励他们发言，让他们感受到自己是班级中的平等一员，也能发出自己的声音。

五、积极回应：充分肯定儿童的参与行为

参与是一个积极的互动过程，需要参与各方以相互尊重、理解、宽容、信任的姿态展开理性协商、讨论。其中，教师无论是作为普通参与者，还是作为支援服务者，都要对儿童的参与过程给予积极回应。首先，对于参与过程中出现的问题，教师要以积极的心态回应儿童，让儿童在鼓励、肯定、欣赏中纠正错误。在承认的语境中，儿童能更好地认识自我、改善自我。其次，对于参与过程中儿童的需求，教师要给予足够重视并提供必要帮助，对儿童最大的尊重就是对其需求的关切。在帮助儿童解决问题的过程中，儿童能更直接地感受到教师的尊重与关心。最后，对于参与过程中儿童提出的意见、行动方案，教师要能用积极的态度予以回应，无论采纳与否都应该说明理由，而不能将其束之高阁。做好了这几点，儿童就会觉得教师是真正尊重、理解与信任他们，而不是表面化地敷衍应付。这样，就能慢慢营造出一种充满尊重、理解、宽容、信任的参与氛围。

六、批判反思：为后续参与活动做准备

批判的意思不是批评，而是关于对象的系统化审视、评判、思考。批判反思主要是对主体的观念与行为进行理性、审慎的分析、评判、修正，以期形成更明确、更可靠的观念与行为。作为人们认识世界的一种方式，批判反思连接着两次参与活动，能够促进后续的参与活动更合理地开展。离开了批判反

思，参与过程就没法呈现在师生面前，参与活动本身就没法成为师生思考的对象，也就没法审慎地推进后续的参与活动了。

批判反思的对象是参与活动本身，而非参与活动中的具体议题、具体观点。例如，在教师的指导下，儿童审慎地思考此次参与活动的优点是什么，缺点是什么，参与是否充分，参与过程中遇到的障碍因素是什么，如何保障充分参与，对于类似活动有什么改善建议……批判反思的主体有两类，一是儿童，二是教师。儿童的批判反思活动要集中于参与活动，避免指向某一具体的参与者、针对某一具体的观点与行为。否则批判反思活动就会异化为批评指责活动，不仅不利于下一次活动开展，还会造成儿童之间的隔阂与分裂。除了以平等参与的主体地位和儿童一起进行批判反思外，教师还要思考先前的儿童参与能力阶梯评估的合理性，以及参与活动适合与否，授权是否充分，参与过程中的角色到位与否、越位与否，有没有给儿童提供应有的帮助。

儿童正是在上述参与过程中学会了理性参与、践行了民主理念、体验了正义的价值，促使教育正义从外部性的资源配置转向内部性的文化承认。每一名儿童充分参与到班级生活中，发出自己的声音并表达主张，能够减轻文化上、制度上的宰制和压迫，防止被边缘化。当拥有不同经验、不同社会背景的儿童都能够积极参与到班级生活中的时候，人人平等的形式平等就转化为了具有现实性的实质性正义。它真正有利于每一名儿童发展，把制度性的压迫、价值性的宰制、文化性的歧视降到了最低程度。

第六章

互惠有爱：正义而仁爱的价值理念

　　每个人的尽职行为的互惠效果逐步加强着人们的相互联系，直到达成一种平衡。①

　　《春秋》之所治，人与我也。所以治人与我者，仁与义也。以仁安人，以义正我。……仁之法在爱人，不在爱我；义之法在正我，不在正人；我不自正，虽能正人，弗予为义；人不被其爱，虽厚自爱，不予为仁。②

　　儿童正义感发展离不开互惠，互惠是儿童正义感发展的核心范畴。例如，皮亚杰认为，"只有在平等和互惠的基础上通过无约束的协商所达成的一致意见，才能产生公正感"③。科尔

---

　　① ［美］罗尔斯：《正义论：修订版》，何怀宏、何包钢、廖申白译，373页，北京，中国社会科学出版社，2009。

　　② 《春秋繁露》，曾振宇注说，239页，开封，河南大学出版社，2009。

　　③ ［瑞士］皮亚杰：《儿童的道德判断》，傅统先、陆有铨译，393页，济南，山东教育出版社，1984。

伯格认为，正义的核心是由平等和互惠观念所调节的权利与义务的分配。[①] 罗尔斯认为，每个人都尽责，人们都受益于他人的尽责，就会产生互惠性正义。不仅互惠很重要，仁爱也很重要。儿童正义感发展的第一条法则是：让儿童感受到你的爱与关心，儿童一旦认识到对于他显明的爱，他就会逐渐地爱成人[②]，仿效成人，愿意像成人那般行事。儿童感受不到爱、不能从交往中互惠的时候，就不能很好地发展出对于成人的敬重、对于同伴的信任、对于陌生人的尊重、对于正义的社会规则制度的维护欲望。如若发展儿童正义感，道德教育需要建基于互惠有爱的人性之上，不能忽略从自爱自利出发的互惠互利要求，也不能忽略从同情他人出发的仁爱之心。公正是实现爱的必要媒介，爱只有在公正的支持下才能进入实践和伦理的领域。同时，爱又是公正的守护者，它能为迷失的人再次指明方向。[③]

第一节　道德理想主义的伦理审视

伦理学是研究道德上"应该"的学问，但这种"应该"不能仅仅从理想化的角度去思考，而要从现实中的人性、生活状况去

---

① [美]科尔伯格：《道德发展心理学：道德阶段的本质与确证》，郭本禹、何谨、黄小丹等译，173 页，上海，华东师范大学出版社，2004。

② [美]罗尔斯：《正义论：修订版》，何怀宏、何包钢、廖申白译，388 页，北京，中国社会科学出版社，2009。

③ [法]利科：《爱与公正》，韩梅译，17 页，上海，华东师范大学出版社，2016。

思考。过于理想化的道德教育可能会压抑学生个体的权利、需要，造成知行脱节，知正义却无行正义之事的欲望。

一、基于无私利他的道德理想主义

我们先假设一个舍己救人的情景：F 冒着受伤甚至牺牲的危险，可能出自有意识的道德律令也可能出自无意识的人性本能，救了一个人。试问，F 救人之后，可否主动索要合理的报偿或者被动接受合理的报偿呢？

问题的回答大概有这几种可能：若是主动索要，F 往往被世人鄙视——为了报偿才做好事，被视为道德水平低下；若是被动接受，F 往往被世人平视——行为已经得到报偿了，被视为道德水平不高；若是拒绝报偿，F 往往被世人仰视——无私付出而不求回报，被视为道德水平高尚。

若你是 F，你该怎么办呢？你会毫不犹豫地拒绝报偿吗？若你毫不犹豫地拒绝报偿，你会以这种标准要求其他人也这样行动吗？

上述假设与思想史上的一个故事相似，涉及孔子与子贡、子路之间的事：

"鲁国之法，鲁人为人臣妾于诸侯，有能赎之者，取其金于府。子贡赎鲁人于诸侯，来而让，不取其金。孔子曰：'赐失之矣。自今以往，鲁人不赎人矣。'取其金，则无损于行；不取其金，则不复赎人矣。子路拯溺者，其人拜之以牛，子路受之。孔子曰："鲁人必拯溺者矣。'孔子见之以细，观化远也。"①

子贡赎人让金，孔子断言"鲁不赎人矣"；与此相反，子路拯溺受牛，孔子认为"鲁人必拯溺者矣"。由于担忧个体做好事不求回报会带来没人愿意做好事的后果，孔子对于子贡赎人让金给予否定，对于子路拯溺受牛给予肯定。子贡赎人不接受官府补助，官府有可能以其为榜样，要求大家学习他的道德行为，赎人都不接受补偿。这样一来，谁（特别是普通民众）还愿意赎人呢！作为个体，子贡是高尚的，但是对社会风气的贡献有可能是负面的。虽然"君子喻于义，小人喻于利"，但孔子认为不能用"君子"的道德要求去规范"小人"的行为。要追求君子的境界，却不能要求民众都成为君子，以君子的言谈举止作为社会的道德标准来要求所有人是不可取的。

然而，孔子以后的儒家却在义利二分的道路上越走越远，发展出了以道义论为基础的道德理想主义。孟子答梁惠王："王何必曰利？亦有仁义而已矣。"义利乃鱼与熊掌不可兼得之关系，舍生而取义，取义而舍利，进而有"正其谊不谋其利"与"存天理灭人欲"。在这种道德理想主义下，形成了一种反功利主义的道德观，认为自然的情欲是要摒弃的，涉及牟利的活动是不值得尊重的，人的价值在于从事仁义活动。在义利关系中，"义"乃是"利"的根据与基础，相对于"利"具有价值优先性。

---

① 《吕氏春秋》，张双棣等译注，115页，北京，中华书局，2007。

　　人是万物之灵，异于禽兽。人之所以异于禽兽，是因为有道德。正是由于凭借道德，人能够过上一种有情有义的生活。人必须也应该追求高尚的道德境界，而不能仅仅停留于物质层面。追求一种成圣成贤的理想的道德境界，是人所不可或缺的道德高度。保持一种理想的道德高度，这是没有错的，问题在于把这种崇高的"舍生取义""先天下之忧而忧，后天下之乐而乐"的道德要求普遍化为一般民众的道德要求。在道德生活实践中否定合理的"利"的价值，认为"利"是低层次的、满足口腹之欲的，以理想的道德要求规范所有人，要求人人都成圣成贤，这是值得反思的。

　　人皆可以为圣贤，这表达的是一种可能。但是大部分人并非圣贤，这是一种现实。用圣贤的道德要求规范普通人的行为，这是一种错位，以理想性遮蔽了现实性。在道德理想主义的语境下，道德是理想型的、是圣贤道德，道德行为总是与无私利他相联系。道德行为是纯粹利他的，"我应该努力提高他人的幸福，并不是从他人幸福的实现中得到什么好处，不论是通过直接爱好，还是间接理性得来的满足"①。只有忘我的无私利他才能使自己的道德臻于完善，这样一来，那些被称为道德的行为往往意味着牺牲自己的利益。一个人付出越多、收获越少，就意味着道德水平越高；若是从自己的私利出发，无论对社会的贡献多大，都不能称为道德。只有无私利他的行为才是

① ［德］康德：《道德形而上学原理》，苗力田译，62 页，上海，上海人民出版社，2005。

个体道德发展的完美状态，才是道德的行为，而其他一切行为都不是道德的行为。例如，互惠利他的道德动机是利己而非利他，所以在道德理想主义者看来不是值得称赞的行为。

在道德教育中，我们以高标的道德要求代替底线的道德要求，将无私利他视为普遍化的道德要求。相对于道德权利，道德教育更关注道德义务的履行，认为行善是每个人应尽的义务，每个人都应该努力成为有道德境界的人。相对于底线人格，道德教育更关注高标的道德人格，着力培养"毫不利己，专门利人""只管付出，不求回报""牺牲自己，成全他人"的道德人格。此外，道德榜样大多属于无私利他型，或死或伤，身体遭受的损伤越严重越有道德，对待亲人越绝情越好。

二、"多付出而少获得"之不合理

在道德理想主义下，我们的道德追求不可谓不高，道德榜样不可谓不崇高，社会对于道德教育不可谓不重视，处处渗透着无私利他、行善事、做好人的道德要求。那么，在一个普遍追求崇高道德的社会里，为何会出现闯红灯、随地丢垃圾、大声喧哗、乱涂乱画、在公交车上争抢座位、老人摔倒无人扶等社会道德败坏现象呢？中小学生的知行脱节，无不折射出中小学道德教育的现实窘境——明知何为高尚，却不愿"行善事""做好人"，甚至连基本的规范要求都不去遵守，而是"说一套，做一套"。

问题可能在于，道德理想主义者把道德狭隘地理解为高标的道德。道德理想主义者认为："无私利他""奉献""牺牲"是道德教育的中心词；个体的道德行为在于自我牺牲，在于对个人情欲、利益的否定；只有"大公无私，处处为他人着想""毫不利己，专门利人"的行为才是符合道德的行为。正如普列汉诺夫在《路德维希·费尔巴哈和德国古典哲学的终结》俄译本序言中认为的那样："实际上，道德的基础不是对个人幸福的追求、而是对整体的幸福，即对部落、民族、阶级、人类的幸福的追求，这种愿望和利己主义毫无共同之点。相反地，它总是要以或多或少的自我牺牲为前提。"①这种道德是以无私利他为前提的，对于个体幸福、快乐的追求要严格限制在利他的基础上。利他是高尚的、道德，而利己则是可耻的、不道德的。以往的道德教育之所以低效，其原因就在于错把无私利他当作道德的基础。奉献、牺牲固然很高尚，但不是人人都能达到的道德要求，更不是社会行为的普遍准则。这种高标的道德要求在剥夺了个体利己这一情感需求之后，必然会使道德教育陷入"高大全"与"假大空"的境地，没有"人情味"，从而显得不真实。

　　基于无私利他的道德理想主义归结于一点，就是要求人人都能做到"多付出而少获得"，要牺牲自己的利益。大家都知道，企图"少付出而多获得"是有问题的。这样一来，人与人就陷入了相互欺骗、争夺的"减损状态"，将使社会极不稳定，甚至崩溃。有这样一个悖论：要求"多付出而少获得"会导致社会

　　① 恩格斯：《路德维希·费尔巴哈和德国古典哲学的终结》，中共中央马克思恩格斯列宁斯大林著作编译局译，109页，北京，人民出版社，1972。

出现"少付出而多获得"的现象。当社会上有人"多付出而少获得"之时，他"少获得"的那一部分社会福利必然会落入那些"少付出"的人手中，从而催生出"少付出而多获得"的现实。当然也有可能会出现人人都"多付出而少获得"的现象，那么就会导致社会福利没人认领的浪费状态，从而使社会发展失去动力，这也是我们不希望看到的。

　　"多付出而少获得"的无私利他看起来很美好，"毫不利己，专门利人"，越无私越道德，但在现实生活中却不能成立。社会生活不能建立在无私利他的基础上，这是因为无私利他的道德教育既不符合生物自然进化的机制，也不符合社会发展的机制。生物进化的过程实际上是自然选择的过程，而这种自然选择的依据则是利己。各种生物都会保留利于自己生存的身体自然机能与群体生活机制，并通过基因遗传给下一代，那些不能做到这一点的生物就会被淘汰。生物会吸纳并保留利己的因素，自然机能如此，社会生活亦如此。理查德·道金斯认为，人类的自私行为是由其基因决定的。"人类有自私的基因"听起来有些冷酷无情而不够温馨，让人难堪、难以接受，甚至不愿意相信。无私利他会造成生物的毁灭，无私的生物在漫长的自然进化中难以存活。如果一个生物对自我是冷漠的并且对危险麻木不仁，或者如果其想用任何这类情感来维持生存和自我防御，那么这被认为是恶的。①

---

　　① ［美］尼布尔：《道德的人与不道德的社会》，蒋庆、阮炜、黄世瑞等译，203～204页，贵阳，贵州人民出版社，1998。

无私利他的道德概念之所以遭遇尴尬，主要是因为它忽视了个体付出与获得的"对等"，片面强调每个人都能做到付出大于获得，而实际上这是一种理想主义的想法。在现实生活中，个体很难放弃自我价值与个人利益。退一步说，若大家都愿意放弃自己的利益，社会就会陷入一种"福利用不完"的退化机制中。

利己符合生物进化机制，"多付出而少获得"与"少付出而多获得"在逻辑上都不能维持社会的稳定与发展。面对利己的心态，人们在社会博弈当中慢慢学会了一种规则，来防止"少付出而多获得"的情况出现。这种规则就是"得其应得"的正义，每个人在社会行动中要求获得正当的对待，人们不患寡而患不均，担心自己的付出得不到物质或者精神回报。

三、兼具正义与仁爱的道德理想主义

虽然"多付出而少获得"是不合理的，但是人类确实有一种利他的亲社会行为倾向、一种愿意帮助他人的行为。人们往往会在社会生活中表现出关心、助人、谦让、合作、分享，甚至为了他人福祉而进行某种程度的自我牺牲。亲社会行为指"一切有益于他人和社会的行为，如助人、分享、谦让、合作、自我牺牲等"[1]。人在社会合作中不能仅仅关心自己的福祉、利益，而要有一种利他、关心他人福祉的道德倾向。这种道德倾向就表现为仁爱，这是生物领域亲社会行为的道德化发展。

---

① 章志光：《社会心理学》，349页，北京，人民教育出版社，2008。

叔本华指出，所有其他的德性与美德都是从公正与仁爱中萌发出来的，公正与仁爱是根本的美德。① 对于仁爱与正义这两种基本美德，休谟在《道德原则研究》的第二章《论仁爱》与第三章《论正义》中也进行了相关论证。两位哲学家如出一辙的论述绝非偶然，反映了伦理学的现实必然性。仁爱同样是儒家思想的核心，仁的基本点即爱人。《论语·颜渊》中樊迟问仁，孔子答以"爱人"；《大戴礼记》中说"仁者，莫大于爱人"；孟子认为"仁也者，人也""仁者无不爱也"；荀子认为"仁，爱也"。在中文语境中，"仁"与"爱"合为"仁爱"，是人之为人的基本德性，也是中国人的道德理想与道德原则所在。"在中国古代的伦理思想中，居于核心地位的，是关于仁爱的学说。'孔子贵仁，墨子贵兼'。（《吕氏春秋·不二》）孔子以仁为最高的道德，墨子以兼爱为最高原则，可以说都是宣扬人类之爱。"②

基于此，我们既不能不关心自己的福祉，追求那种不符合人性的道德理想主义，也不能缺少那种关心他人福祉的道德理想主义。我们的学校教育要基于正义精神来培育儿童的仁爱之心。

仁爱与正义有着不同的逻辑：正义以权利为中心，强调权责的一致性、对等性，对于个体具有强制性的规范作用；仁爱则强调无私利他，不以回报为目的，关心、帮助他人，对于个体没有强制的约束性。仁爱是一种不完全道德义务，属于分外

---

① 《叔本华论道德与自由》，韦启昌译，171页，上海，上海人民出版社，2006。
② 张岱年：《仁爱学说评析》，载《孔子研究》，1986(2)。

的义务，它是有条件的。"尽管这种美德值得欣赏与赞美，社会却没有理由强迫一个人如此做"①，仁爱需要出自施与者的自愿，尊重施与对象的意志，不伤害施与对象与周围的人。

如此说来，正义意味着对仁爱的排斥吗？二者是对立的价值或者德性吗？

关于仁爱与正义之间的关系，高兆明认为，它们是统一的，不是相互矛盾的。在建基于正义或者权利之上的现代社会中，若是否认仁爱或者利他，就会"意味着以平等基本自由权利为基础的现代社会缺失道义根据，或者意味着仁爱在现代社会缺失存在合理性"②。仁爱对于现代社会非常重要，离开了关心他人、帮助他人、努力促进他人福祉的仁爱，现代社会将会变得没有"人情味"，滋生冷漠。从社会角度看，最高的道德理想是公正；从个人角度看，最高的道德理想是无私。③

慈继伟认为，不义局面具有"易循环性"，很容易被模仿，从而导致正义局面具有"脆弱性"，很容易被破坏。"如果社会上一部分人的非正义行为没有受到有效制止或制裁，其他原本具有正义愿望的人就会在不同程度上效仿这种不正义行为，乃至造成不正义行为的泛滥。"之所以会这样，主要是因为正义的两面性："一方面，作为利益交换的规则，正义是有条件的"，

① 高兆明：《仁爱：有无正义边界?》，载《华中科技大学学报(社会科学版)》，2019(1)。
② 高兆明：《"仁爱"与"正义"：和解及其可能》，载《伦理学研究》，2017(4)。
③ [美]尼布尔：《道德的人与不道德的社会》，蒋庆、阮炜、黄世瑞等译，257页，贵阳，贵州人民出版社，1998。

人们是否遵守正义，取决于他人是否也遵守正义并按照正义原则去行动；另一方面，"作为道德命令，正义又是无条件的"，要求每个人首先从自己做起，按照正义原则去行动。① 只有这样，稳定的正义局面才能维持。也就是说，要维持稳定的正义局面，就必须坚持正义的无条件性——无论别人如何，我都严格按照正义原则去行动。正义的无条件性暗含了一种利他、严格要求而关心他人的福祉的道德倾向。正是通过这种道德倾向，社会修补了正义的脆弱性。

当这种互惠互利成为一种普遍的行为要求时，"正义的原初动机就会被自然而然地遗忘"，人们不再刻意去追求互利的目标。② 利己潜入人们的下意识，利他则显现出来，人们更愿意从利他的角度来思考已经"被遗忘的互利"。正义的无条件性也就表现为一种关心他人的道德态度，正义升华为仁爱，演化成了人的"第二天性"。从某种意义上说，正义与仁爱这两种元德是一体的。"正义不仅本身具有某种'仁爱'品格——对他人利益的尊重与照顾，而且还是滋养、孕育无私利他仁爱精神的温床。"③正义本身内含着仁爱，同样也孕育着仁爱。正义的社会生活为人们提供合乎人性、有尊严、相互尊重、平等对待、相互关心的道德氛围，仁爱之心也会自然生长、显现。

虽然仁爱不能离开互惠性的正义，但是对于个体来说，仁

①　慈继伟：《正义的两面》，1页，北京，生活·读书·新知三联书店，2014。
②　慈继伟：《正义的两面》，172页，北京，生活·读书·新知三联书店，2014。
③　高兆明：《"仁爱"与"正义"：和解及其可能》，载《伦理学研究》，2017(4)。

爱毫无疑问具有较高的道德要求。慈继伟认为，正义以相互性为条件，仁爱则不需要这一条件。即使不具备相互性条件，仁爱者仍会以仁爱之心待人。仁爱之心在道德境界上要高于互惠性的正义，"仁爱者不论别人如何行事，都自愿做有利于他人的事，而不做不利于他人的事"①。如果说按照正义原则去行动的欲望可以分层次，那么互惠性的正义是基础性的道德要求，属于第一阶；利他的仁爱之心则是更高层次的道德要求，属于第二阶。

第二节　底线正义感：道德教育要从互惠正义出发

从前面的阐述可知，基于人性中无私利他的道德理想主义存在着很大的问题，我们不能否认人性中有自利自爱的一面。任何教育都不能不考虑人性，正当而又正确的人性观是教育活动成功的前提。休谟认为，人性问题是讨论一切社会科学的基础，任何学科不论似乎与人性离得多远，它们总是会通过这样或那样的途径回到人性。②

一、互惠合作是人性中的基本内容

孟子言性善，荀子言性恶，都有各自的道理。无论是先天的善端，还是自然的欲望，都需要后天的教化。人皆可以为尧舜，涂之人可以为禹，二位先哲殊途同归于教化。如若无教

① 慈继伟：《正义的两面》，16页，北京，生活·读书·新知三联书店，2014。
② ［英］休谟：《人性论》，关文运译，6页，北京，商务印书馆，1980。

化，"争夺生而辞让亡焉""残贼生而忠信亡焉""淫乱生而礼义
文理亡焉"。在儿童教育中，我们既不能把人想象得太好，也
不能把人想象得太坏。事实上，人不坏也不好；人有一点儿自
私，也有一点儿慷慨。

　　人生而好利，有耳目之欲，好声色。休谟说，自私是和人
性不可分离的，而且是我们的组织和结构中固有的。[①]　人们总
是自私或者自爱的，先关注自己的利益，之后才能关注他人，
对于他人的关心也是依据他人跟自己的亲疏关系来排序的。在
我们原始的心理结构中，最强烈的注意专限于我们自己，次强
烈的注意才扩展到我们的亲戚和相识，对于陌生人和不相关的
人们则只有最弱的注意到达他们身上。[②]　人的这种自爱是人们
行为的原始动机，关心自己是正当而又正确的。亚当·斯密
说："每个人生来首先和主要关心自己；而且，因为他比任何
其他人都更适合关心自己。"[③]我们每天所需的食品和饮料，不
是出于屠户、酿酒家或烙面师的恩惠，而是出于他们自利的打
算。[④]　与其唤起人们的利他心，不如先唤起人们的利己心，只
要是有利于自己的事情，人们都愿意去做。叔本华同样认为人
性中有自私自爱的利己之心，"人的主要的与基本的动机和动
物的一样，是利己主义……亦即迫切要生存，而且要在最好环

---

　　①　［英］休谟：《人性论》，关文运译，625 页，北京，商务印书馆，1980。
　　②　［英］休谟：《人性论》，关文运译，529 页，北京，商务印书馆，1980。
　　③　［英］亚当·斯密：《道德情操论》，蒋自强、钦北愚、朱钟棣等译，101～102 页，
北京，商务印书馆，1997。
　　④　［英］亚当·斯密：《国富论》，郭大力、王亚南译，14 页，北京，商务印书馆，
1974。

境中生存的冲动"①。人们总是想着生活得更好一些，总是为着自己的利益而奋斗。"利己主义，从其本质来说是无限制的。个人充满维护个人生命以及使之避免包括一切匮乏与穷困在内的一切痛苦之无限欲望。他想过极尽可能愉悦的生活，想得到他所能意识到的一切满足。"②

当然，人虽有自利自爱之心，但也是有节制的，利他仁爱之心也同时存有。休谟承认人具有利他仁爱的倾向，虽然他说"在自然性情方面，我们应当认为自私是其中最重大的"，但是人性中的自私却被过度渲染了，有些"荒诞不经"，与自然离得太远了。"我远不认为人类除了对自己以外，对其他事物没有任何爱情；我相信，我们虽然极少遇到一个爱某一个人甚于爱自己的人，可是我们也同样很少遇到一个人，他的仁厚的爱情总加起来不超过他的全部自私的感情。"③亚当·斯密认为，人们都有同情心，都会考虑到他人的感受。人们尊重那些"能最充分地控制自己自私的原始情感，又能最敏锐地感受他人富于同情心的原始感情"的人。④ 对于他人，我们也是关心的，他人的幸福和苦难并不是与我们完全不相关的景观。⑤

休谟虽然认为人性中自利自爱的成分多一点些，相对于自

---

① ② ［德］叔本华：《伦理学的两个基本问题》，任立、孟庆时译，221 页，北京，商务印书馆，2004。

③ ［英］休谟：《人性论》，关文运译，527 页，北京，商务印书馆，1980。

④ ［英］亚当·斯密：《道德情操论》，蒋自强、钦北愚、朱钟棣等译，184 页，北京，商务印书馆，1997。

⑤ ［英］休谟：《道德原则研究》，曾晓平译，95 页，北京，商务印书馆，2001。

己的利益而言对他人的利益没有什么好感，但也认为互惠合作
是必要的。"你的谷子今天熟，我的谷子明天将熟。如果今天
我为你劳动；明天你再帮助我，这对我们双方都很有利益。"①
如果我不帮你，你也不帮我，我们都有可能会受损失。为了防
止受损，"我就学会了对别人进行服务，虽然我对他并没有任
何真正的好意；因为我预料到，他会报答我的服务，以期得到
同样的另一次的服务"②。因为人类天性是自私的，或者说只
有一种有限的慷慨，所以人们不容易被诱导去为陌生人的利益
做出任何行为，除非他们想要得到某种交互的利益，而且这种
利益只有通过自己做出有利于别人的行为才有希望得到。③ 人
们在这种交互的利益中相互服务、相互报答，也就慢慢形成了
一种互助的往来关系。亚当·斯密认为，人们源于本性或由于
理性，在内心深处有一种"互通有无，物物交换，互相交易"的
倾向，"这种倾向，为人类所共有，亦为人类所特有"。④

　　从这种现实的人性出发，人们首先想的是自己的权益，这
样就有可能出现相互对立与冲突。当然，人们也有慷慨的一
面，会考虑到他人的权益，也会想着相互帮助、协作。"自私
是建立正义的原始动机：而对于公益的同情是那种德所引起的
道德赞许的来源。"⑤社会中的相互冲突和利益与自爱的对立，

---

① ② ［英］休谟：《人性论》，关文运译，561 页，北京，商务印书馆，1980。
③ ［英］休谟：《人性论》，关文运译，559～560 页，北京，商务印书馆，1980。
④ ［英］亚当·斯密：《国富论》，郭大力、王亚南译，11 页，北京，商务印书馆，2015。
⑤ ［英］休谟：《人性论》，关文运译，540 页，北京，商务印书馆，1980。

迫使人类建立起正义的法则，以便维持相互帮助和保护的优势。① 面对不同的权益主体，社会需要一种合乎正义的规则、制度来协调人们的权责关系，保护生活在其中的人。正义之德完全是由于其对人类的交往和社会状况的必要用途而获得其存在。② 使我们确立正义法则的乃是对于自己利益和公共利益的关切。③

二、互惠正义促进底线正义感发展

无私利他虽然高尚，却不能被强制普遍化。以无私为基础构建道德规范体系，会陷入理想主义，造成道德理想与道德要求的错位，产生道德强制。在道德教育中，成年人不能以无私利他为旗帜，来强制儿童无条件地放弃本该属于自己的自由、权利以及机会等社会福利。若那样的话，高尚的无私利他就会遭到儿童怨恨，异化为一种不义的行为。然而，不加限制的自私又会导致社会合作体系的坍塌。"社会不可能存在于那些老是相互损伤和伤害的人中间。每当那种伤害开始的时候，每当相互之间产生愤恨和敌意的时候，一切社会纽带就被扯断，它所维系的不同成员似乎由于他们之间的感情极不合谐甚至对立而变得疏远。"④

---

① ［英］休谟：《道德原理探究》，王淑芹译，40 页，北京，中国社会科学出版社，1999。
② ［英］休谟：《道德原理探究》，王淑芹译，15 页，北京，中国社会科学出版社，1999。
③ ［英］休谟：《人性论》，关文运译，536 页，北京，商务印书馆，1980。
④ ［英］亚当·斯密：《道德情操论》，蒋自强、钦北愚、朱钟棣等译，106 页，北京，商务印书馆，1997。

　　自私自利与无私利他都不可能成为道德规范体系的基础而守卫幸福的生活，它们都有可能使社会成员的付出与获得出现失调。"少付出而多获得"和"多付出而少获得"都会使社会秩序出现不和谐，滋生种种不义现象。良序的社会生活既不能依靠无私利他，也不能全凭自私自利，只能建立在"获得与付出对等"的正义基础上。那是一种利他与利己的平衡、付出与获得的对等，人们得其应得、各得其所。

　　正义最初是作为个人的德性而存在的，是个体在日常行为中所表现出来的不偏不倚的优秀品质。亚里士多德指出，所谓公正，一切人都认为是一种由之而做出公正的事情来的品质。由于这种品质，人们行为公正和想要做公正的事情。[①] 在城邦生活中，若是个体都能养成正义的品质，社会就会显现出正义的状态，战争、杀戮、偷盗等不义行为就会减少。一个具有正义品质的人，是一个守法律己的人。他不仅能以这种德性对待自己，还能以这种德性对待其他人。到了 20 世纪下半叶，人们开始关注作为社会德性的正义。正义不仅仅是个体的优秀品质，更是社会基本结构与生活体系所必需的优秀品质。社会基本结构与生活体系的正义直接关系到个体的生活状态，在一个没有正义的社会中，个体有尊严的幸福生活是不可能的。诚如罗尔斯所言，正义是社会制度的首要德性，正像真理是思想体

---

① 《亚里士多德全集》第 8 卷，94 页，北京，中国人民大学出版社，1997。

系的首要德性一样。①在良序社会中，每个人都拥有基于正义的不可侵犯的自由、权利、机会等。社会法律、制度、政策若是经不起正义的考量，无论多么有效，都应该立即废除或改善。只有在一个具有正义品质的社会里，个体的幸福与社会的福祉才能得到很好的保障。

正义无论作为个体德性还是社会德性，都是与其他德性同时存在的，又是其他德性的根基。借用普罗塔戈拉的比喻，正义是整个脸，其他德性是脸上的各部分。离开了正义，其他德性无以存在，脸则不是脸；若是仅仅有正义，而无其他德性，脸也不是脸。正如黑格尔所言，"正义这一概念是全体的基础、理念，而这全体本身有着有机的分化，每一部分只是全体中的一个环节，而全体又通过部分而取得存在"②。例如，智慧、勇敢、节制等德性本身都是值得称赞与欲求的，但若是没有正义这一基础，它们可能会成为不义的帮凶，并将失去光彩。

社会生活中有许多值得称赞的道德品质，如关怀、仁慈、怜悯、感恩、责任、信任、尊重、体谅、认真、负责、奉献、牺牲等，但这些品质不足以支撑社会道德体系这座大厦，仅仅是"美化建筑物的装饰品"。没有这些品质，人们彼此之间可能会产生诸多的不愉快，社会生活可能会不完美，但不会坍塌。

---

① [美]罗尔斯：《正义论：修订版》，何怀宏、何包钢、廖申白译，3页，北京，中国社会科学出版社，2009。

② [德]黑格尔：《哲学史讲演录（第二卷）》，贺麟、王太庆译，269页，北京，商务印书馆，2009。

正义与它们不同。休谟认为，没有正义，社会立刻就会解体。亚当·斯密同样认为："正义犹如支撑整个大厦的主要支柱。如果这根柱子松动的话，那么人类社会这个雄伟而巨大的建筑必然会在顷刻之间土崩瓦解。"①若是社会生活陷入了不义，人们将会面临无休止的争吵、争夺，道德体系顷刻将遭受毁灭，一切美好的道德品质都将无以附着。"虽然没有仁慈之心，社会也可以存在于一种不很令人愉快的状态之中，但是不义行为的盛行却肯定会彻底毁掉它。"②

正义是公共生活的道德基础与前提，只有按照正义的要求行动，社会才会变得牢靠，良序社会才具有可能性。正义表现出一种"消极的"道德诉求，以一种"底线"意义上的要求来规范人们的行为，告诉人们不应该做什么。它不会强制个体把合法利益无条件地转让给他人，但要求个体绝对不能侵犯他人的合法利益。与正义不同，仁慈、关心、奉献等德性表现出一种"积极的"道德诉求，告诉人们应该做什么。若是人们学会了关怀、仁慈、怜悯、感恩、责任、信任、尊重、体谅、认真、负责、奉献、牺牲等，社会生活会变得更美好、更有人情味，但是道德教育是不能首先考虑利他品质的。道德教育若是离开了正义这一基础，上述值得称赞的利他品质将会陷入自我瓦解之中，各种德性在不义的社会中都难以绽放。当然，道德教育也不能止步于具有底线性质的正义品质，需要进一步发展为积极

①② ［英］亚当·斯密：《道德情操论》，蒋自强、钦北愚、朱钟棣等译，106 页，北京，商务印书馆，1997。

的具有高阶性质的仁爱之类的利他品质。

第三节　高阶正义感：除了互惠还需要仁爱

主体间的相互性可以分为底线与高阶两种：底线的相互性是互利互惠、对等交换，高阶的相互性是相互友爱、相互关心。底线的相互性更像正义，高阶的相互性则有点像仁爱、仁慈、友爱等，两种相互性对我们都很重要。"对别人幸福的关心，要求我们具有正义和慈善的美德。"[1]

一、仁爱之心是非完全义务

相较于正义，仁爱是一种高尚的品质，若没有这种品质，人们就会显得冷淡、不够温暖。仁爱是人之为人的必然义务，是社会生活的基础性要素，是与正义同等重要的，甚至可以说，正义与仁爱是一体化的相互支撑的两种品质，正义是实现仁爱的必要媒介，仁爱只有在正义的支持下才能进入实践和伦理的领域，同时，仁爱又是正义的守护者，它能为迷失的人指明方向。[2] 一个富有正义感的人绝不可能是没有仁爱之心的人，同样，一个有仁爱之心的人会富有正义感。

然而，仁爱与正义之间的差异还是很大的。正义具有强制性，要求权利的对等性，是必须遵守与践行的，具有底线性

---

① ［英］亚当·斯密：《道德情操论》，蒋自强、钦北愚、朱钟棣等译，342 页，北京，商务印书馆，1997。

② ［法］利科：《爱与公正》，韩梅译，译序 3 页，上海，华东师范大学出版社，2016。

质，违背了会遭到惩罚。仁爱则不具有强制性，不要求对等回报，也不是一种权利要求，而是分外的高线要求，践行会受到赞赏，没有践行也不会遭到谴责。

康德把人的义务划分为"法权义务与伦理义务"。伦理学与广义的义务相关，而法权论则与狭义的义务相关。法权义务是一种平等权利上的法律义务，个人的权利与义务是对等的，也是要严格遵守的；而伦理义务包含着这样一种强制：对它来说，只可能有一种内在的立法。① 伦理义务针对个体的内心，是一种不完全的义务，不受严格的外在强制要求。康德并没有明确地把法权义务和正义要求对应，也没有将其和伦理义务对应。

穆勒认为：完全强制性义务是可以使某个人或某些人拥有相应权利的义务；而不完全强制性义务则是不产生任何权利的道德义务。② 我们会发现，上述区分正好是与正义和其他道德义务之间的区分完全重合的。完全强制性义务与正义对应，而不完全强制性义务与仁爱之类的品质对应。任何情况只要存在着权利问题，便属于正义的问题，而不属于仁慈之类的美德的问题。③ 仁爱、行善之类的品质不要求对方同等付出与回报，当然也不属于完全强制性义务，个体可以根据自己的情况自由决定。没有人在道德上有权利要求我们慷慨或者仁慈，因为我

---

① 李秋零：《康德著作全集(第6卷)：纯然理性界限内的宗教道德形而上学》，423页，北京，中国人民大学出版社，2007。
② [英]穆勒：《功利主义》，徐大建译，50页，上海，上海人民出版社，2005。
③ [英]穆勒：《功利主义》，徐大建译，51页，上海，上海人民出版社，2005。

们对任何特定的个人都不负有践行这些美德的道德责任。① 穆勒认为，正义是道德义务，具有强制性，不做会受到惩罚，而仁爱、仁慈不是道德义务，不具有强制性，不做不会受到惩罚，做了会受到赞赏。我们也希望人们去做，如果他们做了，我们也会喜欢或者称赞他们，如果他们不做，我们也许不喜欢或者瞧不起他们。但我们还是会承认：这些事情不是他们非做不可的，它们不属于道德义务。② 正义的行为哪怕再细小，也要强制执行；非正义的行为哪怕再微不足道，也要受到压制。③

虽然穆勒与康德对义务划分的具体称谓不同，但异曲同工，一致认为：正义是强制性，是完全的义务；仁爱不具有强制性，是不完全的义务。仁爱不能以利相逼，缺乏它不会遭受愤恨，是不完全的义务。正义则强迫人遵守，违背它就要受到惩罚，是完全而十足的义务。④

二、"我"应该有仁爱之心

"我的人性与你紧密相联，我们站在一起，始成人类。"⑤人们是同类，是一个相互协作的共同体，即看作有需要的、在一

① ［英］穆勒：《功利主义》，徐大建译，51页，上海，上海人民出版社，2005。
②③ ［英］穆勒：《功利主义》，徐大建译，49页，上海，上海人民出版社，2005。
④ ［英］亚当·斯密：《道德情操论》，蒋自强、钦北愚、朱钟棣等译，96～98页，北京，商务印书馆，1997。
⑤ 联合国教科文组织：《反思教育：向"全球共同利益"的理念转变?》，联合国教科文组织总部中文科译，28页，北京，教育科学出版社，2017。

个居住地由自然为了相互帮助而联合起来的理性存在者。① 人们总是生活在亲缘性家庭、亲密的同伴群体、相互联系的社区、具有文化一致性的国家，从一出生就受到父母等亲人的关爱、照顾，慢慢接受同伴、他人的帮助，这些善意的仁爱行为都促使人们去关心、帮助其他人。洛克认为，如果"我"要求本性与"我"相同的人们尽量爱"我"，"我"便负有一种自然的对他们充分地具有相同的爱心的义务。② 人们要更好地生活，就必须合作，不仅需要正义感，还需要由相互善意往更高层次发展的仁爱之心，关心、帮助需要帮助的人。"按照完美的谨慎、严格的正义和合宜的仁慈这些准则去行事的人，可以说就是具有完善的美德的人。"③

作为万物中唯一有尊严的理性的存在，人不仅要守住正义的底线道德要求，而且要有仁爱这种更高的道德要求。个体从"善良意志"出发，首先做到"不要伤害人"，并尽可能地"帮助其他人"。亚当·斯密认为："正义只是一种消极的美德，它仅仅阻止我们去伤害周围的邻人。"④仁爱则是一种积极的美德，有利于公共福祉的行为都是值得称赞的。石中英认为，仁爱"是所有美德之本、善行之源。离开了'仁'，离开了对他者的

① 李秋零：《康德著作全集(第6卷)：纯然理性界限内的宗教道德形而上学》，464页，北京，中国人民大学出版社，2007。
② [英]洛克：《人类理解论》，关文运译，5～6页，北京，商务印书馆，1983。
③ [英]亚当·斯密：《道德情操论》，蒋自强、钦北愚、朱钟棣等译，308页，北京，商务印书馆，1997。
④ [英]亚当·斯密：《道德情操论》，蒋自强、钦北愚、朱钟棣等译，100页，北京，商务印书馆，1997。

尊重、体谅、关心和成就，人们既不能形成所有的美德（德性），更不可能真诚践行这些美德从而成为真正有道德的人（德行）"①。康德认为，仁爱、行善也是个体的道德义务，行善即尽自己的能力帮助身处困境的其他人得到他们的幸福，个体对此并不希冀某种东西，这是每个人的义务。②

　　鉴于仁爱之类的行为具有自愿性、非强制性，是一种内在法则要求。"我"没有权利要求"他"做正义所规定之外的任何事情。做与不做由"他"，这是"他"的权利，"他"有权利不行善。但是，反过来，帮助他人则是"我"的必然道德义务，"我"有义务去仁爱地对待他人，哪怕那是一种不完全的义务。作为一个自由意志者，"我"应该做一些有益于他人福祉的事情，而不能仅仅以底线的"不伤害人"为标准。"我"是一个"理性的""尊贵的"人，怎能不做有益于"我"所在群体的事呢？仁爱、行善对于"我"来说是义务，但对于"他"来说不是义务。无论"他"如何做，"我"都应该这么做。因为"我"是一个高贵的人，而仁爱、行善是一个高贵的人的道德义务，但是"我"无权要求"他"也如同"我"一样行善。

　　道德教育不能仅仅是消极意义上的守住底线，还要具有一种积极的引导性力量。教育总是要导人向善的，不能仅仅告诉学生"你这个可以不做，那个可以不做"，而要引导学生走向仁

---

① 石中英：《孔子"仁"的思想及其当代教育意义》，载《教育研究》，2018(4)。
② 李秋零：《康德著作全集(第6卷)：纯然理性界限内的宗教道德形而上学》，464页，北京，中国人民大学出版社，2007。

爱，知道"高贵的人应该做哪些"。这种引导多是指向自我的要求，而非"我"对他人的要求。但也要告诉学生，要保护好他人的法权边界，不要干涉他人。仁爱不能不考虑他人的需要，更不能强加于他人。促进他人的福祉要以他人的需要为基础、以他人的幸福概念为前提。"我"不能按照"我"的幸福概念向他人（未成年人和有障碍的人除外）行善，而只能按照他人自己的概念去行善，更不能打算通过强行给"他"一个礼物来向"他"提供一种善行。①

三、仁爱之心是高阶正义感

仁爱之心是与正义感高度关联的，二者并非像有些研究者认为的那样是非此即彼的对立关系，如关怀伦理与正义伦理之间的争论还被贴上性别的标签。关于这一点，本书作者在曾论述过，当时提出了关怀（仁爱）与正义是两性共享的，也是联系在一起的。② 冯建军也曾指出："基于互利的正义感是正义的初级阶段、底限要求，公民必须以相互善意弥补或超越互利正义感的不足，追求高一级的相互善意的正义感，这种正义感是一种道德正义感，是基于人性的道德情感。因此，公民正义感和超正义感是不矛盾的，二者相互补充、相互完善。"③这里的"互

---

① 李秋零：《康德著作全集（第 6 卷）：纯然理性界限内的宗教道德形而上学》，465页，北京，中国人民大学出版社，2007。

② 胡金木：《从歧视、专属到共享：基于关怀伦理的道德教育》，载《陕西师范大学学报（哲学社会科学版）》，2012(5)。

③ 冯建军：《公民正义感及其超越：公民教育的双重任务》，载《教育学报》，2014(6)。

利的正义感"大概是正义意义上的正义感，强调对等付出、斤斤计较，而"相互善意的正义感"大概是仁爱意义上的正义感，即那种主动关心他人、不以回报为条件的正义感。"超正义感"不是超越正义感，而是把正义感从底线意义上跃迁至高阶。它既要求"不伤害人"，也要求尽可能地"帮助他人"；既关注"己所不欲，勿施于人"，也强调"己欲立而立人，己欲达而达人"。

在经验中，人们欣赏的那种具有正义感的人也同样拥有一颗仁爱之心，甚至可以说，若是一个人缺失了对于他人的仁爱之心，如理解、体谅、关心、帮助、宽容、慷慨等，人们就很难称他是一个具有正义感的人。仁爱之心不仅与正义感不矛盾，还是高阶正义感的体现与要求。

这一观点在中国人的内心深处往往更明显一些，中国人的正义感是含有仁爱之心的。"中国正义论与西方正义论的一个根本区别是：儒家以仁爱为所有一切事物的大本大源……这就是由仁爱导出的正义原则。"①儒家把仁爱作为社会正义行为的核心范畴，对于他人的福祉有一种强烈的关怀倾向。石中英认为，儒家的两条道德基本准则是"己所不欲，勿施于人"和"己欲立而立人，己欲达而达人"。前者强调不把自己的意志强加于人，不伤害他人，"一个人自己不愿意接受的，也不要强加于别人，不愿意让他人承受连自己都不能接受的某些事物或不当对待"；后者则强调要力所能及地关心、帮助他人，"自己希

---

① 黄玉顺：《中国正义论的重建：生活儒学的制度伦理学思考》，载《文史哲》，2011(6)。

望在社会上立足，也帮助他人在社会上立足，自己想要实现自己的目标，也帮助他人实现他们的目标"。前者是消极意义上"仁"的要求，后者是积极意义上"仁"的要求。① 若是从正义的角度看，消极意义上的仁爱之心类似于底线正义感要求，积极意义上的仁爱之心类似于高阶正义感要求。正义的社会生活不能仅仅止步于"对等不干涉"，还要"相互关心"，因为人们希望过上一种富含仁爱之心的社会生活。

第四节　促进正义感发展的道德教育

当前社会的道德危机表现为个人与群体之间的断裂。一方面，极端个人主义张扬，一部分人有些自私、自以为是，缺乏对他人与群体善的关注；另一方面，学校教育有些忽视个人的正当权利，过于强调无私利他，忽视付出与获得的对等。道德教育效果不佳的症结在于自爱与仁爱没有很好地结合起来，忽视了互惠利他的人性基础，也忽视了正义价值。有效的道德教育应该是合乎正义的道德教育，在自爱与仁爱、利己与利他之间保持平衡，在付出与获得之间实现对等。合乎正义的道德教育应做到以下五点：第一，承认利己的合理性；第二，守住道德底线，不侵犯个人正当的权利；第三，德福一致，行善事、做好人不能吃亏，道德权利与责任相统一；第四，鼓励仁爱精

① 石中英：《孔子"仁"的思想及其当代教育意义》，载《教育研究》，2018(4)。

神，尽其所能地帮助他人，多做好事；第五，多元道德主体间需要宽容精神。要追求高尚，但不强迫人人都做好事，为道德常人留下空间。道德教育的这五个要求是具有进阶性的，后面的要求只有在前面的要求得到满足的时候才会显现、才会有意义。

一、承认利己的合理性

道德主要通过协调、规范人与人之间的关系，以增进人类的幸福为旨归。作为一种规范，道德具有约束性，看似侵犯了人的部分权益，但最终是为了自己权益的最大化。道德从来都不否认个人权益的正当性，仅仅反对为了一部分人的权益而损害其他人的权益。

在一个资源相对匮乏的道德社会中，每一个个体都想立足于自己的需要获得自己的权益，而每一个个体的需要又不能同时得到满足，那么结果只能是通过程序达成一种不偏不倚的正义的契约。这种正义的契约在原初立场上不能是无私利他的。无私利他的人群之间不会争夺，契约就缺乏存在的必要性。契约只能立足于自私利己的原初立场，只有自私利己的人才会使契约成为一种必要。正义只是起源于人的自私和有限的慷慨，以及自然为满足人的需要所准备的稀少的供应。① 基于正义的道德在自私利己的社会中才有存在的必要性。然而，以往道德教育"不愿意承认、羞于承认、不敢承认利己的必然性和合理

---

① ［英］休谟：《人性论》，关文运译，536页，北京，商务印书馆，1980。

性，也不承认道德的核心是公平，而总是一味地把利他和自我牺牲标榜为道德的实质"①。道德教育通过各种途径否认道德主体的权益，宣扬道德主体存在的价值在于牺牲、奉献，把利己当作道德的对立面。道德教育是要驱除私心的，教导学生要无私利他地行善事、做好人。其实，利己不是问题。道德教育在于教导学生如何以道德上可接受的方式来利己，规范利己的途径、方式与手段。在道德教育中，与其强迫学生无条件地利他，不如教导学生在不侵犯他人的权益的前提下坚决地捍卫自己的权益。教导学生正确利己就会在某种程度上产生利他的效果，而强迫学生无条件地利他则会导致道貌岸然的利己行为泛滥。

二、守住道德底线，不侵犯个人正当的权利

为了使社会良序发展，道德必然会对个体的行为进行必要的约束，这样，个体的部分权益将会受到损害。在功利主义者看来，任何损害个体权益的行为都是一种恶。但为了绝大多数人的权益，这是一种"必要的恶"，其目的在于避免"更大的恶"。围绕能否为了绝大多数人的权益而限制少数人的权益，自由主义者与社群主义者持截然相反的观点。罗尔斯认为，每个人都拥有一种基于正义的不可侵犯性，即使以社会整体利益之名也不能逾越。因此，正义否认为了让一些人分享更大利益而剥夺另一些人的自由是正当的，不承认许多人享受的较大利

---

① 崴中平、刘朝晖：《对道德的核心和道德教育的重新思考》，载《华东师范大学学报(教育科学版)》，2001(2)。

益能绰绰有余地补偿强加于少数人的牺牲。[①] 而社群主义者则不同意"权利优先于善",基于共同体的观念强调群体利益的优先性,个体的权利只有在群体生活中才有价值。无论自由主义者与社群主义者之间的争论有多么激烈,他们都不否认权利的重要,也都关注社会的善,分歧仅仅在于权利与善的关系问题。"罗尔斯的自由主义与我在《局限》一书中所提出的观点之间的争执关键,不是权利是否重要,而是权利是否能够用一种不以任何特殊善生活观念为前提条件的方式得到确认和证明。"[②]

权利与善的争论在道德教育中可以归结于高标的道德教育与底线的道德教育。高标的道德教育更加关注利他的善,而较少关注个体的权利,更倾向于个体的奉献与牺牲。过高的道德要求往往要求个体放弃利己、无私利他,它很容易以道德的名义侵犯个体的基本权利。道德要求越高,侵犯个体权利的可能就越大。为了避免道德教育对于学生权利的侵犯,我们提倡底线的道德教育。这种道德教育并不要求学生放弃本属于自己的权益,而要求学生不侵犯他人的权益。底线的道德教育为道德划出一个边界,个体可以为社会作出一些牺牲,但这种牺牲应该是最低限度的。当然,个体有权作出更大的牺牲,这是他的

---

① [美]罗尔斯:《正义论:修订版》,何怀宏、何包钢、廖申白译,3页,北京,中国社会科学出版社,2009。
② [美]桑德尔:《自由主义与正义的局限》,万俊人、唐文明、张之锋等译,第二版前言:共同体主义的局限,2页,南京,译林出版社,2001。

自由选择，也是道德高尚的表现。

三、德福一致

底线的道德教育固然可以避免侵犯个体的权利，但是不能使社会变得更友善、更有人情味。若是有人愿意以高标的道德要求行事，我们当然应该鼓励，使其付出与获得一致，做到德福一致。德性是一种获得性人类品质，拥有和践行这种德性，我们能够获得实践的内在利益，缺乏这种德性，就无从获得这些利益。[①]《释名·释言语》有言"德，得也"。道德能给人带来幸福，有德之人应该是有福之人。德福一致，德是福的条件，福是德的结果。道德对于个体幸福的促进包括精神与物质两个层面。"德行也是人安身立命所不可缺，它不仅可以给自己带来良心的安宁、人格的自尊和/或社会的赞誉，甚至同时也可以带来某种生存与发展的基本条件与便利。"[②]

遗憾的是，现实生活中有道德的人常常遭受不幸，而不道德的人则往往是幸运的[③]，以致"卑鄙是卑鄙者的通行证，高尚是高尚者的墓志铭"这一箴言变成现实，有道德的人沉寂落寞，不道德的人享受荣耀。在这种德福悖论下，具有负责、认真、诚实、守信、无私、奉献等道德品质的人不仅没有获得应有的

---

① ［英］麦金太尔：《德性之后》，龚群、戴扬毅等译，241 页，北京，中国社会科学出版社，1995。

② 高兆明：《存在与自由：伦理学引论》，492 页，南京，南京师范大学出版社，2004。

③ ［德］黑格尔：《精神现象学》下卷，贺麟、王玖兴译，141 页，北京，商务印书馆，1987。

利益，反而吃亏。这种德福背离的情况很容易致使有道德的人与道德行为减少：做好事会吃亏，那么"我"为什么还要做一个有道德的人呢？

作为个体，人们做好事可以不求取回报，也不应当求取回报，否则道德动机可能就不纯了。但是，对于整个社会来说，合乎正义的道德教育是要求权利与义务相统一的。个体违背了底线道德的要求，侵犯了他人的权益，损人利己或者损人不利己，就要受到惩罚；个体做出了高尚的道德行为，牺牲了自己的权益，舍己为人，就要受到奖励。在学校教育中，首先要摒弃那种"做好事不留名、不求回报"的观念。对于做了好事的学生，一定要给予精神或物质奖励，让他们觉得"好人有好报"。在对学生的考评中，真正把道德品质作为重要指标，而不能仅仅盯着分数不放。若是学习成绩好能代表一切，就会导致道德成为空话。只有把德与福统一起来，让好人不再吃亏、坏人不再占便宜，才是一种合乎正义的道德教育，也才会有更多的学生行善事、做好人。

四、鼓励仁爱精神

教育的目的是启蒙立人，让学生将来能够挺立于世。进入21世纪，共同体的整体性价值观念日渐衰微，主体所持有的价值观念日渐多元，利益冲突也逐渐显现，主体的"我"与主体的"他"如何共同生活成为一个重要的问题。联合国教科文组织很早就指出学会共同生活是21世纪教育的主题之一，在《反思教育：向"全球共同利益"的理念转变?》中重申"学会共存，加深对于他人的理解，认识相互依存的道理"，也明确指出学会共存这一支柱受到了严重威胁。① 面对价值多元、利益分化的现实情况，道德教育不仅要促使学生认识到自己的权利以及权利的边界，而且要引导学生走出自我中心的自私自利，尽可能地关心、帮助他人，要激发学生的仁爱之心。仁爱之心是个体理解、体谅、关心、帮助他人的情感倾向。石中英认为，"'仁'是沟通并融洽自我与他人关系的一条情感的纽带，仁者就是对于他者有一种强烈的爱的感情并愿意付诸行动以关怀和增进他者福祉的人"②。

虽然仁爱之心不具有强制性，但是教育活动的理想性特质要求教育承担一种"应该"、高尚的善意。道德教育的任务是促进"一个人在思想意识上能够走出自我中心主义，愿意并能够走向他者，感受他者，体谅他者，并努力为增进他者的福祉而作出自己的努力，不仅是己立立人、己达达人，而且是在'立人'中'立己'，在'达人'中'达己'"③。有了仁爱之心，个体才能更好地合乎正义地行动。

五、多元道德主体间需要宽容精神

在价值多元化的社会中，道德主体之间存在着价值观念、情感态度、行为规范等方面的差异性。在社会生活中，相对于

---

① 联合国教科文组织：《反思教育：向"全球共同利益"的理念转变?》，联合国教科文组织总部中文科译，39页，北京，教育科学出版社，2017。

②③ 石中英：《孔子"仁"的思想及其当代教育意义》，载《教育研究》，2018(4)。

"第一人称的我"而言，就会出现"他者"与"他性"，每一个道德主体都会意识到自己与"他者"的一致性与差异性。"第一人称的我"与"他者"在社会生活中的关系是相互的，互为"他者"，互具"他性"。当社会生活中出现不一致时，强制一方认同另一方是不道德的，而应该在协商的基础上以开放的姿态对待"他者"，"第一人称的我"与"他者"都不必放弃"自我"与"他性"而共存于共同体之内。所谓宽容，是指一个人虽然具有必要的权力和知识，但是对自己不赞成的行为不进行阻止、妨碍或干涉的审慎选择。① 正如哈贝马斯所言，宽容是要消除歧视而相互尊重，是"对他者的包容，而且是对他者的他性的包容，在包容过程中既不同化他者，也不利用他者"②。在平等、尊重、信任的基础上，道德主体互相真诚地交流与沟通，为了可能的道德生活而奋斗。

正义的生活是一种富有宽容精神的生活，合乎正义的道德教育总是宽容那些不违背正义精神而又不高尚的行为，给那些既不高尚也不卑鄙、既不舍己为人也不损人利己的道德常人留下存在的道德空间。宽容道德常人既避免了高标道德对于个体权利的侵犯，也避免了底线道德对于善的侵蚀，从而保持了一种张力。

在学校教育中，人们总是追求那些高尚的道德品质。这固

---

① ［英］戴维·米勒、韦农·波格丹诺：《布莱克维尔政治学百科全书》，修订本，邓正来译，820页，北京，中国政法大学出版社，2002。

② ［德］哈贝马斯：《包容他者》，曹卫东译，43页，上海，上海人民出版社，2002。

然值得肯定，也应该称赞，但教师不能以此为标准来要求全体学生都应遵守高标道德，而歧视那些道德常人的行为。教师要给予那些"为了自己的利益而奋斗，不大关心他人但也不损害他人"的行为足够的理解与宽容，在道德生活中友善地处理好舍己为人与利己不损人的关系。当然，宽容不是纵容，也有其边界，这就是不损害他人利益。对于那些突破底线道德的损人利己或者损人不利己的行为，决不能姑息，而要严惩。

　　道德源于自私自利，而终于利己利人。在道德生活中，自私自利的个体之间相互博弈，形成了一种互惠性的利人利己，持有一种"善有善报，恶有恶报"的信念。道德教育要求对损人利己或者损人不利己的道德败坏行为予以斥责，对无私利他的高尚的道德行为予以奖赏，对利己利人、利己不损人的道德正常行为予以尊重。这样的道德教育就是合乎正义的，它承认自利，守住底线道德，追求高标道德，不以理想代替现实，宽容道德"他者"。

参考文献

一、中文文献

[1]包连宗，朱贻庭．伦理学概论[M]．郑州：河南人民出版社，1985．

[2]弗兰克·梯利．伦理学概论[M]．何意，译．北京：中国人民大学出版社，1987．

[3]何怀宏．良心论：传统良知的社会转化[M]．北京：北京大学出版社，2017．

[4]朱贻庭．伦理学大辞典[M]．上海：上海辞书出版社，2011．

[5]慈继伟．正义的两面[M]．北京：生活·读书·新知三联书店，2014．

[6]塞缪尔·鲍尔斯，赫伯特·金迪斯．合作的物种：人类的互惠性及其演化[M]．张弘，译．杭州：浙江大学出版社，2015．

[7]亚当·斯密．道德情操论[M]．蒋自强，钦北愚，朱钟棣，等译．北京：商务印书馆，1997．

[8]罗尔斯．正义论：修订版[M]．何怀宏，何包钢，廖申白，译．北京：中国社会科学出版社，2009．

[9]柏拉图．理想国[M]．郭斌和，张竹明，译．北京：商务印书馆，2011．

[10]周辅成．西方伦理学名著选辑：下卷[M]．北京：商务印书馆，1987．

[11]麦金太尔．谁之正义？何种合理性？[M]．万俊人，吴海针，王今一，

译．北京：当代中国出版社，1996．

[12]皮亚杰．儿童的道德判断[M]．傅统先，陆有铨，译．济南：山东教育出版社，1984．

[13]科尔伯格．道德发展心理学：道德阶段的本质与确证[M]．郭本禹，何谨，黄小丹，等译．上海：华东师范大学出版社，2004．

[14]柯尔伯格．道德教育的哲学[M]．魏贤超，柯森，等译．杭州：浙江教育出版社，2000．

[15]亚里士多德．尼各马科伦理学[M]．苗力田，译．北京：中国社会科学出版社，1999．

[16]亚里士多德．政治学[M]．吴寿彭，译．北京：商务印书馆，1997．

[17]黑格尔．哲学史讲演录：第二卷[M]．贺麟，王太庆，译．北京：商务印书馆，2009．

[18]科尔伯格．道德发展的哲学[M]．单文经，译．台北：黎明文化事业股份有限公司，1986．

[19]郭本禹．道德认知发展与道德教育：科尔伯格的理论与实践[M]．福州：福建教育出版社，1999．

[20]萨缪尔·弗雷曼．罗尔斯[M]．张国清，译．北京：华夏出版社，2013．

[21]博登海默．法理学：法律哲学与法律方法[M]．邓正来，译．北京：中国政法大学出版社，2004．

[22]施特劳斯．自然权利与历史[M]．彭刚，译．北京：生活·读书·新知三联书店，2003．

[23]休谟．人性论[M]．关文运，译．北京：商务印书馆，1980．

[24]沃尔泽．正义诸领域：为多元主义与平等一辩[M]．褚松燕，译．南京：译林出版社，2002．

[25]诺齐克.无政府、国家与乌托邦[M].何怀宏,等译.北京:中国社会科学出版社,1991.

[26]诺奇克.被检验的人生[M].姚大志,译.上海:上海译文出版社,2015.

[27]德沃金.至上的美德:平等的理论与实践[M].冯克利,译.南京:江苏人民出版社,2003.

[28]德沃金.认真对待权利[M].信春鹰,吴玉章,译.北京:中国大百科全书出版社,1998.

[29]金里卡.当代政治哲学:上[M].刘莘,译.北京:生活·读书·新知三联书店,2004.

[30]姚大志.何谓正义:当代西方政治哲学研究[M].北京:人民出版社,2007.

[31]霍耐特.为承认而斗争[M].胡继华,译.上海:上海人民出版社,2005.

[32]弗雷泽,霍耐特.再分配,还是承认?:一个政治哲学对话[M].周穗明,译.上海:上海人民出版社,2009.

[33]弗雷泽.正义的尺度:全球化世界中政治空间的再认识[M].欧阳英,译.上海:上海人民出版社,2009.

[34]奥尔森.伤害+侮辱:争论中的再分配、承认和代表权[M].高静宇,译.上海:上海人民出版社,2009.

[35]艾丽斯·M.杨.正义与差异政治[M].李诚予,刘靖子,译.北京:中国政法大学出版社,2017.

[36]马克思.1844年经济学哲学手稿[M].北京:人民出版社,2000.

[37]叔本华.伦理学的两个基本问题[M].任立,孟庆时,译.北京:商务印书馆,1996.

[38]林崇德，杨治良，黄希庭.心理学大辞典：下[M].上海：上海教育出版社，2003.

[39]汉娜·阿伦特.论革命[M].陈周旺，译.南京：译林出版社，2007.

[40]亚理斯多德.修辞学[M].罗念生，译.北京：生活·读书·新知三联书店，1991.

[41]卢梭.论人与人之间不平等的起因与基础[M].李平沤，译.北京：商务印书馆，2007.

[42]休谟.道德原理探究[M].王淑芹，译.北京：中国社会科学出版社，1999.

[43]杜威.民主主义与教育[M].王承绪，译.北京：人民教育出版社，1990.

[44]伊丽莎白·S.拉德克利夫.休谟[M].胡自信，译.北京：中华书局，2002.

[45]卢梭.爱弥儿：论教育：上卷[M].李平沤，译.北京：商务印书馆，2009.

[46]郑富兴.责任与对话：学校道德教育的现代性思考[M].北京：中国社会科学出版社，2011.

[47]乔治.企业伦理学：原书第7版[M].王漫天，唐爱军，译.北京：机械工业出版社，2012.

[48]斯蒂文·费什米尔.杜威与道德想象力：伦理学中的实用主义[M].徐鹏，马如俊，译.北京：北京大学出版社，2010.

[49]玛莎·努斯鲍姆.告别功利：人文教育忧思录[M].肖聿，译.北京：新华出版社，2010.

[50]帕特里夏·沃哈恩.亚当·斯密及其留给现代资本主义的遗产[M].夏镇平，译.上海：上海译文出版社，2006.

［51］苏霍姆林斯基．怎样培养真正的人［M］．蔡汀，译．北京：教育科学出版社，1992.

［52］色诺芬．回忆苏格拉底［M］．吴永泉，译．北京：商务印书馆，1984.

［53］横山宁夫．社会学概论［M］．毛良鸿，朱阿根，曹俊德，译．上海：上海译文出版社，1983.

［54］贺麟．文化与人生［M］．北京：商务印书馆，1988.

［55］董宝良．陶行知教育论著选［M］．北京：人民教育出版社，2015.

［56］洛克．人类理解论［M］．关文运，译．北京：商务印书馆，1983.

［57］联合国教科文组织总部．教育：财富蕴藏其中［M］．联合国教科文组织总部中文科，译．北京：教育科学出版社，2001.

［58］范梅南．教学机智：教育智慧的意蕴［M］．李树英，译．北京：教育科学出版社，2001.

［59］博尔诺夫．教育人类学［M］．李其龙，等译．上海：华东师范大学出版社，1999.

［60］霍克海默，阿道尔诺．启蒙辩证法：哲学断片［M］．渠敬东，曹卫东，译．上海：上海人民出版社，2006.

［61］苏国勋．理性化及其限制：韦伯思想引论［M］．上海：上海人民出版社，1988.

［62］里茨尔．社会的麦当劳化：对变化中的当代社会生活特征的研究［M］．顾建光，译．上海：上海译文出版社，1999.

［63］韦伯．经济与社会：上卷［M］．林荣远，译．北京：商务印书馆，1997.

［64］马尔库塞．单向度的人：发达工业社会意识形态研究［M］．刘继，译．上海：上海译文出版社，2008.

［65］陈友松．当代西方教育哲学［M］．北京：教育科学出版社，1982.

[66]鲍曼．后现代伦理学［M］．张成岗，译．南京：江苏人民出版社，2003.

[67]萨特．存在与虚无［M］．陈宣良，等译．北京：生活·读书·新知三联书店，1987.

[68]高清海，胡海波，贺来．人的"类生命"与"类哲学"：走向未来的当代哲学精神［M］．长春：吉林人民出版社，1998.

[69]诺丁斯．学会关心：教育的另一种模式［M］．于天龙，译．北京：教育科学出版社，2003.

[70]张人杰．国外教育社会学基本文选［M］．上海：华东师范大学出版社，1989.

[71]萨拜因．政治学说史：下册［M］．刘山，等译．北京：商务印书馆，1986.

[72]柯武刚，史漫飞．制度经济学：社会秩序与公共政策［M］．韩朝华，译．北京：商务印书馆，2000.

[73]黄向阳．德育原理［M］．上海：华东师范大学出版社，2000.

[74]桑德尔．自由主义与正义的局限［M］．万俊人，唐文明，张之锋，等译．南京：译林出版社，2001.

[75]博曼．公共协商：多元主义、复杂性与民主［M］．黄相怀，译．北京：中央编译出版社，2006.

[76]哈贝马斯．在事实与规范之间［M］．童世骏，译．北京：生活·读书·新知三联书店，2014.

[77]中共中央文献研究室．十八大以来重要文献选编：中［M］．北京：中央文献出版社，2016.

[78]萨托利．民主新论［M］．冯克利，阎克文，译．北京：东方出版社，1993.

[79]蒲岛耶夫．政治参与[M]．解莉莉，译．北京：经济日报出版社，1989．

[80]戴维·米勒，韦农·波格丹诺．布莱克维尔政治学百科全书[M]．修订本．邓正来，译．北京：中国政法大学出版社，2002．

[81]杜威．人的问题[M]．傅统先，邱椿，译．上海：上海人民出版社，2006．

[82]亨廷顿．变化社会中的政治秩序[M]．王冠华，刘为，等译．上海：上海人民出版社，2008．

[83]卡罗尔·佩特曼．参与和民主理论[M]．陈尧，译．上海：上海人民出版社，2006．

[84]巴伯．强势民主[M]．彭斌，吴润洲，译．长春：吉林人民出版社，2006．

[85]赫尔德．民主与全球秩序：从现代国家到世界主义治理[M]．胡伟，等译．上海：上海人民出版社，2003．

[86]罗尔斯．政治自由主义[M]．万俊人，译．南京：译林出版社，2000．

[87]皮耶罗·费鲁齐．孩子是个哲学家[M]．陆妮，译．海口：海南出版社，2002．

[88]利科．爱与公正[M]．韩梅，译．上海：华东师范大学出版社，2016．

[89]康德．道德形而上学原理[M]．苗力田，译．上海：上海人民出版社，2005．

[90]恩格斯．路德维希·费尔巴哈和德国古典哲学的终结[M]．中共中央马克思恩格斯列宁斯大林著作编译局，译．北京：人民出版社，1972．

[91]尼布尔．道德的人与不道德的社会[M]．蒋庆，阮炜，黄世瑞，等译．贵阳：贵州人民出版社，1998．

[92]章志光．社会心理学[M]．北京：人民教育出版社，2008．

[93]叔本华．叔本华论道德与自由[M]．韦启昌，译．上海：上海人民出版社，2006．

[94]亚当·斯密．国富论[M]．郭大力，王亚南，译．北京：商务印书馆，1974．

[95]李秋零．康德著作全集：第6卷：纯然理性界限内的宗教道德形而上学[M]．北京：中国人民大学出版社，2007．

[96]穆勒．功利主义[M]．徐大建，译．上海：上海人民出版社，2005．

[97]联合国教科文组织．反思教育：向"全球共同利益"的理念转变？[M]．联合国教科文组织总部中文科，译．北京：教育科学出版社，2017．

[98]麦金太尔．德性之后[M]．龚群，戴扬毅，等译．北京：中国社会科学出版社，1995．

[99]哈贝马斯．包容他者[M]．曹卫东，译．上海：上海人民出版社，2002．

[100]布耶娃．人是最高的价值和宝贵的社会财富[J]．哲学译丛，1991(6)：20－25．

[101]石中英．关于当前我国中小学价值教育几个问题的思考[J]．人民教育，2010(8)：6－11．

[102]叶航．公共合作中的社会困境与社会正义：基于计算机仿真的经济学跨学科研究[J]．经济研究，2012(8)：132－145．

[103]万俊人．制度的美德及其局限[J]．中国人民大学学报，2005(3)：76－82．

[104]叶航．人类正义感与司法制度的起源[J]．学术研究，2010(2)：43－47，96，159－160．

[105]李学良，杨小微．义务教育阶段学生公正体验的实证研究：基于学校内部公平数据库的报告[J]．华东师范大学学报(教育科学版)，2018(4)：95－

106，165.

[106]孙岩．论沃尔泽的复合平等观[J]．哲学研究，2012(6)：105—111.

[107]霍耐特．承认与正义：多元正义理论纲要[J]．胡大平，陈良斌，译．学海，2009(3)：79—87.

[108]贾可卿．作为正义的承认：霍耐特承认理论述评[J]．浙江社会科学，2013(10)：106—112，158—159.

[109]王凤才．论霍耐特的承认关系结构说[J]．哲学研究，2008(3)：41—50.

[110]詹世友，施文辉．马克思主义正义观的辩证结构[J]．华中科技大学学报(社会科学版)，2014(1)：15—25.

[111]石中英．教育公平政策终极价值指向反思[J]．探索与争鸣，2015(5)：4—6.

[112]冯建军．后均衡化时代的教育正义：从关注"分配"到关注"承认"[J]．教育研究，2016(4)：41—47.

[113]石中英．社会同情与公民形成[J]．北京师范大学学报(社会科学版)，2012(2)：5—11.

[114]石中英．教学：一种理性的探险[J]．教育科学研究，2003(5)：16—19.

[115]石中英．理性的教化与教学的理性化[J]．高教探索，2002(4)：7—10.

[116]高兆明．道德行为选择中的"道德想象力"：读杜威《人性与行为》[J]．吉首大学学报(社会科学版)，2019(2)：78—87.

[117]杨慧民，王前．道德想象力：含义、价值与培育途径[J]．哲学研究，2014(5)：104—109.

[118]曲蓉．道德想象力的悖论、矛盾与概念张力探析[J]．伦理学研究，

2015(3)：45—49.

[119]高德胜．道德想象力与道德教育[J]．教育研究，2019(1)：9—20.

[120]郑信军，岑国桢．道德敏感性的研究现状与展望[J]．心理科学进展，2007(1)：108—115.

[121]刘曙辉．论道德冷漠[J]．道德与文明，2008(4)：18—21.

[122]陈伟宏．论道德冷漠及其化解路径[J]．哲学动态，2017(11)：75—80.

[123]方军．制度伦理与制度创新[J]．中国社会科学，1997(3)：54—66.

[124]高兆明．制度伦理与制度"善"[J]．中国社会科学，2007(6)：41—52，205.

[125]石中英．孔子"仁"的思想及其当代教育意义[J]．教育研究，2018(4)：127—134.

[126]胡金木．从歧视、专属到共享：基于关怀伦理的道德教育[J]．陕西师范大学学报(哲学社会科学版)，2012(5)：125—131.

[127]冯建军．公民正义感及其超越：公民教育的双重任务[J]．教育学报，2014(6)：9—16.

[128]黄玉顺．中国正义论的重建：生活儒学的制度伦理学思考[J]．文史哲，2011(6)：12—13.

[129]扈中平，刘朝晖．对道德的核心和道德教育的重新思考[J]．华东师范大学学报(教育科学版)，2001(2)：46—53.

二、外文文献

[1]DUNTLEY J D，SHACKELFORD T K．Evolutionary forensic psychology[M]．New York：Oxford University Press，2008.

[2]LERNER M J，MILLER D T．Just world research and the attribution process：looking back and ahead[J]．Psychological Bulletin，1978(5)：1030—1051.

[3]MAES J, KALS E. Justice belief in school: distinguishing ultimate and immanent justice[J]. Social Justice Research, 2002(3): 227—245.

[4]DALBERT C. The world is more just for me than generally: about the personal belief in a just world scale's validity[J]. Social Justice Research, 1999 (12): 79—98.

[5]DALBERT C. Beliefs in a just world as a buffer against anger[J]. Social Justice Research, 2002(2): 123—144.

[6]REST J R. Moral development: advance in research and theory[M]. New York: A Division of Greeenwood Press, 1986.

[7]NUSSBAUM MARTHA C. Upheavals of thought: the intelligence of e-motions[M]. Cambridge: Cambridge University Press, 2001.

[8]SHERRY R ARNSTEIN. A ladder of citizen participation[J]. Journal of the American Institute of Planners, 1969(4): 215—224.

[9]ROGER A HART. Children's participation: from tokenism to citizenship [M]. Florence: UNICEF International Child Development Centre, 1992.

[10]ROGER A HART. Children's participation: the theory and practice of involving young citizens in community development and environmental care[M]. London: Earthscan/UNICEF, 1992.

后　记

　　人是什么？"我"应该怎么做？"我们"能够要求"他人"做什么？在道德上，学校教育可以期望学生做什么？

　　上述问题深深地吸引了我。我在进入研究生阶段学习的时候，在一张小纸条上写下了这样的问题："一个启蒙了的人是一个什么样的人？学校应该为此做什么呢？"在冯建军老师的指导下，我通过梳理学术前辈们的相关研究，进行了一些探索，出版了一本叫作《启蒙与教育：中国教育现代化进程中的启蒙问题研究》的书，在其后记部分写了这么一段话：

　　在世间万物之中，人无疑是最高贵的；正如黑格尔所言，人间最高贵的事情就是"成为人"。"成为人"是对人最大的肯定，"不是人"则是对人最大的否定。"成为人"说起来容易，做起来却很艰难。也正是因为这一过程的不易，才需要学校教育来帮助人们走向"成熟"。从这种意义上说，教育过程就是促进个体心智成熟的启蒙过程，帮助个体能够不依赖他人而独立思考，不盲从权威与习俗，不囿于偏见与成见。教育要教会人们勇敢地运用自己的理智，只有这样，人们才能将各种无知、迷信、偏见、狂妄、沉沦等侵蚀心灵的错误观念驱逐出去，进而走向成熟，成为一个"启蒙了"的人。

"启蒙了"的教育要求树立一种普遍的人道主义信念，把人的价值放在至高无上的位置，以人的方式对待人，让每个人都可以自由选择、独立思考、自主行动，成为自己的主人。那么，当人都成为自己的主人之后，自由人与自由人该如何相处呢？我们的教育应该为自由人的共同生活作出怎样的贡献呢？如何减少社会"合作"中的"冒险"呢？

正是带着这些困惑，我进入了博士后阶段的研究，与石中英老师谈了我的一些想法。他建议我进行正义感研究。最初，我不明白他为什么建议我做这方面的研究。随着研究的深入，我认识到了正义感的重要。他的提点把长久困扰我的问题解决了：正义所要解决的是自由人与自由人如何共同生活的问题，是社会权利与义务如何分配的问题。正义感是自由人的基本道德情感，是人的正义之心。诚如罗尔斯所言，在一个正义的社会中，自尊的基础不是一个人收入的份额，而是由社会肯定的基本权利与自由的分配。平等的权利和相互尊重的社会态度在维持政治平衡和保障个人的自我价值方面起着根本的作用。

人是自由而平等的，这是启蒙时代之后所确立的人性观念。作为平等的社会主体，"你"是自由的，"我"也是自由的。当我们在现实生活中发生了冲突，一种基于自由观念的行为与另一种基于自由观念的行为发生了冲突，当如何处理呢？自由的人们在天赋、努力与运气等因素的作用下，必然会出现各种各样的社会差异，又当如何看待这些差异呢？这些差异在什么意义上被看成正当的，而又在什么意义上被看成不正当的、需要调节的呢？这种调节差异的根据是什么呢？

这些问题就涉及正义了，即涉及自由社会中的基本权利与义务如何分配的问题。罗尔斯认为，自由而平等的人需要依据正义原则来进行社会行动，只有这样才能建立起一种平等互惠的合作体系。没有正义，自由人之间就没法形成稳定、有效率的合作关系。正义是社会制度的首要德性，一种公共的正义观构成了一个良序社会的人类联合体的基本宪章。正义感使自由人之间的牢固的合作成为可能，它也是人们友谊的纽带。

自由而平等的人需要正义原则来指导行动，正义的社会安排是自由而平等理念的实现形式。罗尔斯的两个正义原则体现了人是自由而平等的这一观念，是自由而平等理念的制度化表达。第一个原则是保障自由的。每个人享有最广泛的、相互兼容的基本自由，对这种自由都有一种平等的权利，自由只能因为自由的缘故而被限制，具有优先性。第二个原则是保障平等的。一方面，要求每个人享有机会的平等，所有社会职务向所有人开放，遵守的是形式平等；另一方面，社会的不平等要向境遇不利人群倾斜，具有一种实质平等的倾向。人人都拥有一种基于正义的自由权、平等权。只有在正义所调节的良序社会中，人的自由权、平等权才能够真正实现。从这个意义上说，正义是社会首要的价值原则。

　　自由而平等理念之所以可能，一方面是因为存在着一个外在的正义制度，另一方面是因为个体具有一种正义感。正义感作为一种道德情感，是理性的个体自觉依照正义原则（观念）进行社会行动或价值判断的意识倾向，是正义原则（观念）在个体身上的体现。具有正义感的个体具有以下特征：在认知上能够区分正义的行为与不义的行为，即知道善恶是非；在情感上具有渴望正义之举与厌恶不义之举的态度，即亲善厌恶；在行动上能够自觉地遵循正义的原则，维护正义与制止不义，即行善抑恶。对于拥有正义感的个体来说，社会的正义制度才具有实质意义。若个体缺乏基本的正义感，良序社会的合作体系也将难以维系。

　　儿童正义感不是先天的，而是在后天的环境中发育成熟的，学校教育对于正义感的发展尤为重要。教育要培养儿童正义感、促使儿童正义之心的发展，需要做好几个方面的工作：一是要认识到教育场域正义的独特性，正义观念是儿童正义感发展的认知基础；二是要发展儿童的社会同情心，社会同情心是儿童正义感发展的情感之基；三是要营造良序生活，良序生活是儿童正义感发展的现实土壤；四是要创设一种充分参与的学校氛围，民主参与是儿童正义感发展的实践路径。

　　在拙作接近定稿的时候，我觉得自己的研究出现了问题，就是对于仁爱的关注不够。这有待我后面去关注、研究仁爱之心，并做一个善良的人。我赞同亚当·斯密关于"正义犹如支撑整个社会大厦的主要支柱"的观点，但反对他关于"没有仁慈

之心，社会也可以存在"的观点。人之所以为人，之所以需要
道德、需要教育，就是因为人不希望生活在"一种不很令人愉
快的状态之中"。特别是在中国，仁是伦理道德的核心，仁义
合称并用，"孔曰成仁，孟曰取义，惟其义尽，所以仁至"。人
与人的关系不能止步于正义，还要关注仁爱。仁爱是人性光辉
的显现，是人类不懈的道德追求。

　　促进儿童发展的教育活动理所当然地要具有一种理想主义
特质，培养儿童具有仁爱之心是教育的职责所在。培育儿童正
义感要体现仁爱精神，引导儿童"己所不欲，勿施于人"和"己
欲立而立人，己欲达而达人"。道德教育要建基于互惠有爱的
人性之上，不能忽略从自爱自利出发的互惠互利要求，也不能
忽略从关怀他人出发的仁爱之心。在现代社会，仁义是互惠互
利与仁爱利他的统一，要以正义为基础、以仁爱为追求。给儿
童讲"孔融让梨"的同时，也要让其懂得"投桃报李"。只有这
样，儿童才能"成为一个人，并尊敬他人为人"。

　　具有正义感的人除了拥有正义之心外，还不能缺少仁爱之
心。"路见不平一声吼"，既表现出了人们内心朴素的正义感，
又蕴藏着我们对于他人的仁爱之心。对于具有正义感的人来
说，拥有仁爱之心不是什么难事，仁爱之心是正义感的自然延
续，正如孔子所言："仁远乎哉，我欲仁，斯仁至矣。"

　　吾师仁者，仁者吾师。"仁，人心也；义，人路也。舍其
路而弗由，放其心而不知求，哀哉！……学问之道无他，求其
放心而已矣。"

图书在版编目(CIP)数据

儿童的正义感及其培育 / 胡金木著. —北京:北京师范大学出版社,2023.10

(当代中国价值教育研究)

ISBN 978-7-303-27750-6

Ⅰ. ①儿…　Ⅱ. ①胡…　Ⅲ. ①儿童教育－品德教育－研究　Ⅳ. ①G611

中国版本图书馆 CIP 数据核字(2022)第 013837 号

图 书 意 见 反 馈　gaozhifk@bnupg.com　010-58805079
营 销 中 心 电 话　010-58802755　58800035
北师大出版社教师教育分社微信公众号　京师教师教育

ERTONG DE ZHENGYIGAN JIQI PEIYU

出版发行:北京师范大学出版社　www.bnupg.com
　　　　　北京市西城区新街口外大街12-3号
　　　　　邮政编码:100088
印　　刷:北京盛通印刷股份有限公司
经　　销:全国新华书店
开　　本:710 mm×1 000 mm　1/16
印　　张:19
字　　数:188千字
版　　次:2023年10月第1版
印　　次:2023年10月第1次印刷
定　　价:68.00元

策划编辑:郭兴举　鲍红玉　　责任编辑:安　健
美术编辑:陈　涛　焦　丽　　装帧设计:陈　涛　焦　丽
责任校对:丁念慈　　　　　　责任印制:赵　龙　马　洁